中国财富管理顾问营销实战

四商一法

高净值客户业务开发核心逻辑

薛桢梁 主编

第二版

中信出版集团 | 北京

图书在版编目（CIP）数据

中国财富管理顾问营销实战 / 薛桢梁主编 . -- 2 版
. -- 北京：中信出版社，2019.11（2025.5 重印）
ISBN 978-7-5217-1180-6

Ⅰ . ① 中… Ⅱ . ① 薛… Ⅲ . ① 投资管理 – 市场营销学
– 研究 – 中国 Ⅳ . ① F832.48

中国版本图书馆 CIP 数据核字（2019）第 229539 号

中国财富管理顾问营销实战

主　　编：薛桢梁
出版发行：中信出版集团股份有限公司
　　　　　（北京市朝阳区东三环北路27号嘉铭中心　邮编　100020）
承 印 者：北京通州皇家印刷厂

开　　本：787mm×1092mm　1/16　　　印　　张：26.25　　字　　数：420 千字
版　　次：2019 年 11 月第 2 版　　　　印　　次：2025 年 5 月第 5 次印刷
书　　号：ISBN 978–7–5217–1180–6
定　　价：89.00 元

特许私人财富管理师认证标准指导委员会

吴征宇　MDRT中国区主席（2016—2017）

谢　芳　MDRT中国区主席（2017—2018）

谢玉伟　中美联泰大都会人寿保险有限公司北京分公司总经理

徐祖明　德勤会计师事务所华东区全球企业税服务领导合伙人

张健菁　普华永道个人税务咨询（上海）有限公司合伙人

张希凡　中宏人寿保险有限公司首席渠道官

作者编著情况介绍

引　　言　四商一法概论　　薛桢梁

第一部分　资商篇　　　　　邬瑜骏　周　畅

第二部分　法商篇　　　　　蔡　昶　蒋辰逸

第三部分　税商篇　　　　　徐祖明　宫雅敏

第四部分　企商篇　　　　　薛桢梁

第五部分　问导法　　　　　薛桢梁　周　畅

新时期下对财富管理的思考

这本书的主题是财富管理（wealth management）。首先我想谈谈财富管理和大家常常说的资产管理(asset management）是什么关系。应该说财富管理和资产管理既有联系也有区别。从客户端看，财富管理业务的客户群比资产管理业务的客户群要小众得多。财富管理业务面对的客户主要是高净值、超高净值个人客户和私人银行客户；资产管理业务服务的应该是更广大的客户群，其中既包括高净值人士，又包括其他客户。从服务端看，财富管理业务的面要比资产管理业务的面更宽泛。财富管理业务除了对客户资产的保值增值提供服务之外，还应该包括更多的内容，例如为特定客户的税务执行、财富传承、资产信托、子女教育、养老规划等提供服务。应该说，财富管理业务的水准高低主要就体现在能否为特定的客户对象提供全方位一站式的服务，而资产管理主要是为客户提供资产的保值增值服务。需要注意的是，虽然对财富管理客户和资产管理客户，银行以及其他资产管理机构都可以通过投资理财为他们提供资产的保值增值服务，但由于这两类客户的风险承受能力不同，因此财富管理客户、私人银行客户大概率地被允许购买全谱系的资产管理产品，包括那些风险较高、收益率也可能相对较高的产品。而资产管理客户和社会公众购买金融资产管理产品的种类会受到一定的限制。需要理解的是，这种区别不应该看成金融机构对高净值客户的特殊青睐和关照，而应该看作为普通投资者所设置的一种风险防护栏杆，是对广大投资者利益的保护措施。这里还须厘清的一个问题是，发展财富管理业务对扩大金融普惠服务并无影响。这本书把主题确定为财富管理，绝不意味着作者对除高净值客户之外的其他客户的金融服务需求的忽视。当然，我们现在需要注意的是，在财富管理领域，一些概念的混淆乃至错误，以及对从业者和客户培训的缺失等，与其他金融领域存在的类似问题一样亟待改变。我想这大概是作者编撰本书的初衷。我也愿意就这个主题来谈谈自己的几点想法。

我认为今天之所以有条件专门来研究和讨论财富管理这个话题，离不开改革开放 40 年来的社会进步和经济发展，离不开这些年一直强调、一直努力坚持的一个政策取向，那就是坚持"两个毫不动摇"，就是强调对各种所有制产权和合法权益的保护。否则就不可能有财富的积累，就不会有一大批高净值人士的出现，也就不会有像今天这样讨论财富管理话题的需要了。我建议朋友们在研讨财富管理这个问题时，不要忘了改革开放 40 年的历史进程，不能不了解我们现在已经进入一个新时代，我国已经进一步发展，已经站在一个新的历史高度。我们各项事业的继续发展、财富的管理、财富依法有效的传承，都可以也都应该从这个高度来思考和把握。

关于当前我国财富市场的发展趋势及特点

近年来，国内财富市场的发展保持了高速增长的态势，而且随着中西部地区社会经济发展水平的变化，全国范围内财富人群的地域分布也更趋于均衡。

得益于改革开放带来的时代机遇，在近 40 年经济快速增长的过程中，我国国民财富迅速积累，并且形成了相对庞大的财富群体。根据瑞信研究院（Credit Suisse Research Institute）2017 年发布的报告：中国是亚太地区财富增长最强劲的国家，家庭财富总值在该年度增加 1.7 万亿美元，总值达 29 万亿美元，仅次于美国，位居全球第二。此外，该报告还显示中国的中产阶级人数为全球之冠，高达 3.85 亿。预计到 2022 年，中国私人财富总规模将达到 38 万亿美元。当然，这些数据的准确性还可以讨论。

从地域分布上看，我国有 22 个省市的高净值人士超过 2 万人，其中有 9 个省市高净值人士超过 5 万人，江苏、浙江、广东、北京、上海 5 省市突破了 10 万人。随着中西部地区经济的快速发展，高净值人士的地域分布更为均衡。2014—2016 年，高净值人群的地域分布延续了 2008 年以来的集中度不断下降的趋势。2016 年，江苏、浙江、广东、北京、上海 5 省市的高净值人士的人数占全国高净值人士总数的比例约为 47%，较 2008 年的 52% 下降了 5 个百分点。

据分析，近年来高净值人群的资产配置进一步趋于多元化。随着市场投资品种不断丰富，也随着高净值人士分散投资风险的意识提升，高净值人群资产多元化配置的趋势越来越明显。2009 年，高净值人群的资产还是集中配置储蓄和现金、股票及投资性房地产，三者约占其整体可投资资产的 70%。2013 年，随着信托产品的兴起，高净值人群在信托资产上的配置迅速增加，一度占其整体可投资资产 15% 左右。而后，随着对信托产品刚性兑付预期的打破和各类资产管理业务的开放，高净值人群在信托产品上的配置比例相较 2013 年有所降低，而对新兴投资品种的配置则不断提高，比如私募股权基金。近两年来，由于资本市场波动较大，高净值人群的避险情绪逐渐升温，银行理财等固定收益类产品的配置比例有所增加，股票及公募股权基金类资产配置比例有所下降。2017 年，高净值人群在银行理财产品上的配置约占其整体可投资资产的 25%，相较 2015 年增加近一倍。

在这个过程中，高净值人士对专业财富管理机构的信任和依赖程度加深了。随着市场波动以及投资品种的复杂化，高净值人士愈发认同专业机构的价值，希望借助财富管理机构的信息渠道和人才等资源获取一些更好的机会和建议。同时，市场上优质的财富管理机构越来越注重精耕细作，在趋势研判、产品筛选和资产配置、财富管理各方面的专业水平及能力逐步获得更多高净值人士的肯定和信任。贝恩咨询公司（Bain & Company）连续多年的跟踪调研发现，高净值人群这些年来对专业机构的依赖度是不断提升的。2009 年，高净值人士的个人可投资资产仅有不到 40% 由机构管理，其中私人银行管理部分不足 15%，绝大部分可投资资产仍由自己及家人直接投资，而在 2017 年交由机构理财的份额已上升到约 60%，其中私人银行管理部分达到了近 50%。

与此同时，高净值人士对财富的保障与传承愈发关注。过去，"创造更多财富"是中国高净值人群的财富管理目标的首位。改革开放至今已有 40 年，随着高净值人士初步完成辛苦打拼的奋斗期及其年纪逐步增长，他们开始愈发看重如何实现"基业长青"、"保证财富安全"和"财富传承"。据调查，近年来，"保证财富安全"、"财富传承"和"子女教育"已成为高净值人群最关注的财富管理目标，而"创造更多财富"则排在这 3 个目标之后了。对大部分高净值人士而言，随着财富积累和增长的阶段性目标达成，财富增值对其生活的边际效益提升已经变得有限。随着全球政治、经济环境的不确定性日渐上升，特别是这一轮全球金融危机后经济至今尚未完全复苏，以及逆全球化思潮、贸易保护主义等的日渐盛行，他们逐步意识到需要通过有效的财富管理来抵御经济下行和市场周期所带来的各种不可控的风险。保证财富安全并完成代际传承，进而实现长久、稳定的基业长青和家业繁荣成为他们财富管理的主要需求。

在这个过程中，家族财富管理业务遇到了市场机遇。家族财富管理成为当前财富管理市场的焦点，也成为各家财富管理机构重点布局的业务。一些所谓的"家族办公室"开始致力于整合中国境内外各类资源，为超高净值客户提供综合金融服务、家族及企业服务。近年来，随着财富管理机构对市场的宣传和对客户的引导，这类服务对大多数超高净值人群而言已不再陌生。有关调研显示，超过

80%的高净值人群对家族办公室已有一定了解，这较2015年提高近15%。高净值人群普遍对家族办公室提供的各类服务表现出较高兴趣，希望家族办公室能满足其多方面需求。一些高净值人士开始关注国内家族办公室对家族复杂事务的处理，期望看到更多的成功案例，他们希望看到中国的财富管理机构能有自己独到的经验，具备足够的专业能力以及多方面资源帮助其统一管理物质财富、精神财富，以及实现企业的传承和家业的传承。

我们还注意到不同年龄层次的客户对家族财富管理有不同的需求。中国工商银行私人银行部门的调研显示，由于年龄层次的不同，超高净值人士对传承服务的需求明显不同。例如，40~59岁的受访者最关注家族成员的能力培养；40岁以下和60岁以上的受访者很关注全球税务规划问题；50岁以上的受访者对代际沟通模式十分重视。

人脉资源交接也成为家族代际传承的一个重点。细化分析家族传承的具体做法，排名前三的为人脉资源的传承、定期举办家庭聚会、规划子女社交活动，这些做法显示了超高净值人士除了关注物质财富的传承之外，也非常看重已拥有的社会财富的传承，例如学界、商界乃至各方面的人脉资源。这些人脉关系不仅能够帮助家族获取前沿信息，取得专业技术与管理的支持，还能帮助家族企业寻找值得信任的合作伙伴，从而进一步拓展对事业实施社会化管理的渠道。这显然是一种文化观念上的进步。调研显示，82%的超高净值家族认为社会资源能够丰富自己的生活，发展自己的事业。也基于此，社会人脉的传承已成为超高净值家族落实传承规划的重要内容。

关于中国家族财富传承的几点思考

无论是高净值人士自身还是从事财富管理业务的机构，都要充分意识到财富管理不仅仅是投资管理和让资产保值增值，它的内涵应该更丰富、更深刻。

关于家业和基业

我们经常说家族传承的重要目标是"基业长青"。按照传统的说法，家族事业能够传承三代以上，方能真正被称为"基业"。根据美国康威家族（Conway Family）企业中心的长期追踪数据，美国家族企业平均寿命仅为24年。70%的美国家族企业希望由下一代接手经营，但成功传承至第二代的比例仅为40%，成功传承至第三代的比例进一步下降至13%。

如何打破"富不过三代"这类似魔咒的"规律"呢？超高净值人士自身关于家族传承的理念、方式非常重要，这其中既包括家族企业的传承、金融财富的管理，也包括家族人才的培养、社会人脉的延续、家族精神的凝聚等。创富一代应该在理性的时候，与真正专业的财富管理人士一起为家族的未来做出理性的规划。在这一点上，我国不少超高净值人士似乎还不太习惯，但这十分重要。因为这其中确实有一些问题需要认真思考。例如在家族企业传承方面，中国家族企业继承人数较少的现状为企业传承带来了一种特殊的挑战。据了解，对于仅有一名子女的创一代，在评估子女的接班意愿和能力方面，比多子女的创一代要低至少10个百分点。还有一个有意思的现象，调查显示独生女儿接班的意愿似乎要高于独生儿子。此外，随着社会的不断进步，民营企业的传承心态也正日趋开放，超过半数的民营企业家认为下一步应该引入职业经理人。

关于家族与社会

孟子说过："君子之泽，五世而斩。"这个说法显然有点悲观了。历史上的人们大多认为无论一个人祖辈开创的事业如何辉煌，在经过数代之后，其事业包括积累的家业也就消耗殆尽了。我认为之所以会产生这样的情况，根本的原因是社会的动荡，是人们生活不安宁。但是，现在中国的企业家们是幸运的，我们进入了中国特色社会主义的新时代，我们已经越来越接近中华民族伟大复兴的目标，在家族财富管理这件事上，中国的物质文明、政治文明、精神文明、社会文明和生态文明的全面建设将为家族企业的持续发展提供良好的气候与土壤。

中国的企业家也是有责任感的。经常有企业家说，"如果有几百万元、几千万元，那这个钱是自己的，如果有几十亿元、上百亿元，那这些财富就不是自己的了，是社会的，自己只是为社会在管理这些财富而已，自己有责任为社会管好这些财富"。我认为这是一种财富观念的进步。而现代金融理念、金融技术可以通过专业的家族财富管理模式（如家族基金、家族信托）帮助大家实现这样的理想，让个人财富转化成社会财富，当然这是在一定规则和约束下转化成的社会财富，不是简单的捐赠，而是高净值人士个人财富的社会效益最大化。

关于全球与中国

在百余年前的欧洲和美国，工业革命后的经济腾飞不但带来了巨额的社会财富和更细致的社会分工，还推动了金融业的发展。在长时间的发展过程中，欧洲和美国都逐步形成和出现了较为完善的家族财富管理体系和专业机构。

家族财富管理业务在中国起步时间不长，但它已经显现出了生命力。因为中国第一代高净值人士、超高净值人士主要是企业家出身，他们对财富的管理、传承，以及对家族企业的管理，已经有大量的需求。更加重要的是，随着依法治国理念的日渐确立，我国的契约精神、产权意识已经越来越深入人心，这都会促使财富管理机构不断发展和分工细化，孕育出更多家族财富管理的专业服务机构。中国的文化很独特，中国的市场很特殊，而且实行了较长一段时间的独生子女政策也对家族财富的传承带来了挑战，国外的发展模式是没办法直接照抄照搬到我国的。家族财富的传承在中国，势必为之，且大有可为。中国一定会走出具有自身特色的财富管理新路子。

关于物质财富与精神财富

常言道："道德传家，十代以上。"用一种良好的家族文化和精神体现家族的价值观，这是家族持续兴旺，永续长青的关键。

由创一代和家族成员共同商议，确定家族及企业经营的信念、文化、愿景、使命等，形成既与社会的核心价值相适应，又具有家族自身特点的在道德及行为上的一种标准，作为传世基础，避免家族后代在传承过程中由于代沟隔阂偏离良好的价值观，这一点十分重要。贯彻家族价值观必须保持家族成员间的有效沟通，达成对家族事务决策的共识，如确立家规、家训、成员聚会乃至决策会议都是建立和维护家族成员共同价值观的有效措施，有了家族共同的理念和信仰，才能确保传承过程中的家族和谐，家族事业的持续发展。

金融应该也可以为家族传承提供有特色的服务

近些年来，家族财富管理行业越来越引人关注。仅最近半年来，各种家族传承主题的论坛，大大小小的就不下十来个。银行方面，中国工商银行、中国建设银行、招商银行、平安银行等，虽然模式不尽相同，但都推出了家族财富管理业务。其他财富管理机构、小型的家族办公室等也越来越多。当然，尽管目前国内家族财富管理机构的数量不少，但都还只是处于探索的阶段。主要机构似乎都还处在培育市场、打造品牌的阶段，许多机构虽然打着开展家族信托业务的名义，实际上主要仍以开展投资业务为主，而非真正意义上家族财富的管理和安排。究其原因，既有法律制度的不完备，也有从业机构综合服务能力的不足、专业人才的欠缺等。

当然，也有很多专业机构做了一些很好的尝试，比如说中国工商银行。这几年，中国工商银行私人银行业务发展已形成规模，服务能力不断提升，超高净值客户数达到一定量级，投资管理能力已达到较高的水平。家族财富管理是高净值客户的客观服务需求。中国工商银行做家族财富管理的模式比较特殊，它在上海自贸区设立了家族基金公司，在《基金法》的规范下进行运作。每一只家族基金都是独立建账运行、托管，确保风险和权益的隔离。同时，它以一种开放的心态，致力于做家族财富管理的服务集成商，集聚其他家族财富管理的服务机构一起来打造财富管理平台，比如与一些顶尖的律师事务所、税务所合作，在家族基金理论实践上引进了哈佛大学戴维斯（Davis）教授的研究成果，在增值服务上也与很多机构开展了合作。这家基金公司不是简单地提供投资理财服务，而是在发挥财富传承的功能。

我赞成一个说法，即中国家族财富传承要实现5项使命：文化凝聚、财富永续、基业长青、良缘广结、人才辈出。如果真的能实现这5方面的目标，那就可以说中国的家族财富管理达到了一个新的高度，就可以为实现社会财富的传承，为实现两个百年的奋斗目标而发挥应有的作用。

当然在这个过程中，需要大家从多方面共同努力，而对从事财富管理业务的专业人士以及对财富的拥有者进行必要的培训和引导就是其中十分重要的一环。希望这本书的编撰能为此做出一些贡献。

是为序。

杨凯生

2018 年 4 月

　　本书自去年 9 月出版上市后获得了各方的充分肯定，大家普遍认为本书填补了中国财富管理领域营销端的空白，极大地帮助了前端业务人员如何从资产权属的思维出发，服务于中国的高净值人士。本书不仅被很多金融和培训机构作为培训教材，还在特许私人财富管理师 2019 年度的两次全国性考试中发挥了权威备考教材的作用。

　　2018 年年底至 2019 年年初的中国税制改革，使得第一版教材中关于税务的内容需要有较大的调整，本着对读者负责的态度，以及本书是有关实务知识的特性，应该做及时的更新。所以第二版主要是在"税商篇"做了较多的内容更新，并且借此机会对"法商篇"和"资商篇"做了一定的优化。在未来，我们也将本着这种应时和严谨的态度不断更新和优化提供给读者的专业知识内容，但整个"四商一法"的体系不会有根本性改变，因为帮助高净值人士解决在财富转移和传承上的核心诉求不管到什么时候都是不会有本质性改变的，由此金融机构的前端业务人员需要学习的业务逻辑与核心架构是不变的。

最后，我要感谢各个板块的作者的辛勤付出，也感谢中信出版集团编辑团队全力配合做出的努力。没有你们的付出与努力，本书不可能在这么短的时间之内及时更新出版。

薛桢梁

2019 年 10 月

　　这本书的出现是非常偶然的，但又是水到渠成的。2015 年上半年有家外资保险公司的个险负责人找到了我，因为当时的我作为这家机构银行保险渠道的合作专家，既给银保的渠道经理和花旗银行、招商银行的客户经理做培训，又请银行的高净值客户参加沙龙，取得了不俗的反响，由此传到了个险领域。这家公司的个险负责人希望我也能培训其公司的绩优业务员，使他们能专业地服务高净值客户，或者更直白地讲，能签订大单。我当时是既不愿也不敢接受这份工作的。不愿，是因为我经过多年在金融培训行业的积淀，认为非系统性的、泛泛的讲课并不值得去做，无论是从学员角度还是从自身角度考虑；不敢，是因为我坚信业务人员想在高净值业务领域有所作为就必须要经过系统的培训，而我尚未有系统化的课程，如果要做，就只能一边上课一边开发了，尽管有信心，但我还是有些忐忑。另外，我也不太相信保险公司和个险业务人员有决心投入时间与金钱，沉下心来"脱胎换骨"，所以我认为这是白费精力的，这也是我一开始没有真的将此当回事儿的原因。最后，我提了 3 个开班的条件：一是按 MBA（工商管理硕士）的方式上课，每月 1 次，每次两天，一年共 24 天课程；二是业务员自己付费（数万元）；三是公司按我定的条件［MDRT（百万圆桌会议）会员、大专以上学历］选 100 人左右，由我通过视频一对一面试后选定 30 人。之后这件事我也就没再放在心上，因为感觉不可能实现。当然，我也下了决心，万一成了，我一定全力以赴，要对得起这些学员，不管有多难。没想到，结果还真成功了。

从 2016 年的第一个班到 2017 年的第二个班以及对中国工商银行私人银行等机构人员的培训，讲课内容包含投资、资产配置、私人信托、法律、税务、保险、营销技能等，但最重要的是将这些内容串联起来与高净值客户的财富管理需求相结合。在这个过程中，我注意到了这几年出现的一个很火的名词——法商。"商"是水平的数值，顾名思义，"法商"就是在法律知识方面的水平。"法商"为什么火？因为大家发现无论是销售保险大单还是和高净值客户打交道，懂法律知识是非常重要的。我十几年前从美国回国时，提出给有钱人做保险规划必须懂法律的概念，但当时几乎没有人理解，而我在美国做业务时与律师的合作是不可或缺的，仅私人信托文件的完成就需要律师的合作，这也说明中国和欧美国家有钱人在财富积累阶段上的差异。现在大家认识到了法律对于高净值业务的重要性，这充分表明中国人的财富积累到了一个新的阶段，关心挣到钱后产生的问题与关心如何挣更多钱相比，如果不是更重要起码也是同等重要了。无论是保护产权，还是转移和传承产权，法律问题是顶层问题，因为所有产权的问题都是法律问题。但同时我们又必须思考，仅仅有"法商"就能满足高净值客户在财富管理方面的诉求吗？显然不能。高净值客户更为关心的是企业、投资、税务等，尽管法律是他们更应该关心的。而作为金融机构的前端业务人员首先必须关心客户所关心的，否则是无法与客户交流和保持关系的。那么，哪些专业技能是可以全方位覆盖与高净值客户在财富管理方面的交流及对其的引领呢？我确实是受到"法商"这个概念的启发后，将我

20 年来在业务一线的经验和做财富管理培训的总结提炼聚焦在一起，产生了用"四商一法"来归纳所有面对高净值客户的营销技能的想法。有钱人因为拥有财富，一开口往往就是"投了这个，买了那个"，业务人员想要接上话题不就需要具备"资商"吗？中国的一些高净值人士有移民意愿或在国外留学置产，所以税务的问题最能触动他们的神经，我们的业务人员怎么能没有点儿"税商"呢？所有的资产最终都是产权归属问题，"法商"就不用讲了，是"核心武器"。放眼全世界，绝大多数高净值人士是企业主，对企业主了解的深入程度几乎是任何金融机构的业务人员想在这个领域制胜的基石，这不就是"企商"吗？有了这些专业的水平，还缺将业务落地的营销技能，也就是怎么将业务人员从专业（四商）角度判断出的客户需要解决的问题转变成客户自己认为需要解决的问题，并寻求业务人员的帮助，这就是"问导法"了。"四商一法"这套业务实践系统的诞生就是这样水到渠成的。

在此，我要特别感谢中宏人寿保险有限公司的首席渠道官张希凡先生、资深副总裁陆文颖女士和副总裁吴琼晖女士，以及中美联泰大都会人寿保险有限公司的顾问营销渠道教育训练部负责人周海梅女士，没有你们当初给我在保险公司培训的机会和很多富有价值而宝贵的意见，是不会有今天这本书的。

"四商一法"是一套集成的体系，每一部分都是专属的领域。引言和企商篇由我撰写，问导法由我和周畅先生共同编撰。资商篇、法商篇及税商篇分别由相关领域的专家邬瑜骏博士、蔡昶律师、蒋辰逵律师、徐祖明先生、宫雅敏女士等主笔，这些专家认真负责的专业态度使我感动，在此一并感谢。

此外，感谢中信出版集团的相关编辑，他们对本书的编辑、审定投入了大量时间和心力，还要感谢参与本书文字整理的黄梦丽。

薛桢梁

2018 年 6 月

引言

四商一法概论 私人/家族财富管理客户端业务实践系统 1

第一部分

资商篇 高净值客户资产配置及大类金融资产原理解读 11

第二部分

法商篇 高净值客户的财富法律风险及其防控策略 93

引言

四商一法概论

私人/家族财富管理客户端业务实践系统

中国改革开放以来出现了大量的高净值人士，他们甚至已经形成一个庞大的群体。我们对高净值人士的通俗定义是财富自由的个人，其所有人生愿望所需要的经济基础已经具备，或者说其有生之年钱已经用不完了。显然他们的金融需求从本质上来讲一定不同于普通人，那么到底不同在哪里呢？要将这个问题讲清楚，必须从3个大家熟悉的概念谈起，也就是投资、理财和财富管理。

这3个概念对大部分人来讲都是模糊的，包括金融机构从业者和各类专家。对金融机构中后端人员来讲，投资、理财、财富管理只是3个名词而不是3个概念，确实无本质区别。为什么这么讲？因为金融机构中后端人员的主要职责是对客户的资金进行保值与增值（存款、理财产品、基金份额、信托产品等），其面对的均为数以亿计的海量资金，按照机构相关投资和风控要求运作即可。金融机构自然可以称其为帮客户投资、理财或进行财富管理，哪个名词流行就用哪个，客户家庭是什么情况与金融机构的中后端人员是没有关联的，客户购买哪些金融产品是前端人员销售的结果。由此可见，区分投资、理财和财富管理三者的差异对于金融机构中后端人员来讲没有太大意义，再加上那些保本收益类和非保本收益类产品均被银行从业者称为理财产品，就更让人感到误解（甚至保险公司的同质化产品，如几乎没有保险功能的收益类产品，也被称为理财型保险，我们必须要澄清，理财是一种理念，将理念作为产品的修饰词是一种误导），这也许就是以上3个概念被混淆的根源。客户购买哪些金融产品是前端人员销售的结果，而客户个人与家庭的状况应该是前端人员销售金融产品的出发点，每个个人与家庭各有各的状况。销售金融产品与服务本来就是为了满足个人与家庭在人生中对金融的诉求，而个人与家庭对金融的诉求恰恰体现在这 3 个核心金融概念中。因此，金融机构的前端人员对这 3 个概念必须理解到位。

我们先来谈谈投资。对个人与家庭而言，投资的核心目的是增加收益，并无其他。收益率高低不同，但基本上是源于对相应的风险高低而做的选择。想赚得多一点儿就得多承担风险，想少冒风险或不想冒风险就得接受较低的回报甚至没有回报。因此，以投资为核心（其实就是以收益为核心）与客户沟通就只需要也只能以产品为中心来进行销售了，至于客户的家庭是什么状况不是销售人员关注的重点。客户只要看到有钱可赚就会投资，如果没有风险那就最好了（尽管这个世界上基本不存在白吃的午餐）。金融机构的客户经理只要让客户相信其所推销的金融产品赚得多、风险低（极端一点儿就是超正常回报和无风险这样的介绍，也就是误导），客户就会买单。这也就是为什么我们将以收益为核心销售金融产品的人员定义为销售而不是顾问，这些销售人员无论是对客户还是对金融机构来讲价值都是非常低的，特别是在未来的智能时代。同时，因为将收益作为对客户的核心吸引力，当收益没有达到预期或者不如其他机构的时候客户就会离开，因此从根本上来讲就不会有保持关系的客户而只有进行"一锤子买卖"的客户了。就客观规律而言，投资收益始终是最好的个人与机构是不会有的，再说在互联网时代收益好的产品也并不需要前端的人工销售。

什么是理财？对于个人与家庭而言，人生有很多愿望，比如良好的子女教育、符合条件的房产、有品质的养老等。但实现所有这些愿望的基础是具有一定的经济条件，也就是钱。而绝大多数人缺的就是钱，其根本原因是人们在生活中的愿望总是会高于他们的现状（否则也就不能称其为愿望了），所以大家都觉得钱不够，只有努力赚钱才能实现那些愿望。那么理财就是从金融上来帮助大家补这个钱的缺口。

图 0.1 是一张退休规划的理财图，假设一位现年 40 岁的男士打算 20 年后退休，要准备 20 年的钱过他想要的退休生活。首先，要确定的就是退休时需要多少钱，要回答这个问题就要看客户的愿望

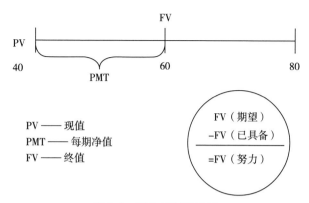

图 0.1　退休规划理财图

了，退休后到底是想过小康生活还是想周游世界。然后，要考虑钱会贬值，也就是所谓的通货膨胀。只要将想要什么样的生活与通货膨胀率结合，就能得出退休时需要多少钱了（期望的 FV）。有了目标后，就要看现在是否已经有这笔钱。对于 20 年后所需要的钱，该客户只有两个来源：一是现在已经为退休所存的钱（PV），二是将来在退休前每年继续为此积攒的钱（PMT）。这两笔钱加起来（已具备的 FV）与退休时需要的钱（期望的 FV）对比，就可以看到有没有缺口（努力的 FV）。如果有缺口（大多数人都缺），该客户能做的就是在退休前的 20 年里，提高 PMT 和投资回报率，否则愿望将永远是愿望。

由此可见，理财就是补缺口，保险作为理财的"地基"更是如此（补我们生老病死的缺口）。在帮助个人和家庭理财时，投资只是路径和手段，尽管它对理财的成功至关重要（理财的落地必须使用各类投资工具）。当人们把投资作为目的时基本就迷失方向了，因为投资与生活无关，离开生活，人们跟钱是打不好交道的，而且通常会成为钱的奴隶。详见图 0.2。

理财对个人与家庭来讲，从本质上超越投资就是因为它从生活出发。金融机构服务人员与客户谈得更多的应该是生活而不是金融产品，只有了解客户的生活现状与愿望才能为其匹配相应的金融产品，帮助客户达成生活目标，这才是理财。同时因为从生活出发

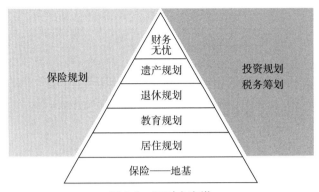

图 0.2　理财金字塔

（不是从钱出发）会有无尽的话题，业务自然会有更多的想象空间。

现在明白为什么要理财了吗？因为有缺口。那么如果没有缺口呢？理财的理念与方法显然就不适用了，而且除非有其他问题，已经富裕到没有缺口的个人与家族在金融方面应该什么都不用干了。但人类的烦恼是没有止境的，有钱后的烦恼可能不少于没钱时的烦恼，因为有钱后会产生很多新的问题。这些问题的根源可能就是高净值人士拥有的财富——各类资产，如何明确资产的产权归属以及进行资产的转移和传承，就是个人与家族财富管理的核心了。

首先，我们来探讨一下产权归属的问题。当高净值人士积累了大量财富（各类资产是财富的具体体现）度过创富阶段后，审视一遍所持各类资产的所有权是非常重要的。很多高净值人士是非专业人士，所以他们会想当然地认为现在自己可以控制的资产毫无疑问都是自己的，其实可能不然。比如资产的代持、未尽的税务责任、婚姻导致的混同等都会使高净值人士对资产到底属于谁产生疑问，而这类问题基本都在税务和法律的范畴之内。

其次，前面已经阐明了高净值人士的钱在不挥霍的情况下一辈子都用不完，用不完的钱自然是要给别人的，而这些钱的具体存在形式就是各类资产，那么产权的转移和继承就是必然的结果了。

就所有权而言，所有的产权问题都是法律问题，这就是为什么个人与家族财富管理必须从法律的顶层思维出发，至于投资与税务方面的问题都应该在法律权属的框架下去考虑。如果资产归属不符合意愿，投资和税务做得再好无非是利用合理避税赚了更多的钱，但最终是无意义的，甚至是有害的。

在明白了个人与家族财富管理的核心后，我们就可以理解为什么金融机构前端业务人员给高净值人士提供专业建议与产品服务时必须有一些法律方面的知识（主要是《中华人民共和国婚姻法》《中华人民共和国继承法》《中华人民共和国信托法》《中华人民共和国公司法》）、税务方面的知识（各主要国家的税法和税务居民属地影响等）和投资方面的知识（主要是对各种金融工具的理解，而不仅仅是了解产品）。同时，因为绝大多数高净值人士都是企业主，所以是否懂得企业主在企业发展过程中所面临的问题与挑战对前端人员与这类客户保持关系至关重要，甚至在业务上起核心作用，因为前三者围绕的都是事，而后者关注的是人。

当我们具备了投资、法律、税务和企业主方面一定的专业知识（资商、法商、税商和企商）后，如果要做好高净值客户的业务我们还需要有一项技能，那就是用提问的方式引导客户去思考他们的现状与愿望的关系并使客户最终理解财富管理的意义所在，前端人员从专业的角度出发，发现问题并将其转化成客户自己认识到的问题并寻求解决，也就是把前端人员认为客户所需要的转变成客户自己认为自己所需要的。

综合上述所有金融机构前端业务人员在面对高净值客户时所必须具备的专业素质，我们开发了这套私人（家族）财富管理客户端业务实践系统——四商一法，即资商、法商、税商、企商和问导法。

资商——谈资无限

若你的高净值客户最近在关注海外房地产私募基金投资，他之前参与过定向增发，买过固定收益类的私募债相关产品，股权基金中的基金（Fund of Funds，简称FOF）的投资额早就超过千万元了。对你来说，这些多元化的投资渠道可能并不熟悉，更不用说跟客户深入沟通全球资产配置问题了。话不投机，何以交流？不敢开口，何来业务？无法诊断，何以持续？"资商"给你专业知识与金融思维，不仅可以与客户对话，更能起到引领作用。

法商——法力无边

高净值客户创造了财富，想给谁就能给谁吗？不想给谁自己能决定吗？离婚、结婚就这么简单吗？资产以哪种形式转移与传承？资产转移与传承通过什么方式操作？一不小心，财富就可能落入他人之手，也有可能大幅缩水。所有的问题都是法律问题，所有的法律问题都是财富问题。"法商"带给我们财富管理与资产转移、传承的顶层法律思维，可以更好地服务高净值客户。

税商——税税平安

几乎所有的高净值人士都在不同程度地与国外有所联系，其中最受关注的是财富流动，而与财富流动关系最大的主题是缴税。海外投资、留学、经商，或是移民，无不涉及税务筹划的问题，各个国家税法千差万别，高净值人士一不小心就会走进陷阱——税务的陷阱。"税商"让我们成为半个税务专家，让我们可以直击客户痛点，开启他们财富综合规划的大门。

企商——企望必达

高净值人士的核心群体是企业主，企业主的主要财富来自企业。企业从初创到发展无不存在风险，企业主通过企业经营最终实现财富的创造也是险中求胜。在企业主的不同人生阶段中，我们在哪里？在企业不同生命周期，我们与企业主沟通过什么？企业主实现财富自由后将会面临什么样的陷阱？"企商"使我们能把握最重要的客户群体的需求，帮助他们由获得财富到获得幸福，并在此过程中实现业务的持续性，与客户双赢。

问导法——大单成交

随着财富管理在高净值人士中的逐渐普及，传统的直接销售产品的模式受到强烈的冲击，怎样通过引导提问的方式获得高净值人士的真正需求？怎样结合产品特征、优势阐述与高净值人士需求相结合的利益点？怎样把"我认为你需要"变成"你认为你需要"？真正的科学营销流程的建立最终才能解决客户问题，达成客户目标，让客户在充分理解、感悟、认可的状态下完成大单交易。所谓大单，首先是指寿险大单，甚至可以更明确地讲是终身寿险和年金险。在前文关于理财概念的论述中已经说明保险的主要功能是补人们生老病死的财务缺口，既没理由也没必要购买上千万元保额的大单。但对高净值人士而言，购买保险是从财富管理的需求出发，上千万元保额的保单不仅有理由持有，甚至应该是标配，这方面的内容将在后面的章节中具体阐述。此外，当我们以财富管理的角度切入高净值人士的金融需求时，结果可能不是简单的销售某个投资或理财产品了，客户往往会将个人或家族资产的部分或整体交给我们打理，这同样也可被称为大单。

总而言之，中国高净值人士的财富管理需求已经开始浮出水面，但我们的供应端的专业水平还急需提高。金融概念的模糊不清与混用使各个群体的金融需求都没被深刻理解，无论是客户本身还是金融服务从业人士。希望"四商一法"这一财富管理的前端业务实践系统知识，能够帮助金融机构从业者打通"脉络"，理清业务逻辑，真正帮到高净值客户并给自己带来丰厚的回报，实现双赢。

第一部分

资商篇

高净值客户资产配置及大类金融资产原理解读

　　"资商"聚焦于提高前端业务人员面对高净值客户时的对话能力，更具体的说法是，让前端业务人员具备与高净值客户平等对话的专业谈资。在业务实践过程中，此类高净值客户早已充分接触各类金融产品，但保险公司前端业务人员自身往往缺少金融专业知识，所以前端业务人员很难在面对客户时能够与其平等地进行对话。单纯依靠传统的营销方式，如聊家长里短，很难对客户有所触动；直接叙述式地讲解所谓的产品利益，客户听了很可能会拒绝，之后也就没有下文了。由此，与高净值客户保持持续的交流，攻克以往话不投机的难关，做到不仅能对话而且能引导，前端业务人员就必须具备专业知识与金融思维。

　　具备专业知识与金融思维，涉及宏观经济、经济对市场的影响、具体的各类金融产品运作的原理，以及最终的资产配置策略等方面的学习。作为前端业务人员，要关注客户最主要的资产配置框架是什么，具体落到股票、债券、外汇、贵金属、另类投资后，每个市场的逻辑是什么，以上做法的目的是了解客户、充分交流、展现专业性，而不是深入分析各类数据去实际给客户做资产配置。前端业务人员面对客户时，首先，需要了解客户在想什么，这样才可以与客户充分沟通。然后，可以告知客户这种认识是否合理、有无问题，这样就更能建立专业信任度。财富管理领域的前端业务人员来自银行、保险公司、三方财富管理公司、券商、基金、信托等，各类金融机构在客户心目中的形象是不一样的，最好的应该是银行，最差的应该是保险公司，长期以来我们发现客户对前端业务人员几乎没有信任，现在就是要将这种不信任感打破，而打破不信任感靠什么呢？仅靠稳健、有保障是不够的，这些客户已经听了很多，现在要靠的是以理财规划、投资市场、资产配置作为谈资的专业对话。比如客户可能刚好要兑换美元，却不懂如何兑换，那可以跟他聊一聊，给他一点儿建议，以此建立专业形象，这对前端业务人员来讲是非常重要的。

资商这部分内容的核心是阐述将股票、债券、外汇、贵金属、另类投资这些大类资产作为金融工具的原理，很重要的一点是解决面对不同的客户怎样构建面谈思维框架的问题，即怎么跟客户交流。比如遇到一个投资股票的客户，怎样提醒他尽量不要单纯以散户身份投资股票；遇到一个买股权、债券的客户，怎样跟他探讨风险问题；遇到一个投资美元的客户，怎样与他沟通投资外汇的逻辑；遇到一个投资房地产的客户，怎样与他达成风险和机会平衡的共识。总之，这部分内容的核心在于帮助前端业务人员在客户面前建立专业形象，让客户觉得从这样的交流中能听到一些原来没有听到过的，非常有价值、有必要的建议。当前端业务人员在客户面前成功建立起懂金融、考虑周全、思维缜密的专业形象后，后续再谈及保险就自然而然拥有充分交流的空间和取得成功的机会了。

第1章 宏观经济背景下的大类资产轮动规律

具有代表性的10年大类资产表现回顾

2018年至今，源自保持经济增长、防范系统风险、应对外部环境的三难选择，使得2016—2017年的经济复苏带来的资本市场的乐观发展，又一次面临了诸多不确定性。多方专家对于长周期中当前所处位置的初步共识结论是：新一轮的经济放缓或已开启，但幅度应较上一轮小。

我们从长期的角度挑选了比较有代表性的10年，即2006年年中至2016年年中，来看整个中国的大类资产是如何轮动的。

2016年：商品牛市启动

2016年大类资产的明星当属大宗商品。2016年大宗商品出现过3波行情，如图1.1所示，第一波从1月份一直涨到4月份，第二波出现在5月份，而第三波行情才是真正的大行情，出现在9月份，主要因为人民币大跌。那为什么人民币大跌会对期货有影响？因为这些期货都是海外货币定价，即用美元定价，而国内买期货都用人民币，人民币下跌说明要用更多的人民币买这些产品。此外，全年对期货市场的另一个刺激就是供给侧改革，当通过供给侧改革使产能集中，原来的分散行业变成垄断行业，就会发现产能下降，而产能下降的时候，需求一点点被拉动，整体价格就上升，所以2016年的商品牛市是靠供给收缩，并不是靠需求增加，供给侧改革强调去产能，相当于供给减少，所以价格上升。

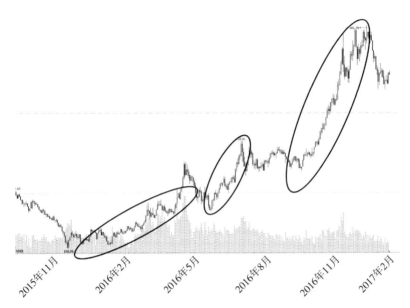

图 1.1　2016 年大宗商品行情

资料来源：万得资讯（Wind）。

2015 下半年：房地产牛市启动

2015 年下半年是房地产的牛市。我们列举 4 个城市——深圳、上海、合肥、昆明，圆圈标注的点是 2015 年的 6 月，即牛市的开始，如图 1.2 所示。2015 年 6 月第一波拉起来的是深圳，第二波是上海，第三波是合肥。很明显，合肥晚了近半年，昆明"踩住了节奏"，但波动比较小，这就是我们看到的 2015 年这一波房地产行情。2015 年这一波房价跟以往不同的是，原来几波房价行情都是因为中国人民银行（简称央行）的货币宽松政策，体现到房价上涨要 3 ~ 6 个月，因为货币资金是有传导效应的，通常没有那么快，而这一波行情迅速上涨是因为房地产需求压抑已久。中国最大的特点是房地产需求旺盛，现在买房子大多为两种情况：第一种是自住，第二种是投资。自住大多为 3 个原因：第一是结婚，第二是孩子上学，第三是"二胎政策"后改善住房。这 3 件事情是我们不能不考虑的，所以中国的房地产需求不是房子本身而是生活本身，这些是不能被延后的。不能被延后，那就只能疏导，现在一些地区利用"限购"与"限贷"等政策控制需求，一旦政策放松，很可能会出现井喷。这就是为什么 2015 年房地产会爆发，因为所有的需求在这个时候爆发，但是人们做大的资金决策时往往是买涨不买跌，跌的时候总觉得还能再跌，但是一旦涨马上就追，一追就会继续量价提升。所以深圳先涨上海后涨，深圳先涨是因为整体盘子小，市场相对敏感。2015 年下半年明显出现时间差的是合肥、郑州、太原、南昌等城市，涨跌幅度也相对较小。

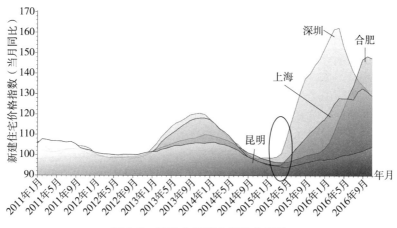

图 1.2　2015 年下半年房地产行情

资料来源：万得资讯。

2014 下半年：股票牛市启动

2014 年是中国股票牛市，6 月份开始飙升，如图 1.3 所示。主板上涨的第一个板块是国防军工，第二个是有关"一带一路"倡议的相关主题，市场在达到 3 400 点后明显遇到阻力，遇到阻力后回撤，再突破 3 400 点，靠的是后面的保险与券商板块。到了 2015 年，主要靠的是创业板股，整体涨幅最大的是 TMT（科技、媒体和通信）相关主题，涨幅最小的板块是银行。当时，市场是"慢牛"，但是中国的股民看到"慢牛"时只注意到"牛"，看不到"慢"，就直接"杀"进股市。这波行情一个很重要的特点是，当时在呼吁"大众创新、万众创业"等，有相应的市场环境后，资本市场也就开始响应。

图 1.3　2014 年下半年股票行情

资料来源：万得资讯。

2014 上半年：债券牛市启动

2014 年上半年是债券板块，行情如图 1.4 所示。2014 年债券的牛市是从 1 月份开始的，主要原因是 2013 年中国经济增速明显放缓，2014 年年初央行出台政策刺激经济，直接把债券牛市推起来了（市场利率与债券价格成反比，利率下调债券价格随之上涨）。这一轮债券的牛市是从 2014 年 1 月一直到 2016 年 10 月，是债券历史上最长的牛市，长达 11 个季度。而债券基金受人诟病，主要是因为买在了高点。但是最重要的问题并不是客户自主买在了高点，而是很

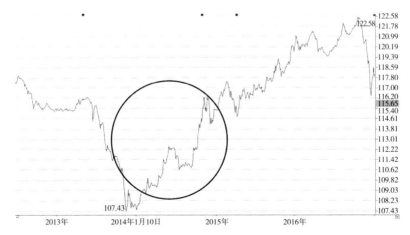

图 1.4　2014 年上半年债券行情

资料来源：万得资讯。

多客户经理把债券基金当作理财产品卖，尤其从现金流的角度看，与理财产品非常相像的定期开放式债券基金，结合了开放式基金与封闭式基金的特点，采用封闭式运作与定期开放相结合的方式，在特定时间段才能购买和赎回，很容易陷入入手时高位、出手时低位的窘境。所以，金融从业前端人员与客户沟通金融产品时，最重要的一点就是管理客户的期望，如果管理不好，为客户做得再多也毫无价值。

2011 年、2013 年：利率两波上涨

2011 年与 2013 年，涨幅最大的是利率衍生产品。2011 年、2013 年利率行情如图 1.5 所示。2013 年出现了"钱荒"，当年 6 月银行间隔夜拆借利率很高，同时也把货币市场利率推得很高。以往一些金融机构 3 个月期的资金拿进来就去投 3 个月期的理财产品，还可以选择投 1 年期的项目。对它们来说，负债 3 个月，项目 1 年期，可以赚取错配利差。但是后来很多金融机构发现，比如 3 个月期的理财产品的总收益率是 5%～6%，其中 3% 的收益用来覆盖成本，再算入其他成本，最后仅获得 2%～3% 的利差。于是金融机构就想办法寻找更便宜的资金。在拆借市场往往是期限越长

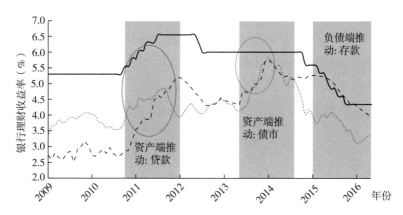

图 1.5　2009—2016 年利率行情

资料来源：银行业理财登记托管中心。

资金越贵，期限越短资金越便宜，很多金融机构就会降低期限，比如将3个月降为1个月、2周，甚至1周。接下来一些金融机构进行同业拆借，1年期的资金项目用7天的形式滚动借，最后的结局是，本来项目1年以后赚钱，但是负债的项目7天就要还款1次，虽然复杂但是赚取利差较多。这样做的一个风险是如果7天还回去可能后期借不到，所以此方式对借贷的及时性和充足性要求很高。一些银行组成联盟，需要资金的时候互相拆借，频繁拆入拆出，到最后个别机构可能资金不足运转不过来，后果是货币成本升高，利率也就升高。有一个金融产品就是在这个时候诞生的，它就是余额宝。当时很多资金从银行出来进入互联网金融领域，余额宝是一个消费类账户与货币资金的组合，是2013年高利率背景下产生的产品。

2009—2011年：黄金大牛市

2009年到2011年是黄金大牛市。黄金在这3年从700美元每盎司（1盎司＝31.1035克）直接涨到2000美元每盎司，如图1.6所示，这3年的黄金走势基本都在通道里，通常在通道里就意味着安全地处于一个相对均衡的状态，冲出上限或跌出下限则意味着有大的波动，在大的波动产生前就形成了2009—2011年的黄金大牛市。很多投资者投资黄金的理念都是错误的，买黄金不是要交易黄金，而是买实物金条，这个投资概念就不一样了。黄金价格最容易涨的时候是国家信用违约的时候，比如冰岛、希腊的主权债务危机，或是发生战争的时候，比如中东的局势不稳，这样就使黄金的敏感性增强。为什么在这个时候大家都要去买黄金？因为信不过这个国家。最早货币的兑换是各个国家货币与美元挂钩，然后美元与黄金挂钩。1945年之后美国从欧洲源源不断地把黄金运回国去，所以在政府建立新的信用时，美国拥有大量黄金使其他国家用货币交换，这样就构建了后来的金本位制度。当世界上各个国家出现信用问题，人们没有可以相信的东西时，就只能相信黄金，所以黄金是超主权的货币。人们投资黄金一定是因为对目前国家的主权或者货币不信任了，否则黄金是一个没有太大投资价值的资产，因为其不产生利息，即非生息资产。

图 1.6　2009—2011 年黄金行情

资料来源：万得资讯。

2008 年：债券大牛市

2008 年的债券大牛市是中国最大的债券牛市，行情如图 1.7 所示，我们看到债券指数几乎是直线上涨，这是因为 2008 年发生

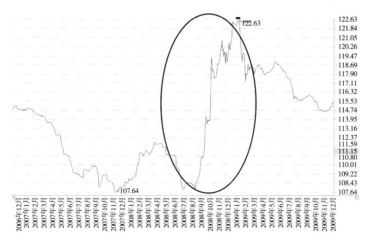

图 1.7　2008 年债券行情

资料来源：万得资讯。

次贷危机，美国把利率降到趋近于零。中国为了避免风险并刺激经济也实行降息，降4个刻度，当年每刻度是0.27%，现在每刻度是0.25%。当年短期内降了4个刻度，降下来之后债券开始大牛市（市场利率与债券价格成反比，利率下调债券价格随之上涨）。

2006—2007年：股票大牛市

2006—2007年股市大牛市，行情如图1.8所示，这波股市是A股（人民币普遍股票）市场最波澜壮阔的时期，从998点一直涨到6 124点，然后一路跌到1 600点后再涨到3 400点。关于这波行情最重要的推动力，当时很多人说是股权分置改革，但它绝对不是从998点涨到6 124点的最主要原因。最主要的原因是不同的推动力，初期是人民币升值，后期是GDP两位数的增长，很多行业呈现井喷式发展。

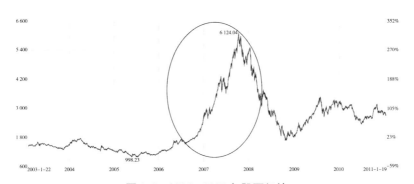

图1.8 2006—2007年股票行情

资料来源：万得资讯。

2006—2016年，大类资产的发展和轮动出现了一个很重要的分水岭——2014年央行政策放宽，在2014年之前可以把它叫作分子驱动。金融市场在估值的过程中可采用绝对估值，相对于在做股票时一个叫相对估值的概念。以相对估值中最常见的市盈率的估值方法为例，比如一家公司估值10倍（公司价值相当于10倍的年利润），另一家同行业公司情况类似，估值也约为10倍，因此相对估值在于必须要找到一个标准进行比较。而绝对估值只关心未来要产生的现金流，比如股票每年会产生股息，也就是来自企业利润分配的现金流，把所有可能产生的现金流测算出来，然后再往前折现计算，得到现在的金融资产价值，这样无论哪一类别资产，现金流都处于分子的位置。之所以说金融资产在 2014 年是一个最大的分水岭，是因为在 2014 年之前我们的大类资产是分子驱动，有时是股票，有时是债券，有时是商品，即各类资产的现金流处于主导地位，哪一类资产产生的现金流多，哪一类资产表现就好，这也符合投资领域的一个核心理论——美林投资钟。

美林投资钟可以运转的很重要的前提是央行根据经济发展情况调整货币政策，但 2014 年之后央行持续政策放宽使得利率波动停止，因为货币政策的单一性，所以在 2014 年之前美林投资钟可以运转，而 2014 年之后美林投资钟在中国就失效了。

美林投资钟的分析框架

美林投资钟理论把经济分为两种状态，第一种叫经济增长和经济衰退，第二种叫通货紧缩和通货膨胀。所以一共有 4 个维度，即4 个阶段。第一个阶段是衰退阶段，即通货紧缩，且经济还没起来；第二个阶段是复苏阶段，即通货紧缩，但经济起来了；第三个阶段是过热阶段，即通货膨胀，经济也增长了；第四个阶段是滞胀阶段，即通货膨胀，经济衰退了。再往前又转回衰退阶段了。具体如图 1.9 所示。

第一阶段是衰退阶段，央行通常会降息，而在降息时企业融资成本降低，比如一个卖房子的企业，降低利率肯定对它有帮助，房贷利率下降了，房子就卖得多，这样的机制使负债端成本下降，资产端收入可能会增加，对于企业来说是利润增加，当企业盈利恢复了，GDP 随之增长，所以就转到了复苏阶段。

作为第二阶段的复苏阶段持续一段时间后，各行各业经营得越来越好，大家都发现这些行业很赚钱，然后开始涌入并打"价格

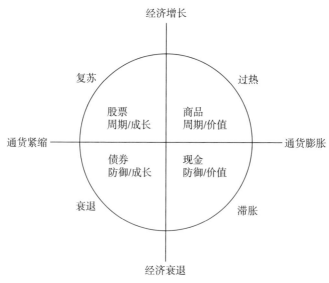

图 1.9　美林投资钟

战"，产业就是这样不断地使越来越多的人涌入。改变一个行业的供给远比改变一个行业的需求容易，当所有人都觉得这个行业有需求而拥进去的时候，上游供给会出现激烈的竞争。当大家都拥进去的时候，对上游资源的需求就会增多，上游就会先涨价，各行各业都是同样的情况。

经济运行也就来到美林投资钟的第三阶段——过热阶段。上游涨价后，有能力的中游也涨价，就把这个价格传到下游，没有能力的中游面对不愿意接受涨价的下游，其盈利就会被压缩，这也是很多中游企业的现状。中游企业最难的时候是被上游和下游同时挤压，到最后大家会发现竞争行业都趋于用原材料、大宗商品，大宗商品开始利好，因为需求增加了，大家为了要做这个行业，就要付钱给上游，大宗商品就利好。接下来当供给不断增加，需求却有限，一定会面临一个临界点，这个临界点就是供给过剩。此时会导致央行加息政策，要抬高成本来控制通货膨胀。加息政策首先打击的是小企业，因为小企业成本控制能力不强，毛利率不高，同时小企业在销售端也没有话语权，所以小企业会面临破产威胁，而大企业则多变"僵尸企业"。

之后会进入第四阶段——滞胀阶段。在这一阶段，央行面临两难抉择，既不能加息又不能降息，所以通常在这个阶段央行只能等待时机，等通货膨胀率下去了便开始降息，只要一降息又开始进入衰退阶段。

经济就是这样，当经济运行一轮后，人们会发现，在经济的衰退阶段利息下降导致债券价格上升，而在复苏阶段因为企业经营得特别好，所有股票上涨，在过热阶段因为原材料市场对于大宗商品的需求特别大而使大宗商品利好，而在滞胀阶段债券、股票、商品都不好，只有能确定收益的理财产品较好。

再次强调，美林投资钟有一个非常重要的前提，就是央行会用利率来逆周期调节经济，如果利率不动，这个时钟是停下来的。2014 年到 2016 年 10 月债券市场利率包括法定利率波动都较小，所以整个美林投资钟停止转动。本来应该是债券利好，但问题是当债券资产估值很高，资金就涌出来，而其他资产不好，资金就会找一个估值最低的大类资产投资。由此，随着 2014 年利率停止波动，美林投资钟就由原来每两年转一圈变成每半年转一圈，2014 年上半年债券上涨，2014 年下半年股票上涨，2015 年上半年房地产上涨，然后是 2016 年大宗商品上涨。因为相当于经济的那个时针停下来了，所以经济一直停在衰退阶段。

中国大类资产的风险与回报

2002—2015 年是中国大类资产的表现比较有代表性的时期，其风险与回报如图 1.10 所示。横坐标是标准差，代表风险水平，纵坐标是年均回报率，图中的线仅为趋势线，而非有效前沿。通常最受欢迎的大类商品的分布应该是左上，因为回报率高、波动小、风险低。图 1.10 中是存款及理财、利率债、信用债、房地产、黄金、股票这些大类资产的风险和回报，最接近左上的是房地产，这就是为什么这么多客户喜欢投资房地产，因为房地产的年均回报率是标准差的将近 2 倍。

通过图 1.10 并结合对中国大类资产的分析可得出以下结论：

1. 股市指数的年均回报率最高，但波动率也最大，个股的波动率更大。同时，加了杠杆或做了配资，收益可能会好，但是风险同样更大。

2. 房地产的年均回报率最佳，但投资门槛高，流动性差。这一轮房地产调控与之前最大的差异是，在限购与提高利率的基础上实行限售，这就是目前手里持有多套房子的客户面临的困境，想抛但抛不掉。一个金融资产能买能卖才有生命力，不能买不能卖就是个"死"的资产。

3. 黄金等商品品种的年均回报率差，波动率高，如叠加杠杆则波动率更高。所以，除非投资者有把握，否则没有必要做商品投资，因为风险实在是太高了。做商品或期货类交易，最大的风险不是赚钱也不是亏钱，而是赚钱之后又还回去。

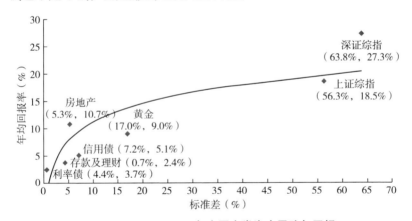

图 1.10　2002—2015 年中国大类资产风险与回报

资料来源：万得资讯，香港环亚经济数据有限公司，中国国际金融股份有限公司研究部。

中国主要大类资产类别

中国大类资产的主要类别如图 1.11 所示，前 3 类的货币类、股权类、债权类属于传统投资，这些年最大的变化是越来越多的人开始往第 4 类和第 5 类迈进，金融机构能够代销的也是第 4 类和第 5 类，这恰恰是监管部门希望金融机构出现的变化。比如，原来达到 3A 级才能发行的债券为什么现在容易被打破让风险暴露出来？其实监管部门的目的是让市场里有好的债券也有差的债券，让好的债券有好的定价，差的债券有差的定价，有新的贡献差异化收益的产品，这样想买好的人就买好的，想买差的人就买差的。另类投资是为了丰富资产产品的种类，这样有不同风险需求、需要改善投资回报的人就有更多的选择，这是监管部门鼓励金融机构发展的方向。对于前端业务人员来说，不是了解简单的公募基金或理财产品就能完全胜任工作，因为这只触碰前 3 类资产，他们应该越来越多地了解第 4 类和第 5 类，才有更多跟高净值客户深入交流的机会。

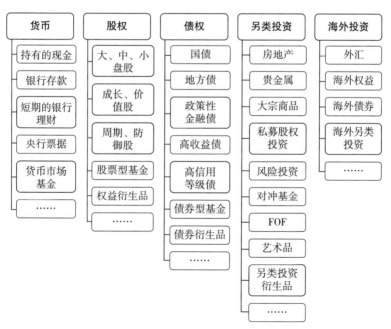

图 1.11　中国主要大类资产类别

后文我们会按照股票、债券、外汇及贵金属、另类投资品的顺序来选取大类资产中最核心、最具代表性的内容进行阐述，而货币类资产很大程度受利率波动的影响，其产品形式无论是银行理财产品还是主要投资方向为银行大额存款及大量短期债券的货币型基金等，都具有"短债"的属性，因此我们不做单独阐述，而将其合并于债券类资产的内容当中。

第 2 章　股权类投资市场与产品

A 股历史上的牛熊轮回

图 2.1 所示是有 A 股市场以来的牛熊轮回，从 1991 年开始有 A 股到 1996 年，股市经历了一个暴涨暴跌的轮回，从 300 点涨到 1 500 点，1 500 点又可以跌回 300 点。那个时候没有涨跌停板，股票也是供给有限。没有涨跌停板、标的有限、资金泛滥的情况，必然造成市场暴涨暴跌。为了维持市场秩序，股市必须有涨跌停板制。涨跌停板制度出现之后，1996—2001 年是 A 股的一轮牛市，这一轮牛市的推动力，前一段是家电板块，后一段是科技泡沫。2001 年股票因为泡沫破灭，牛市结束。2001—2005 年出现了漫漫熊市，这 4 年恰恰是中国经济高速发展的 4 年，当时我国加入世界贸易组织（World Trade Organization，简称 WTO）后 GDP 高速增长。2005 年开启了一波大牛市，当时因为出现股权分置改革以及更重要的人民币升值，牛市一直持续到 2007 年，两年不到达到了 6 124 点。接下来到了 2008 年，不到一年股市就从 6 000 点左右滑到了 1 000 点左右，基于"四万亿计划"，回到了 3 400 点左右，之后股市下行，到 2009—2014 年 A 股市场又开始上升，2015 年达到 5 178 点。

从 A 股这 20 多年的走势，可以看出 2005 年是一个很重要的分水岭，2005 年之前股市波动不是很大，2005 年之后股市波动较大。2005—2007 年、2009 年和 2014—2015 年这 3 轮牛市的上涨曲线的斜率都差不多，涨速也差不多。2005 年之后的状态是，牛市最长 2 年，熊市最长可以达到 5 年。上证综指 6 124 点和 5 178 点都是尖顶，历

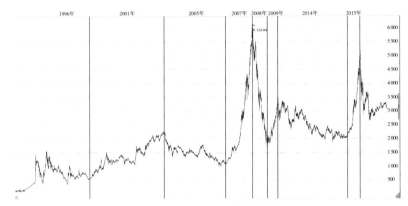

图 2.1　A 股历史上的牛熊轮回

资料来源：万得资讯。

史上只要出现尖顶，通常 3 年都回不到最高值，这就是整个 A 股的牛熊轮回。假如当时上证综指 4 000 点买进，涨到 5 000 点被套住，现在再涨到 5 000 点会出来吗？大多数人不会出来，出来了也会进去，所以说赚钱之后的止盈是需要超强的毅力的。

2009—2016 年不同牛市、不同行情中最强的板块如图 2.2 所示。第 1 个板块是 1996—1997 年家电板块，当时的白马股是四川长虹和青岛海尔，它们都是非常强的股票。1999—2000 年最火的是 TMT

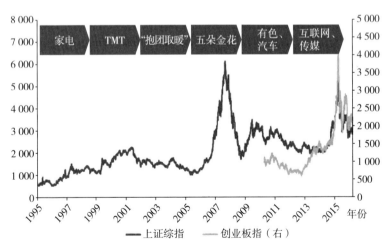

图 2.2　A 股周期性产业轮动

资料来源：万得资讯。

（科技、媒体和通信）板块和互联网技术传媒。2001—2005 年没有表现突出的股票，都是"抱团取暖"。2005—2007 年出现"五朵金花"，与城镇化有关，当时比较火的是钢铁、水泥、金融等板块。2009 年较火的是有色金属和汽车板块，汽车板块的兴起归因于当时的"汽车下乡"政策，拉动了农村人口汽车消费。2013—2015 年较火的是互联网传媒板块。熊市时，一般经济下行，因此这个时候与基本建设（简称基建）相关的股票表现往往较好，如石油、化工、钢铁、高速公路、银行等。2017 年城镇化、重工业化带动了周期股大幅度上升，如房地产、有色、煤炭、银行、金融等。

股票的价格产生与改变

股票价格是如何产生变化的呢？第一是绝大部分研究都会提到的宏观经济、实体经济对公司产生的影响。第二是个人对预期和估值的改变，比如同一个公司在熊市中被估值为 10 倍市盈率，但在牛市中可以被估值为 500 倍市盈率。一个公司估值水平对公司的影响是非常大的，同样的公司、同样的水平、同样的业绩，可以有不同的估值，这代表投资政策对不同企业的影响，所以对企业来说，更重要的是掌管这个企业的人。举个极端的例子，某上市公司拟设立新项目或开展新业务，消息一经公布，可能会带来公司估值翻倍。而管理层判断公司应该不值这么高的股价，不足以被估值为 80～100 倍市盈率。若来年新业务使公司业绩翻一番，则估值能回到 40 倍市盈率，此为好业绩消化估值。若第二年业绩翻不了一番，那估值可能在 60～70 倍市盈率，对比一下这个行业，同行的市盈率最多 30 倍，自身不可能是 60～80 倍，所以公司高管减持公司股票，而散户就会增持，这就是人的预期对股票价格的改变。第三是根据交易来改变供需结构，买的人越多价格就上涨，卖的人越多价格就下跌。

2005—2008 年完整牛熊行情的驱动力

一个完整的牛熊市周期是怎样的？图 2.3 所示是 2005—2008 年

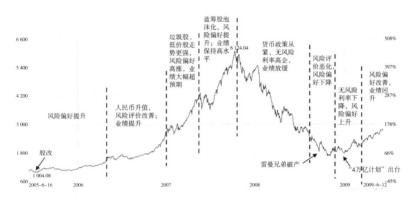

图2.3　2005—2008 年中国股市牛熊行情

资料来源：万得资讯。

的中国股市的牛熊行情。

起点在股权分置改革（简称股改）。当年很多的法人股不流通，对于股票来说就出现了同股不同权，有流通权的股票必有定价，所以有流通权的股票就更贵，法人股股价却上不去，这就造成了股东们同股不同权。因此，通过这一制度把法人股慢慢抛出来，抛出来之后就会流通，有流通就有定价，那么法人股的价值、价格、权益就是对等的。在2005年股权分置改革之前已经持续4年熊市，从2001年下跌到2005年，股改短期来说对股市是一个利空的消息。2005年股权分置改革后股价并没有大涨，而之后的人民币汇改推动了股价的大幅度上升。

人民币汇改是在2005年年中进行的，在此之前人民币兑美元锁定在1∶8.276到1∶8.278之间。所有的企业出口创汇，企业获得美元之后必须在央行换成人民币才能再生产，人民币汇改后其兑美元的汇率升值2%，而且拉开每天的波动区间，而中国的经济每年以14%～15%的高速增长，对于外贸企业来说最喜欢的是固定汇率，因为浮动汇率产生波动，而收入有波动是最大的风险，无法计算赚了多少钱。在人民币升值压力积蓄已久的背景下，一旦打开升值的通道人民币就开始大幅升值，在这个过程中，2006年是一个大好时机，人民币升了5%。当年很多中国香港的居民用港币换人民币，因为人民币兑美元升值 6% ，美元兑港币是固定汇率，所以人民币兑港币也会升。当时 100 元人民币能够换 120 元左右港币，很多香港居民把港币换成人民币进行投资，等到年底的时候再把人民币兑换成港币，所以那个时候就有很多的资金通过这种方式流进中国内地，流进来的资金在央行就变成外汇储备，所以在人民币升值的过程中外汇储备也在快速提升。在本币升值的过程中，中国境内资产会出现资产重估的问题。日本经济当年是这样，我国 2006 年也是这样，所以就把股市从上证综指 1 500 点一路推至上证综指 2 500 点，再往上涨到 3 000 点的时候人民币还在升值。

2007 年垃圾股走势开始强劲，当年发行的垃圾股都可能有十几个涨停板，而最后受到"530 事件"的影响，证监会发布"双边征收印花税"政策，接下来连续 3 天所有股票几乎都跌停。很多人会很好奇怎么增加一点点交易费用股市就大幅度跌停呢？这就是 A 股的显著特点，A 股投资者的情绪、想法会受到政策变化非常大的影响。经历由"530 事件"带来的调整后，股市基本上休息了 1 个月，震荡完之后再上涨，这波上涨靠的是蓝筹股，而垃圾股转为休息状态。各个指数股、权重股开始膨胀，在这一时期出现了大盘股，如中国石油、中国平安。

在最后这一波上涨的过程中蓝筹股暴涨，而同时中国 GDP 涨幅到了 15% 左右，明显过热，此时央行实施加息政策。央行每一次加息，股市都是低开高走，低开是因为加息对股市不利，高走是因为投资者只奉行一条标准，即下跌就是买入机会，而特定的时期每一次下跌买入又都会涨，只要买 3 次与预期相符，结果到第 4 次可能就与预期相反。到达最高顶点的时候是机构投资者首先醒悟过来，因为发现蓝筹股都已经过百倍的估值了，一个大盘股都需要上百年才能通过利润兑现价值，机构投资者醒悟后开始抛售股票，而散户还在买。

散户经过三四次条件反射后发现，机构投资者抛售之后一定会砸出一个"坑"，散户因市场下跌而继续购买，这样很容易被套进去。市场最后的情况是大多数机构投资者都出场，只剩下散户在里面，这个时候加息政策还在继续，散户发现情况不对后也开始出场，市场行情就开始往下倒。在倒的过程中上证综指 5 000 点左右出现一个反复，因为很多机构投资者抛售之后市场下行，所以它们一定会筹集资金把行情再炒起来，这样就会出现第二波反弹，这波反弹很明显就是泡沫。当时整个市场都非常疯狂，很多投资者都是上证综指 5 000 点进去，到上证综指 6 000 点后又降到 5 000 点，大家都觉得这是个机会，然后再进场，接下来一路下跌，而加息政策还在继续，在下跌的过程中出现放量，说明有资金进出，因为到了上证综指 3 000 点放量的时候很多投资者心思又开始活跃，考虑是不是该借些钱补仓，杠杆的出现就是在补仓准备解套之时，那些补仓的投资者基本都是在 3 000 点的时候进场，他们总觉得 3 000 点已经跌到一半，应该不会再跌，没想到事与愿违。

同时美国次贷危机发生，这个时候美联储降息，中国也降息，而且整个金融圈风险继续下降，所有人开始出售资产套现。直到后面出现"四万亿计划"，股市也没有立即上涨，因为 2009 年 1 月、2月的时候大家都不相信，直到 2009 年 4 月银行宣布了 2009 年央行的放贷数据，反映了各类项目开始实施，经济有复苏迹象，接下来就是基建项目、房地产、汽车等各种政策，股票又开始上涨，一路涨到 3 400 点左右。2009 年下半年央行开始收紧银根，但大量的项目已经启动，需要资金，导致 2010 年信托行业的火爆。

这就是一轮很完整的行情，可以看出每一轮 A 股好行情一定具有两个特征。第一，符合当年国家的经济转型特点，1996—1997 年之所以家电类企业股增长，是因为家电行业大发展，2005 年、2006 年之所以房地产、矿业股增长，是因为重工业化，2013 年之所以互联网股增长，是因为这是当时经济发展的新兴概念。第二，一定要有高成长性，高成长性来自上市公司能够自主产生高收入和现金流，以及市场对其乐观且狂热的估值情绪。一轮行情的诞生需要"天时、地利、人和"。一轮完整的行情会经历启动、萌生、爆发、盛极而衰、快速下跌、下跌中继续反弹、筑底、重新孕育机会等阶段。通常散户的买点是爆发阶段，卖点是筑底和重新孕育机会阶段，筑底是彻底绝望，重新孕育机会是少亏一点，这也是很多散户投资赚不了钱的原因。

案例 2.1

举个简单的例子,假设现在有一只基金第 1 次发行 5 000 万份额,基金净值 1 元,第一次发行时买的人很少,后来基金净值因为牛市来了涨到 1.5 元,第二批募集放量 1 亿份额,接下来这只基金募集情况不错,很多客户看中的是基金的净值增长率,涨得多就买,再往上涨的时候大募集,这次募集了 4 亿份额,基金净值涨到 2 元。如此涨完以后,基金募集了那么多的资金,不可能空仓,一定会建仓,只要一建仓,买的人的数量就上来了,平均下来的成本是 $(0.5 \times 1.0 + 1.0 \times 1.5 + 4 \times 2)/5.5$,即 1.818 元,现在的基金净值是 2 元,只要稍微往下跌一点儿跨过成本线,盘子里资金就开始亏。具体如图 2.4 所示。

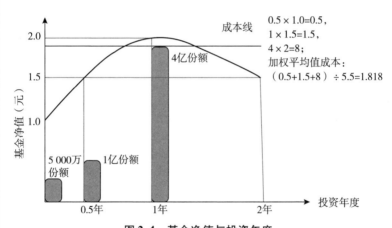

图 2.4　基金净值与投资年度

为什么追涨后很容易出现杀跌呢?投资者通常都是追涨的,追不到涨就会杀跌。如果选择长期投资的理念,那杀跌对投资者就没什么影响,因为长期投资者要的就是波动,有波动才有筹码。但是如果投资者是单纯的追涨心态,那没有涨的时候他们肯定就走了,所以往往追涨杀跌是相伴的。而杀跌对公募基金来说就很麻烦,不断地跌就要不断地抛,不断地抛股票就会继续跌,恶性循环。

A 股投资者的痛点

总结 A 股投资市场的特点，前端业务人员可以告诉客户具备哪些条件就可以自己进行股票投资。

投资者投资 A 股的痛点：

1. 很多投资者不了解中国股票市场的波动性。

2. 很多投资者进行股票投资时不是依据自己对市场的判断，而是根据与朋友的关系，2014—2015 年很多投资者选择股票是靠听来的消息。

3. 很多投资者根据涨幅判断，认为涨的就是好股票，刻舟求剑，有的投资者还在买辉煌已成为过去的股票。

4. 很多投资者在热血沸腾中满心欢喜地进场，在"割肉"中悲观地清仓离场。

5. 很多投资者该短期投资时长期投资，该长期投资时短期投资。比如基金定投，过了 2 年觉得没涨就退出了，其实做基金定投最起码得 5 年一个周期。

这是散户投资的特点，也是其"血泪史"。形成这种特点的主要原因是：第一，加仓买卖点是由情绪决定的；第二，缺乏专业的投资逻辑；第三，总在波动有情绪时决定；第四，没有清晰的投资目标和投资期望。

所以，如果散户要自己做股票投资，需要满足以下 5 点：

1. 能够清晰地分析市场。

2. 能够找到最火爆的行业。

3. 能在火爆行业中找到龙头股。

4. 不能只买一只股票，要能选出多只股票。

5. 要时刻关注买卖点。

如果一个投资者能做到这些，那他就相当于一家基金公司了。如果都能做到当然是最好的，做不到就找专业的人做专业的事情。对于新投资者，更多应关注生活中财务方面的痛点，了解自身的理财目标，以此来进行定制投资组合。成熟投资者要对目前的基金股票做一个诊断，比如现在某板块的行情已经过了，就不要再对其投资，同时分析成本的时空构成，如在什么时间点买、目前的点位是多少、投资的平均成本如何。对于大多数非专业人士来说，A 股投资其实很简单，在不确定是牛市的时候就定投，然后等到确定牛市来了，把定投赎出，因为成本越来越高，所以可以选择一个指数型基金，"不择时建仓，有目标退出"，而很多投资者是反过来的，他们"有目标时建仓，不择时退出"，结果就是满仓时进入，退出时走到哪里是哪里。关于定投后的退出时点选择可以参考以下 3 方面：第一，建立目标点位，达到预期就退出，然后开始新的定投；第二，建立回撤，每次突破亏损的最大目标就退出来；第三，什么时候要花钱就什么时候出来。

案例 2.2

　　身为全职太太，高净值客户王太太经常与身边同为全职太太的朋友交流理财经验。最近她听说一位朋友买了一只 ×× 分级 B 基金，一个月投资收益率为 20%，她也想买这只基金，她目前的理财产品到期的资金有 200 万元，准备一次性买入。王太太自己平时会关注一些经济新闻，但没有金融和经济方面的专业知识，以前有过 A 股投资经验，盈亏各半。如果你是这只基金的客户经理，你准备给王太太哪些建议？

　　这个案例里最大的风险是什么？第一，她的朋友能获得 20% 的投资收益率，她不一定能；第二，她原来都是买理财产品，对于分级 B 基金，她可能并不了解。每一个投资股票或基金的人都认为自己比别人厉害，最大的问题是她之前买的都是理财产品，而且都是一次性买入，既然她这笔钱是理财理出来的，显然是没有风险的，所以她可能认为分级 B 基金也是无风险的，她的朋友能赚她也能赚。而分级基金相当于一只母基金被拆分成两类——A 类和 B 类，A 类相当于稳定收益的基金，B 类是向 A 类借钱并支付给 A 类利息，B 类相当于借钱做股票投资，不仅承担股市的风险，还通过杠杆将风险放大了。

同时，她认为这笔资产是稳健的，而她的朋友也在进行稳健的投资，她的预期会被拔高，预期一被拔高就会满仓进去，满仓杀入的问题是成本固定，将来解封的时候成本就相当于被锁死。因此只有不断降低成本，解封的时候盈利才有可能上升，而很多客户是越涨交易越多，越跌越不交易。所以，这个客户最大的问题是她的预期与实际存在很大的落差，她用低风险的资金投资一个带杠杆的产品。

股票型基金与基金定投

由于受个人风险承受能力与专业分析能力的限制，以及很难坚持投资纪律，投资者可选择另外一种方式进行股权类投资——购买股票型基金。所谓股票型基金，是指股票仓位不能低于80%。

投资基金的优点在于其比直接投资股票省心省力，选择后可以在一段时间内不用花过多的心思去研究，因为基金管理人（基金公司）的投研能力要远远高于个人投资者，而且其作为机构投资者也有充足的资源去获取个人投资者无法获得的信息，从而做出有利于投资的决策。但是由于基金数目过多，选择基金在某种情况下比选择股票还要难，而且基金行业难免存在一些远远超过个人投资者掌控能力以外的操作，因此像投资股票一样去一次性买卖基金，依然会承担很高的市场风险，某种程度上讲与买卖股票的风险几乎一样。而用买卖股票的方法去买卖基金，多数情况下是赚不到钱的，原因可以总结为"有目标进场，无方向退出"。投资者通常都是小半仓进场，获得些收益后便满仓追涨杀入，这就相当于投资的成本被锁定了，接下来会因为市场的行情及基金净值的涨跌而进进出出，买了卖，卖了买，要么犹豫不决，要么孤注一掷想获得更高但是不切合实际的收益，最终不可避免地陷入尴尬的境地，即所谓的"套牢"。

此外，由于内幕交易、基金宣传与实际投资不符、对倒交易操纵市场、业绩对赌、基金经理换人等非专业投资者完全无法掌控甚至无法判断的个别现象的存在，因此选择股票型基金不应该基于投机暴富的心理，而是应把其当作一种有效的投资工具，规避非专业投资者的弊端，科学地运用定投的方式，从而获得合理的丰厚回报。

　　基金定投很核心的理念是"不择时建仓，有目标退出"。由于中国股市牛市时间相对短暂，更多时间处于熊市和震荡市，因此投资者一次性满仓杀入的成功率相对偏低，而不择时进场相对可以规避这个大"坑"。另外，投资者的退出时点一定要有目标，达到设定好的收益目标后就一定要退出。流连忘返的后果就是把赚的钱还回去。"不择时建仓"这一点对 A 股投资者来说其实很难做到，因为人难免会受到情绪影响，某某点是牛市的起点，投资者兴奋，千股跌停后，投资者又变得悲观绝望。而人最容易在情绪中做决策，而且做出的决策大都是错误的。"基金定投"能赚钱的核心原因就在于：投资者在熊市和震荡市中不断买入便宜的股票，摊低持仓成本，在牛市中止盈出场。当然不是什么基金都适合用来定投，作为基金定投的合适标的，需要符合两个标准：基金走势长期向好、基金品种的波动率足够大（这样才能获得便宜的筹码）。

　　我们用一个简单的例子来说明基金定投的原理，如图 2.5 所示。

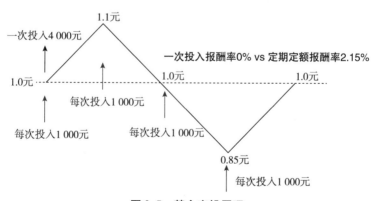

图 2.5　基金定投原理

　　假设基金净值从初始的 1.0 元经过一系列波动后又回到 1.0 元。采用一次性投资基金的方式投入 4 000 元，初始取得了 4 000 份额，最终以 1.0 元的净值赎回，不考虑费用的前提下，总回报率为 0%，不亏不赚；而采用基金定投的方式，将 4 000 元分拆成 4 次投资，每次投入 1 000 元，每次投资碰到净值较高时就获得较少份额，每次投资碰到净值较低时就获得较多份额，最终获得的总份额为 1 000/1.0 + 1 000/1.1 + 1 000/1.0 + 1 000/0.85 = 4 086，这样再以 1.0 元的净值赎回，在不考虑费用的前提下，总回报率为 2.15%。

因此，基金定投真正获利的奥秘在于吸取了较便宜的筹码，即在低位时获得了更多的份额，再在高位时赎回而获得回报，就像神奇的微笑曲线，如图 2.6 所示。定投微笑曲线理论是，如果投资者在股市下跌时开始基金定投，待股市上涨至所谓的"获利满足点"时赎回，那么投资者的获利结果不但会优于指数表现，而且通常情况下比其在股市上涨时开始投资基金获得的收益还要高。

基金定投退出时机的选择应考虑以下 3 个方面：

1. 有目标退出：自己设好盈利心理目标位，达到目标就止盈出场。

2. 最大回撤止盈退出：给自己的组合净值设最大回撤止盈位，比如 20 万元设 10%，只要组合净值的回撤低于 18 万元就止盈出场。

3. 跟着生活走：家里什么时候用钱，什么时候止盈出场。金融的功夫其实都在金融之外，毕竟金融行业的目的是服务于实体经济和每一位个人客户的生活。

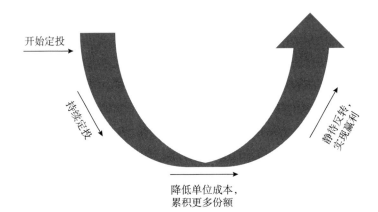

图 2.6　定投微笑曲线

量化对冲产品原理解析

　　量化对冲投资的品种可以是股票和基金，也可以是股指期货。股票投资有两类风险：一类是系统性风险，就是大盘下跌，通常系统性风险或收益被称为 β；另一类是非系统性风险，指的是个股自身独立于大盘以外的风险，非系统性风险或获得的超额收益被称为 α。由于对系统性收益 β 的预期值比较低，很多基金通常都是专注于超额收益 α，即希望获得比大盘更好的收益。量化对冲保留的是 α，把 β 对冲掉，通常是定多头（看涨）和空头（看跌）两个方向，多头持有的是股票，空头持有的是期货，由于 A 股不能做空，只能做空股指期货，即做空股票指数而非某只股票。

　　具体来说，买的一篮子股票既有系统性风险（大盘带来的）又有非系统性风险（个股自身的），而在股指期货上真正的标的只有股票指数，股票指数本身就是一系列指数成分股价格涨跌的加权，代表整个市场大盘而非某只股票，因此其只有系统性风险。对于买入一篮子股票来说，既有基准收益 β（大盘带来的）又有超额收益 α（个股自身的），而期货上被对冲的是 β（对冲是指与市场呈相反操作），所以思路是在多头上有收益 β＋α，在空头上是 －β，这样就变成 β＋α－β，最后只剩下超额收益 α。量化对冲产品最大的特点就是把 β 对冲掉只留 α，在 α 面前都是个体风险，市场怎么变化都没有影响，即使会跌也是因为个股公司出问题，不是因为市场出问题。但是很多投资者把股市下跌的原因归结为股指期货，觉得有人在恶意做空，后来股指期货的交易被叫停。这对于量化对冲来说基本上就是被掐住了命脉，本来就是留 α，把 β 对冲掉，现在则不允许对冲了。

　　量化对冲算是新兴股权类比较特别的一个产品，这个产品最火的时候是 2015 年，当年 7 月股市大跌，而量化对冲作为当时股市里基金类产品表现得非常优异。在这一轮暴跌中表现最不好的是公募基金，因为公募基金有自己的持仓下限，必须持有 60%，不允许全部抛售。私募基金则不同，可以全部抛售，所以对于公募基金来说，达到60%的持仓比例后，如果市场情况呈现出熊市，唯有选择大盘股以尽量规避基金盘子的贬值所导致亏损的风险。而量化对冲在大跌过程中出现了一个相对化收益，甚至获得了正收益。

量化对冲产品表现最好的时候是股市从顶点"掉下"的时候，个人投资者最怕的就是无法"出货"，所以届时如果能卖掉最好，卖不掉就只能通过空头来对冲。而在股市处于底部或中间震荡时，相对较好的产品是定投，因为判断不出何时是底，这个择时的能力是非常难的。如果定投后市场行情渐好，就不要再继续定投了，因为定投成本会越来越高，此时就应该一次性赎回并投资自己看中的股票或基金。建议非专业人士选择投资指数基金而非所谓非常火的板块去获得超额收益。因为看似具有超额收益的主题基金通常只是火一时，毕竟板块是轮动的，可能"互联网＋"板块好一段时间，医药板块又好一段时间，所以很容易出现的一个问题，一个连续增长3个月的板块，自己买入，却买在高位，然后需要等很长一段时间才可能继续好的表现，此时需要面临的问题是能否熬得住，熬不住出来，也就亏了。接下来可能刚一出来，亏了20%～30%，市场轮动又到了一个新的板块，又开始涨了。这就是一轮接一轮的心理，所以操作α想获得超额收益的投资者需要有很强的心理承受能力，而且这种心理状态也需要保持很长时间。一轮牛熊周期，绝大部分α基金是不如β指数基金的，当行情来了就选择指数基金，而选择了指数基金最忌讳的就是永远想卖在最高点，也就永远避不开所谓的"一赢二平七输"的问题。

因此，投资者在进行一次性投资之后，接下来只需要定目标，目标到了就出来，其余的事情与自己无关，不要总想着能不能再多赚一点儿。在这样的逻辑下，投资者在上涨阶段要一次性持有、降低交易比例、降低交易频率，而在底部震荡阶段要频繁交易，在下跌过程中要不断累计交易次数来保证利润，不要想着一下子获得30%的投资收益率，除非遇上特定主题或事件，一般来说5%～8%或10%～15%的投资收益率是正常水平，所以要通过不断地累计交易次数来降低成本。

第3章　债权类投资市场与产品

债权类产品核心要素

前文阐述的股权类投资是资产负债表的下半部分，而债权类投资是资产负债表的上半部分。当涉及投融资双方的时候，两者之间存在博弈。融资方的目的是降低成本，投资方的目的是共享利益，而当融资方想找"安全垫"时，投资方就要考虑降低风险。因此，债权类投资人和股权类投资人的思路是不一样的，股权类投资人关心的是如何分享未来的投资收益，即享受一个企业的经营成果，而债权类投资人关心的是利息及投资回报是否稳健，这是债权投资人最关心的两点。如果最终要退出，债权投资人还要关心很多其他要素；如果从头到尾都持有债券，那他们就只需要关心企业盈利用来偿还利息以及最后本金的部分，其余的事情则无须操心。

我们来看一家公司的债券范例，如图3.1所示。从图3.1中可以看到债券的基本要素。第一个要素是发行规模，为55.00亿元。第二个要素是票面利率，为6.85%。票面利率是用来计算利息的，就是说如果这个债券面值100元，票面利率6.85%，相乘得出6.85元，这就是利息。第三个和第四个要素是债项评级和主体评级。债项评级指的是这笔资金的使用风险，主要评价的是项目；主体评级指的是资金的使用方本身的风险，有可能这个资金使用方有好多项目，主要评价的是公司主体，而非债项。

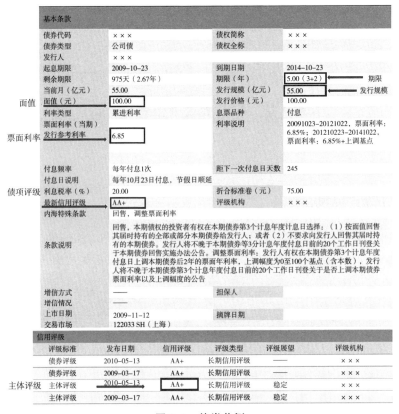

图 3.1　债券范例

资料来源：万得资讯。

债券产品的分类

基本上，债券分为利率类产品和信用类产品。针对利率类产品，我们只关心收益率，不用关心信用风险，它主要有 3 种。第一种是国债，由中华人民共和国财政部发行；第二种是政策性金融债，由中国 3 家政策性银行，即国家开发银行、中国进出口银行、中国农业发展银行所发行的，其具有国家信用；第三种是央行票据，由央行发给商业银行，用来调节央行与商业银行的流动性。如何判断央行卖出央票是收紧还是放松？这要看商业银行是交钱还是交票，交钱就是收紧，因为钱少了，交票就是放松，因为钱多了。央行卖出央票相当于把钱收回，所以是收紧；央行买入央票相当于把钱放出，所以是放松。

信用类产品是指带信用风险的债券，就是有可能会出现违约，也主要包含 3 种产品。第一种是企业债与公司债，企业债和公司债来源于中国债券市场的分割，在企业公司发行债券这一端分开了两个市场，一个是银行间债券市场，另一个是证券交易所市场，一端是中华人民共和国国家发展和改革委员会（简称发改委）审，另一端是证监会审。第二种是短融与中票，这是短期融资券和中期票据的简称，是非金融企业筹措短期（1 年以内）和中期（3 ~ 5 年）资金的直接融资方式。第三种是商业银行金融债，是一些大型商业银行发的金融债。

银行理财产品说明书里有一项是投资范围，可以在其中找到上述产品。商业银行最主要的理财产品是把客户的资金募集起来，然后用这些资金去投资债券，拿到的收益按照约定的百分比返还给客户，这是债券投资在商业银行中最主要的应用。同时，货币性基金的投资方向主要为债券、央行票据等安全性极高的短期金融品种，又被称为"准储蓄产品"。上述理财产品和货币基金虽然投资债券，但在大类资产分类中，与存款、现金等一样习惯性地被归类为货币型资产。

债券产品的定价

投资债券需要清楚到底什么因素对债券的涨跌会有影响。债券的定价有一个很重要的方法叫绝对估值法，这个跟相对估值法是对应的。A 股基本没有绝对估值法，全部使用相对估值法，如 A 企业 10 倍 B 企业 8 倍，所以 A 企业比 B 企业高估。相对估值法的一个最大好处是不会犯大错，因为都是相对而言的，但是也有一个很大的问题是当市场错的时候就全错。相对估值法是看别人，将别人跟自己比一比，绝对估值法不看别人，只看自己。

绝对估值法讲的是未来所有现金流的折现值总和，我们对任何金融产品，无论是保险产品、银行的理财产品，还是各种基金、债券等，都涉及现金流的安排。现在有现金流流出，未来有现金流流入，都是现金流在时间上的腾挪。对于购买债券的投资者来说，现在的价格是一个市场价。购买债券能获得未来的现金流，首先是利息，即购买的债券的票面利息，也是固定的利息，然后是本金，即最后本金的返还。这就是看金融产品的思维，所有的金融产品都看现金流的流入流出，把现金流分成两个层面，现在买进就是现金流的流出，流出以后获得这个资产未来的收益，相当于花现在的现金流去买了一系列未来的现金流。买债券只需要花一笔钱就够了，但要保证这个价格绝对公允，就是价格和价值两边要对等，无非就是把每一年的现金流往前贴现，因为第二年的 100 元现在的价值可能只有 97 元，两年以后的 100 元现在的价值可能只有 92 元，把所有的未来现金流都往前贴现去分别计算出在当前的价值，然后加总求和，得出来的总价值就是这只债券现在应该有的价格。由此，债券的定价就要关心两件事情，第一要关心未来的现金流，就是这些利息能不能预估出来，第二要关心贴现，5% 的贴现率和 10% 的贴现率完全不是一回事。对于债券来说，未来的分子越大，也就是利息越高，假设贴现率不变，债券的价值就越大，反过来，如果利息确定了，贴现率越高，债券价值越低。贴现率提升，往往会造成未来的现金流贴现到现在就没什么价值了，这就是加息对债券不利的原因。

总之，债券的价值跟贴现率成反比关系。贴现率越高，债券价值越低；贴现率越低，债券价值越高。通常可以用图 3.2 表示，横坐标是债券的收益率，纵坐标是债券的价格，两者呈反向关系，当收益率升高，债券价格下跌；当收益率降低，债券价格上涨。

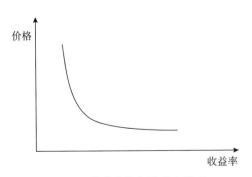

图 3. 2 债券价值与贴现率关系

贴现率的均值

在计算不同期限银行理财产品或者定期存款的时候，比如 6 个月期存款、1 年期存款、3 年期存款、5 年期存款，利率必然不一样，一定是期限长的 5 年期存款的利率最高。这就产生了一个问题，在往前贴现的过程中贴现率应该是不一样的。再深入思考几个问题，为什么 5 年期存款的利率应该高呢？为什么对 1 年期的理财产品投资 5 年跟一次性投资 5 年期的理财产品的利率是不一样的呢？金融机构提供的更高的利率到底补偿的是什么？一个 1 年期理财产品，投资者在 5 年中至少有 4 次再次选择产品的机会，1 年到了还得找下一个理财产品，假设第 1 年拿到的利率是 3.5%，下一年的产品利率一定高于 3.5% 吗？答案是不一定的，这涉及投资利率的不确定性。但投资者一次性投资 5 年期的理财产品，投资利率就是确定的，所以当金融机构提供更长时间的理财产品其实是不给客户选择的机会，锁住了利率的确定性。在长期资产管理过程中，盯住目标与达成目标远重要于多赚更多的收益。由于收益率的不确定性以及投资者的认识情绪化，第一年假设投资很成功，第二年就会追加投入，一加仓就满仓，一满仓就被锁死，所以当投资者被情绪控制时，会加剧投资回报率的上下波动。所以利率的确定性是金融机构提供给客户的最大价值，我们不可能永远追求高收益。确定性远远高于不确定性，而我们的客户已经面临太多的不确定性，我们要做的是帮客户把不确定性降下来，这才是我们真正的价值。

在这样一个贴现率概念中，不同年限应该都是不一样的，1 年期产品可能是 3.5%，2 年期可能是 3.6%，3 年期可能是 3.8%，4 年期可能是 5%，以此类推。因此当我们有不同的贴现率时，如何比较两个差不多的债券 A 和 B 的定价呢？债券 A 有不同的贴现率，债券 B 也有不同的贴现率，因为有两种贴现率，那么两组不同贴现率得出的结果就很难比出高低，所以这时就要把每一年不同的贴现率用一个等量数据代替，这个等量就是到期收益率。很多债券都有这种说法，近似等于平均贴现率，所以在平均贴现率里，债券价格通常只有一个到期收益率，当只有两个单一的数字就容易比较了。

债券投资主要赢利方式

债券投资主要赢利方式：

第一是利息收入，比如票面利率8%，每年都发8%，到期发108%（包括本金部分），相当于买了高收益理财产品。

第二是资本利得，一只债券是可以买卖的，比如买进来90元，卖出去100元，就赚10元。

第三是加杠杆，债券的杠杆比较复杂，简而言之，可把它类比成股票配资，比如配资相当于1∶2的杠杆，即自己出1份的钱，杠杆借2份的钱，一共3份。债券也可以同理操作，可以不断加杠杆。

举个例子，假设票面利率总计所得5%，资本利得10%，杠杆1∶2，最后这个债券的收益率是多少？当没有杠杆时，仅赚了15%，即票面利率的5%加上资本利得的10%；当杠杆1∶2时，相当于扩大了3倍，收益率从15%达到了45%。但这只是收入，还有成本，成本是借来的2份的钱的融资利率。假设融资利率是7%，借2份的钱相当于14%，最终实际收益率从45%变成了31%。大家发现这生意很好，只做3倍有点儿可惜了，做10倍就变成了15%乘以10即150%，再减去7%乘以9即63%的成本，还剩下非常丰厚的收益。但是请注意，当9倍杠杆借来9份钱的时候，投资者对于市场波动率最大波动的承受力是10%，也就是自己的本金，因为90%都是借来的钱，承受不了更大的波动性。还有一点，对金融机构来说，投资债券通常至少需要一年时间，而它的负债资金通常是短期的，赚的是长收益和短负债的利差，麻烦的事情在于资产是1年期的债券，但是负债资金3个月就到期了，如果3个月之后没人愿意再借钱怎么办？只能抛掉债券去还3个月到期的资金。所以，只有人愿意低成本借钱，这个模式才能做得很好。

对于这样的市场来说，债券要不断地加杠杆，如预期付给客户 5%收益率的银行理财产品吸进来的资金，投资收益率要达到至少 5%才能把成本覆盖，如果还得分点儿费用给通道的话，那需要赚得更多。假如在分析市场上的产品后发现，可接受风险的投资产品只有 4%的收益率，可最后的结果是不断推出 5%、5.1%收益率的理财产品，这相当于资不抵债了。原因在于每家银行都要争取负债、都要争取资金，这就是争取客户，客户量大才有规模，有规模才有可能性。所以一家银行发行 5.3%收益率的产品给客户，另一家银行就发行 5.5%收益率的产品，不断地提高给客户的收益率，负债端根本放弃不了，收益率也不能降低，最后就变成资产端投资的竞争，总要去覆盖负债端的成本。资产投资最后的结果无论如何达不到 5%收益率，那就只能加杠杆，原本 4%的投资收益率加 1∶1 的杠杆就变成 8%的收益，如果是 1∶3 的杠杆还能赚得更多。所以结果是大家都加杠杆，这也使整个市场杠杆的水平上来了。一旦杠杆到了比较高的位置就没有办法再加了，融资方一定会衡量风险的，杠杆不是能无限制加上去的，最后就变成了大家都在借钱买债券，债券肯定会越来越贵。债券的价格越来越高会使它的贴现率越来越低（债券价格和贴现率呈反比），这就是我们前几年听到的资产荒。金融机构大多都在加杠杆，导致资产的收益率不断下滑，最终使得债券市场从 2014 年上半年开始了牛市，一直推到 2016 年 10 月，实在推不动了，央行进行了加息，商业银行忽然发现自己的成本被抬高，所以开始降杠杆，由此债券牛市才结束。

债券投资最主要的风险

利率风险

利率风险是交易债券的投资者才面临的风险，不交易是没有利率风险的，比如买理财产品相当于买债券，是没有利率风险的，投资者是以固定利率持有产品到期的。而利率风险的前提是投资者对产品进行交易，而一旦有交易就可能有亏有赚，这里的亏是指市场利率上升造成债券价格下降，赚是指市场利率下降造成债券价格上涨。如果将来我们要对客户解释为什么市场利率下降时债券价格会上涨，市场利率上升时债券价格会下跌，除了从理论上解释，也可以打个比方。假设市场上有一个5%收益率的债券产品，当市场的平均回报率上升到8%的时候，5%收益率的债券吸引力是上升还是下降？当然是下降的，所以这只债券价格会下降。当市场平均回报率从5%变成3%的时候，这个5%收益率的债券吸引力会上升，所以债券价格会上涨。

信用风险

信用风险指的是借钱不还，包括违约或者信用评级的下降。债券最高评级是3A级，然后是2A级、1A级、3B级等。所以3B级及以上的债券通常被理解为可投资债，3B级以下的2B、1B、3C级债券通常被称为垃圾债。市场上的一些高收益债和私募债票面利率1年就有10%，如果它没有面临违约，公司不是很差，假设债券价格没有波动，那1年10%也就是无风险，高利息可以很好地获得投资回报。但是假设投资者在投资债券基金时把投资范围锁定在2A级及以上，也就是只有3A级和2A级，如果投资后出了事，使评级机构把债券调整成1A级，这时作为债券基金应该怎么做？如果抛掉，这个债券基金价格会下跌，买了这只债券，此时就相当于遭受了损失，因为被别人抛售导致债券价格下跌，这就是信用风险。

流动性风险

流动性风险才是真正致命的风险，它是指所持资产无法出售。A股有涨跌停板，如果没有涨跌停板，只要出售就必须成交。比如某个资产买来的成本是8.5元，如果9元没有人买，只能降价到8元、7元或者更低，如果不卖就是违约，所以就只能继续降价。如果降到2元有人买了，即在2元的时候发生了交易，这个时候就出现了巨大的资产减记。8.5 元买的，2 元抛掉，对于金融机构来说，就变成了不断把自有资金减记，资产价值从 8.5 元的资产变为 2 元的现金，更坏的情况可能会出现资不抵债。流动性风险会造成两个后果：第一卖不掉，最后是资不抵债；第二借不到，我们经常看到回购利率上涨，这反映出银行间的拆借成本太高，换句话说，当银行间拆借成本太高，资金方就不愿意拆出资金，而又必须要借资金时，就出现了流动性危机。

综上所述，债券有 3 个核心风险：第一，利率风险，造成价格的波动；第二，信用风险，造成本金、利息受损；第三，流动性风险，投资者想抛抛不掉，想借借不到，资金的流动性出现问题。

中国债券的实务市场

中国债券的实务市场主要包含债券的发行主体和交易主体，发行主体是债券的供给方，交易主体是债券的需求方。它们共同在两个市场交易，第一是银行间市场，第二是交易所市场。这两个市场按照债券的交易量计算，银行间市场的交易量更大。发行主体主要有央行、政策性银行（国家开发银行、中国进出口银行、中国农业发展银行），以及商业银行、国际机构、财务公司、信托公司、租赁公司、非金融企业和公司、证券公司、中华人民共和国财政部、保险公司等。交易主体主要有央行、政策性银行（国家开发银行、中国进出口银行、中国农业发展银行）、商业银行和信用合作社、非银行金融机构（证券公司、基金公司、保险公司、信托投资公司、财务公司、租赁公司），以及非金融机构和个人投资者。中国债券市场框架如图 3.3 所示。

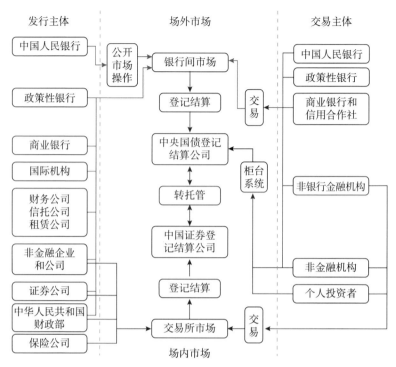

图 3.3 中国债券市场框架

案例 3.1

高净值客户张太太，因为自己缺少金融投资方面的知识，所以她在投资方面非常保守。张太太妈妈以前经常去邮局或银行买国债，张太太一直听她妈妈说，国债最让人放心。最近张太太总是接到银行客户经理打来的电话，说"最近股市不错，可以选择投资一些股票基金"，张太太比较担心有亏损的风险，银行的客户经理又告诉她，"那可以投资债券基金呀，没风险"！张太太听到债券两个字就立马想到当年她妈妈买的国债，那债券基金到底有没有风险呢？

这是前端业务人员在与客户深入交流的时候经常会遇到的问题，可参考几个沟通的切入点。

第一，国债是由国家信用担保，但债券基金投资的都是国债吗？肯定有其他类型的债券。

第二，如果有其他债券，是否跟国债一样令人放心？

第三，张太太妈妈当年买的是持有到期的，那现在买的也是持有到期的吗？债券基金是持有基金还是交易基金？它是交易基金。

第四，股票有亏损风险，债券难道没有亏损风险吗？我们之前说的债券有 3 个风险，即利率风险、信用风险、流动性风险，因此债券投资本身也是有风险的。

中国债券基金的体系

中国的债券基金主要分为 5 类：纯债基金、一级债基、二级债基、可转债基金、债券指数基金。纯债基金是指基金 95% 以上的资金都投在债券上；一级债基是指 80% 的资金投在债券上，20% 的资金可以用来投资一级市场；二级债基是指 80% 的资金投在债券上，20% 的资金可以用来投资二级市场；可转债基金是指投资的债券为可转债，即本身投的这个债券既有纯债部分，也有将来可以转股的可转换期权；债券指数基金是各类债券的指数型基金，相当于债的 β（大盘的风险和收益，即债券市场的表现情况）。

理论上最受欢迎的应该是纯债基金，相对不受欢迎的是二级债基。因为基于成本等因素的考虑，基金公司通常不愿意为一只基金配置两个基金经理。如果只有一个基金经理的话，由于通常一个人只擅长一个市场，要么懂债，要么懂股，很少有人股债都懂，所以管理二级债基时，他们对股票剥离出来的部分运作得都不是很理想，如果真要做股债组合，应该去做一些偏股、偏债、灵活配置的混合型基金会更好。

另外，对债券基金来说，其波动率远远小于股票，所以不建议做定投。债券基金适合一次性投资，但如果不凑巧买在了高点，在下跌的过程中实在不放心，可以采取定投补仓的方法。投资人一旦看到市场开始反转，补定投，继续持有。定投用来补仓尚可，但是长期做债券基金的定投不如一次性持有债券，一次性持有远远比定投有效得多。

银信合作的模式与产品框架

信托产品绝大部分是由银行销售的，购买信托产品的客户是银行的零售端客户，信托的另一端是借款企业，借款企业往往又是银行的机构端客户。

信托公司归银监会（全称为中国银行业监督管理委员会，2018年被归为中国银行保险监督管理委员会）非银司监管。银信合作具体的运作模式，是由投资者把资金交给银行，银行从支行网点募集资金，把这些资金归集到总行，总行把这些资金汇集在一起，再向信托公司认购信托计划，相当于银行与这家信托公司签订协议，认购之后，信托公司拿到资金。信托公司可与借款企业签订贷款协议，即信托公司借钱给贷款企业。资金的供给方是银行的零售客户，资金的需求方是企业。深入思考一下，购买一个信托计划时，客户会知道资金投到哪里去吗？会知道借款企业经营能力如何吗？又有能力去判断吗？所以银信合作的一个很大挑战就是当金融创新把金融的链条拉长，风险跟收益的信息就越来越不对称了。

案例 3.2

一个典型的银信合作产品是某城投公司的股权投资资金信托。募集到投资资金的信托计划向该城投所在市市城市投资建设发展有限公司增资扩股，增资资金用于该市两个土地开发项目的实施，还款由该市市政府国有资产监督管理委员会（简称国资委）溢价回购信托持有的该城投股权，同时该市市政府承诺由市财政局统筹拨付回购股权资金，经该市人民代表大会决议通过纳入同期年度财政预算（这种政府担保行为后来全部被禁止）。

　　交易结构如图 3.4 所示，投资者先在商业银行购买理财产品，后由信托公司设立信托计划，商业银行汇总投资者的资金去认购上述信托计划，认购完后相当于把资金交给信托公司。信托公司再进行股权投资，1 年以后到期，由该市国资委溢价回购股权，这部分溢价就相当于资金的投资收益，同时由该市城投控股连带担保责任，财政局担保，相当于信用增信。1 年以后该市国资委回购，回购以后拿到资金还给商业银行，商业银行拿到资金再还给投资者，多方受益。整个项目收入结构是怎样的呢？假设整个项目的投资回报率是 7.6%，6% 给了客户，客户很满意，信托公司拿 0.3%，还有 0.3% 作为销售奖金，剩下的 1% 就是银行的收益。进一步假设这个项目是 5 亿元的规模，那么，银行中间业务收入就是 500 万元，信托公司收入是 150 万元。

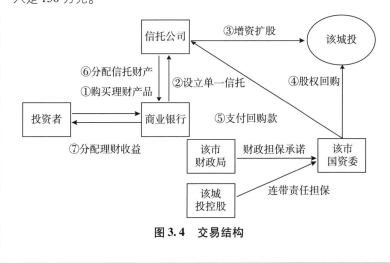

图 3.4　交易结构

　　信托产品能够发展，最主要的原因是 2009 年信贷放量，出现了 4 万亿的大规模扩张信贷。2009 年人民币贷款在社会融资中占比上涨，然后在第二季度、第三季度出现了快速下跌，部分原因是银监会进行窗口指导使银行向市场投放资金。一些企业听说银行可以"放贷"的时候，就开始实施项目了。项目刚启动，银行告知信贷收紧，可项目要继续实施，这个时候，企业便会面临寻找资金的问题。

有资金需求的企业在银行无法贷到款时，就会找信托公司，这也就带动了信托产品的发展。我们看到这样的趋势，2009 年以后非标债券、信托都是蓬勃发展的。P2P（互联网金融点对点借贷平台）发展起来，也与信托性质相同，去 P2P 借钱的融资方大部分都是小额融资，不属银行放贷范围。所以在传统金融以外发展起来的新兴金融，很多都是为解决传统金融无法解决的问题。

那么在这个多方参与的项目里，如果借款公司出现问题，损失是谁的？法律意义上的风险由谁承担？原来如果银行放贷，这个风险是银行承担。而在这样的架构中，银行就从原来的中介方变成了代销方，只代销这个产品，风险与银行无关，其实投资者购买信托公司的金融产品，遭受了损失，理论上损失首先是由信托公司承担，但很多信托公司在发行产品时合同里写得很清楚——风险由投资者自行承担。但是通常的情况是，投资者不找信托公司，甚至可能不知道信托公司是哪一家，就只找银行，而银行则认为自己只是个代销渠道。

对信托产品，最重要的是客户能看清底层资产的风险，但客户往往没有这个能力。有关信托产品，我们能够与客户交流以下几个重点：

第一，信托产品最大的风险并不仅是标的出现问题，所以不要过多地关注踩了多少"雷"，因为每家机构都会遇到，而应该让真正能踩"雷"的人去踩，让能承担这么高风险的人去买这么高风险的产品，也就是让高风险投资策略与高风险资金相结合。

第二，风险管控通常不被看见的才是真正的盲点，因此对于信托产品来说，投资者一般只看到了投资收益，但是交易结构、交易风险及这些机构之间的利益机制可能都看不见。

第三，对于信托来说，本质是受人之托，代人打理，在委托人和受托人之间，代理或授权帮忙管理这笔资金，所以要进行信息披露，要把风险、收益都披露给参与方。

金融产品最核心的本质有 3 点：第一点是收益如何，第二点是风险如何，最重要的是第三点——这些收益和风险匹配得如何。在银信合作里最重要的是投资者、银行、信托公司和资金使用方这 4

方当事人对于资金的共性和需求，而其中需求往往是最核心的。这 4
方是否了解需求如何？风险如何？项目如何？主体如何？

信托产品风险净值调查很重要，投资者需要多考虑产品的细节：

第一，背后的底层资产是什么？

第二，投资关系如何？是股权还是债券？有没有加杠杆？有一
些信托产品会加杠杆，一加杠杆就会提高波动性。

第三，各自之间的通道费率是多少？知道通道费率就知道利益
关系，也就知道谁更有动力做好这件事。

第四，这个产品投资出去的资金使用方资质如何？这个项目前
景如何？通常主体有公司项目的是需要这笔资金的，比如开发项目
的融资需要。

第五，资金的担保方资质如何？通常，在很多的借款项目里都有
担保方，但是担保方经常出现很奇怪的现象，往往担保要求不是借款
方提出来的，而是投资方提出来的，所以投资方提出要求之后，借款
方就会自己去找一个担保方，但是自己找的担保方通常会有问题，即
借款方还没跑担保方就先跑了，因为担保方承担的风险和资金链太大，
已经看到了未来可能出现的连环问题，担心自己的资金根本抵不了，
所以担保方先跑，这样对借款公司的项目就起不到担保的作用。

第六，现在的宏观环境怎样？未来会对这个产品产生什么样的
影响？

我们可以通过以上切入点了解信托产品的风险。信托产品跟股
票不太一样，如果把 A 股的收益率做一个分布的话，我们会发现 A
股收益率大部分集中在一个区间内，但是在两端会有两个极值，一
个是 +10%，一个是 -10%，也就是每日涨跌停板的区间。如果看
信托理财产品，会发现收益大部分都稳定在正收益这边，但是会有
一个非常大的"尾巴"，这个尾巴可能会有 -100%，也就是说它在
收益的表现是大部分为平均收益，但是会有小部分出现"黑天鹅"
风险，甚至连本金都赔光。这在股票市场是非常少见的，股票市场
最多跌停，最多退市，但是在信托市场中本金都可能亏完，这是信
托产品的特点。

第4章　外汇、贵金属市场与产品

美元涨跌历史回顾

外汇以美元最具代表性。图 4.1 所示是美元历史上的 3 轮牛市，这 3 轮牛市分别出现在 1980—1985 年、1995—2001 年、2014 年至今 3 个时间段。这几轮美元汇率波动分别是什么造成的？首先要清楚，1980—1985 年这一轮的时任总统是里根（Reagan），1995—2001 年这一轮的时任总统是克林顿（Clinton），2017 年至今总统是特朗普（Trump）。

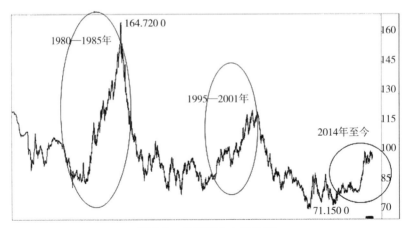

图 4.1　美元历史上的牛市

资料来源：万得资讯。

1980—1985 年美元大牛市

第一轮（1980—1985 年）波动很重要的原因是里根总统，里根总统上台之前美国曾遭遇两次石油危机，从而出现严重通货膨胀。石油危机与中东欧佩克（OPEC）的石油输出国组织有关。当时欧佩克有两大巨头，第一大巨头是沙特，第二大巨头是伊朗。这两大巨头在欧佩克里有很大差异性：沙特富裕，财政状况良好，又可以源源不断地销售石油，越富裕就越有底气；伊朗相对较贫穷，从对金钱的渴望程度来看，伊朗更迫切地希望提升油价。因此，在油价的调整上面，伊朗是鹰派，沙特是鸽派。最终欧佩克达成的共识是限产，因为供给降下来，油价就会涨上去。此时各成员国达成"君子协议"，明确各自限产数量。但如果油价真的上去了，某成员国多生产一些，是不会被外界知晓的。当多数成员国都多生产一些，总供给就又大幅升高，油价也再次下跌。成员国之间的协议也就失去了约束力。石油对美国来说是非常重要的进口产品，需要巨量采购石油，两次石油危机的发生，使石油价格攀升，美国的通货膨胀就很严重。

为此，时任总统里根推出了一系列举措，被外界称为"里根经济学"，希望美国的经济情况能够迅速好转。首先是降低税率，税率一降下来，企业盈利随之恢复，进而纳税额增加。盈利恢复以后再扩大税基，政府的收入就没有问题，这是一个先贴钱后赚钱的思路。当时美国的通货膨胀率很高，美联储却硬生生使出强硬手段把利率抬到 11.5% 左右，把通货膨胀打了下去，结果利率上升使美元大幅升值。20 世纪 80 年代，美国与苏联冷战时期，美国政府的财政一直处于亏空且高赤字的状态。美国的利率"一飞上天"之后，外界觉得美元的收益率如此高就都投资美元，接下来美元指数也随之一路飙升，这是美元指数最强的一轮快速上涨。美国购买原油是用美元结算的，当美元升值，购买国外的物品就显得便宜了。里根总统跟沃克尔（Volcker）联手巧妙地把通货膨胀打下去了，因为美国最主要的通货膨胀来自石油，所以油的价格下跌了，通货膨胀就被压下去了。索罗斯（Soros）把这样的"里根经济学"命名为"里根大循环"：强有力的经济、强势的货币、庞大的预算赤字、巨额的贸易逆差，最后创造了无通货膨胀的高经济增长。

我们已经提过最受欢迎的经济状态是高增长、低通货膨胀，这是经济增长最理想的阶段，中国也经历过这样的阶段——2001 年至 2006 年，这 5 年中国 GDP 高速增长，而且通货膨胀被压得很低，直到 2006 年的下半年和 2007 年通货膨胀才被抬高。1980—1985 年这一波美元大牛市，最主要的事件是"组合拳抗击高通货膨胀"，也由此奠定了强势美元的根基。

最好的克林顿时代（1993—2000 年）

第二轮是"克林顿时代"。美国赤字一直都存在，但在克林顿主政的 8 年里，美国财政出现盈余，换句话说是赚得多花得少。克林顿时期的美国也推行了一些重大举措：首先，给富人增税，给穷人减税；其次，把握住了一个非常好的时间点——IT（信息技术）行业大发展；最后，克林顿当时推行强盛美国，之所以推行强盛美国，是因为美国国内先进的科学技术，需要吸引资金到美国投资。

反潮流的特朗普时代（2017 年至今）

第三轮是"特朗普时代"。特朗普 2017 年初正式就职总统，推行的举措本质上跟克林顿及里根的相像。第一降税，第二贸易保护。特朗普上台仿佛背负一个很重要的目标，即把美国的 GDP 翻倍，所以他做的很多事情都是围绕他的目标进行的。降税，更多的是鼓励企业要有活力。贸易保护，则希望能够让产业更多地回迁到自己国家，回迁到自己国家之后经济当然就好转了，而产业回迁主要是鼓励制造业迁回自己国家，因为有很多制造业在海外赚了海外的钱，它们希望把这些利润迁回国内。大兴基建，削减军事开支，他上台后表达过战争过度消耗金钱的观点，因此要削减军事开支，用来增加基建投资。

货币汇率的分析逻辑框架

由美元涨跌的历史可知，一国货币的汇率变化受到非常多因素的影响，而且往往是多因素同时作用，核心可体现为：

1. 政治局势。

国际、国内政治局势变化对汇率有很大影响。局势稳定，则汇率稳定；局势动荡，则汇率下跌。比如欧元，欧元区使用同一个货币政策，但个别成员国之间的财政政策不统一或发展不均衡会带来争执动荡，造成欧元汇率下跌。

2. 经济形势。

一国经济各方面的综合效应是影响本国货币汇率最直接和最主要的因素，主要包括经济增长水平、国际收支状况、通货膨胀水平、利率水平等方面。经济越好汇率越高，克林顿执政时的美元就是这样的情况。

3. 军事动态。

战争、局部冲突、暴乱等将造成某一地区的不稳定，对相关地区以及弱势货币的汇率将造成负面影响，而对于远离事件发生地国家的货币和传统避险货币的汇率则有利。只要有战争冲突就会使传统避险货币受益，比如日元和美元，会短期脉冲式升值。

4. 货币政策。

政府的财政政策、外汇政策和央行的货币政策对汇率起着非常重要的作用，有时是决定性的作用。如政府宣布将本国货币贬值或升值、央行升降利率、市场干预等。货币政策越强，对货币影响越大，但这时往往有市场干预跟政府的政策博弈。当年索罗斯狙击泰铢的时候，泰国央行宣布把"门"关上，不让资金外流，拉丁美洲、阿根廷甚至更强势，一次性加息几个百分点。但是无论是"关门"还是加息，最后的结果都是资金流出，这其中有市场的预期，也有政策的预期。

5. 市场心理。

外汇市场参与者的心理预期，严重影响着汇率的走向。对于某货币的升值或贬值，市场往往会形成自己的看法，在达成一定共识的情况下，最终结果将在一定时间内左右汇率的变化。

6. 投机交易。

随着金融全球化进程的加快，充斥在外汇市场中的国际游资越来越庞大，这些资金有时为某些投资机构所掌控，由于其交易额巨大，并大多采用对冲方式，有时会对汇率走势产生深远影响。投资交易往往也容易造成汇率的大幅波动，比如索罗斯阻击英镑。

人民币与美元的汇率的演变过程

美元历史上的牛市如图 4.2 所示，大部分位于上方的曲线代表美元兑人民币汇率，大部分位于下方的曲线代表美元指数。

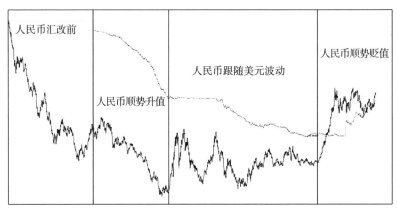

图 4.2　美元历史上的牛市

资料来源：万得资讯。

人民币汇改历程

人民币首次汇率改革（简称汇改）是 2005 年年中，当年汇率一次性提高 2%，拉开了波动区间。在这之前汇率被称为固定汇率，就是国内的企业从海外赚了美元之后，将美元卖给银行，银行按 1∶8.276 ～ 1∶8.278 的比例买过来，等量地把人民币投放给企业，投放出的人民币就是外汇占款，所以图 4.2 中第一区间的汇率几乎是水平的。

人民币汇改开始后，即图 4.2 中第二区间，曲线呈下滑趋势，代表人民币升值，在这段时间，美元是贬值的（美元指数也在下跌），换句话说，在 2005 年到 2008 年这段时间，不是人民币很强，而是因为美元弱，所以人民币升值，这叫作顺势升值。

然后次贷危机发生，在此以后人民币汇率再次平衡在一个区间，可见图 4.2 中第三区间前半段汇率曲线再度近似水平。为什么要把汇率锁死？因为当美国和欧洲经济出现巨大波动的时候，如果汇率还出现波动，会给中国的出口企业造成更大的困扰，所以汇率被锁死以降低不确定性。

到 2010 年年终危机好像过去了，这个时候汇率的波动又被放开，人民币跟随美元波动继续升值，一路升到 6.1 左右，可见图 4.2 中第三区间后半段的汇率曲线。

但是汇率波动一段时间后人民币开始顺势贬值，可见图 4.2 中第四阶段前半段。因为这段时间美元升值，换句话说，央行在不断地顶住压力，否则人民币会贬值。2015 年 8 月 11 日再次汇改，人民币一次性贬值，拉开了波动区间，从 2015 年 8 月开始人民币走上了趋势反转的道路，可见图 4.2 中第四阶段后半段。

人民币换美元的思考

在 2015 年的第四季度和 2016 年，有很多客户倾向于把人民币换成美元，换成美元以后要么投理财产品、美债，要么投海外的房地产等。在面对这样的客户的时候，我们应该如何思考？如何交流？如何引领？客户说要换美元，但换美元只是一个动作，背后是有需求的，具体是什么呢？第一是消费需求，将来要到国外去，要用美元，比如去美国旅游、子女去美国留学，这就是要用美元消费。第二是投资美元，单纯为了赚取利益。第三是客户真正地在不同国家之间进出游走，进行国际资产配置。第四是为了去海外买房，为移民或子女教育做准备，这叫作获得海外资产的附属资源。第五是担心人民币贬值，兑换美元以增强安全感。

当客户需要换美元的时候，我们要把这些需求整理清楚后再与客户沟通。具体怎么讲呢？

第一，用美元消费。这其中最重要的是合规。银行的购汇申请书原来未要求写用途、用多长时间、什么时候用，而现在购汇申请书上明确提到了不得用于哪些用途，并要求写资金的流进流出且用途一旦超出范围都查得到，所以换汇最重要的是合规，不要犯错误。

第二，投资美元。人民币兑美元升值最厉害的一年为 6.7% 左右，贬值贬得最厉害的一年为 6.9% 左右，换句话说，人民币兑美元一年最大的涨跌幅度是 7% 左右。通常汇率上的收益低于 7%，我们按照 6% 假设，进出有 1%～2% 的成本，扣掉进出成本，收益就是 4%～5%，这个收益区间在中国境内完全做得到，没有必要过多配置海外资产。

第三，进行国际资产配置。国际间的资产配置仅适用于与海外有足够多交集的客户，这里的交集指的是经常出国，也可能在海外有公司。

第四，获得海外资产的附属资源。这是很多人买海外房产时需要考虑的，比如海外是否有合适的房子、教育机会、投资移民机会等。面对这样的需求，需要问客户是移民重要还是赚钱重要，是孩子上学重要还是房产更重要。如果移民更重要或孩子上学更重要，那其他的事就无须考虑。与能移民及孩子能上学相比，4%～5% 的收益根本不重要，而很多时候客户告诉财富管理顾问既要、又要、还要，这是人的天性，但是我们要做的是与客户沟通甚至帮客户梳理需求，如果只能满足一个需求的时候，应该选择什么。当把客户的需求排序做完，接下来要做的是尽可能地给客户一些建议且兼顾各个需求，如果兼顾不了，就按之前的排序逐个满足，这样才能真正帮助客户梳理需求、解决问题。

第五，担心人民币贬值，兑换美元以增强安全感。一些人觉得中国经济可能要下滑，人民币资产可能要贬值。持这种观点的客户可能在境内买了多套房产或者可能在股市投入大量资金，他们询问是否该买点美元以规避人民币风险。如果真的对中国经济悲观，那么首先应该做的是将房子卖掉、股票抛掉，去买无风险的国债，获取无风险利率，否则持有几千万元甚至更多的风险类投资产品，然后拿少量资金兑换美元来规避风险，对自己的资产几乎没有意义。

所以我们在面对客户是否需要换美元的问题时，一定要把客户的核心需求搞清楚，如果面对客户时能把这 5 个需求分析清楚，会大大提升我们的专业形象。

黄金市场的影响因素

黄金是非生息资产,股票有分红,债券有利息,而投资黄金是没有利息的。对于黄金这类资产,如果是工业用黄金还可能产生类利息收入——租赁收入,即把黄金租出去,到期再收回,但是个人客户通常接触不到。投资黄金资产时,投资者最大的敌人是利率,同样的资金可以投资黄金也可以投资债券,一边是黄金一边是利率,当利率一直上升的时候,黄金的吸引力就会下降,反而投资黄金的机会成本在不断上升,因为利率代表的投资收益率在不断上升。当利率下降的时候,投资黄金的吸引力就会上升。短期来看,黄金资产跟地缘政治、美元走势有关,战争对黄金是利好。长期来看,黄金的投资价值可参照美国的无风险利率,当美国的无风险利率下降,黄金的投资价值趋高,当美国的无风险利率上升,黄金的投资价值趋低。当经济情况好转甚至过热,商品的需求旺盛,利率开始停滞,黄金的价值就开始上升了。

中国的黄金投资者对黄金的理解,存在"两极分化"的状况,喜欢的人很喜欢,讨厌的人很讨厌,而大部分投资者对黄金投资了解并不多,只知道"乱世买黄金",等到危机解除后,又把黄金这项资产遗忘了。关键原因在于:大部分投资者评估一项大类资产是利用"投资回报率"去衡量的,并没有考虑这项大类资产的"回报率分化程度"。低风险投资者偏好"存款、理财",高风险投资者偏好"A 股、美股、房地产",黄金的投资回报率夹在这两者中间。中国投资者的现状是:大多数人处于低风险和高风险两种极端状态,要么极度厌恶风险,要么哪个有风险投哪个,处于中间的中等风险投资者数量倒是不多。

大家普遍认为应该"乱世买黄金",这从投资逻辑上到底有没有道理呢?这要从黄金的走势历史来看。纵观历史上黄金价格的决定机制,其主要经过了两个阶段:"布雷顿森林体系"(Bretton Woods

System）和"牙买加协定"（Jamaica Agreement）。一战后，全球贸易体系受到严重影响，各国政府无法按规定自由兑换黄金，而对于全球贸易体系制度来说，最重要的交易成本就是无法确定价值衡量标准，于是"布雷顿森林体系"应运而生，黄金价格被固定在 35 美元/盎司。二战后，欧洲和日本制造业快速发展，美国对外投资不断增加，造成了其黄金库存量不断降低。1971 年，时任总统尼克松（Nixon）宣布：黄金与美元脱钩，从此黄金价格进入完全自由浮动时期。而在 1976 年，国际货币基金组织通过了"牙买加协定"，规定黄金可以与外汇、本币进行便捷兑换。

决定黄金价格的因素有战争危机、美元本身波动、通货膨胀、黄金自身的供需关系等。在这些因素中，专业人士总结黄金上涨的核心逻辑分别是：避险与抗通货膨胀。避险的投资逻辑为：在黄金多轮上涨周期过程中，的确出现了多次各种类型的世界风险事件，比如"9·11"事件、伊拉克战争、美国次贷危机、欧洲主权债务危机等。而在这些事件发生之后，通常会出现美国"名义利率"下滑，并带动"实际利率"快速下滑，比如美联储主动降息，美国国债受到避险资金眷顾后价格上涨、到期收益率快速下跌（债券价格与利率水平呈反比）。抗通货膨胀的投资逻辑为：在美林投资钟模型中，当经济出现过热和滞涨早期时，商品作为实物资产表现最佳，而在多轮黄金上涨周期中，20 世纪 70 年代、21 世纪 10 年代的黄金牛市最终结束都是因为美国通货膨胀趋势反转。

如果我们把前面避险和抗通货膨胀两个投资逻辑合二为一，黄金自身虽然有三重属性——商品、货币、金融，但最重要的还是货币属性。因为"牙买加协定"之前，全世界对于货币价值的确定就是黄金，在"布雷顿森林体系"被打破之后，黄金也成了一项独立的贵金属大类资产，所以我们可以换一个思维：把黄金当成另一种独特的货币。国家主权货币背后的信用是国家政府对于货币币值维护的承诺，否则国内外民众对于持有该国家货币是没有信心的。而对于黄金来说，它的背后并不存在政府承诺，它的价值其实是来源于全世界人民从古至今对于黄金这个金属价值的认定。

　　如果把黄金定位成一种独特的货币，作为可被投资的一项资产，那就得考虑：同样一笔资金投资黄金，其竞争对手如何？谁的投资吸引力更高？在"货币"这个竞争领域中，黄金最大的竞争对手应该就是美元了。所以对黄金价格波动最敏感的，应该是黄金最大的竞争对手——美元的真实回报率（美元名义回报率扣除通货膨胀后的有效实际利率）。如果美元的真实回报率是投资黄金最大的机会成本，那么：对避险主题来说，美元的名义回报率下降得比通货膨胀率更快，造成了有效实际利率的下降，降低了投资黄金的机会成本，故黄金价格上涨；对抗通货膨胀主题来说，美元的通货膨胀率上行速度超过了名义回报率的上行速度，同样造成了有效实际利率的下降，降低了投资黄金的机会成本，故黄金价格上涨。以上逻辑会存在一种例外，当金融市场遭遇系统性流动性危机时，黄金就不能扮演避险资产的角色，因为届时绝大部分投资者眼中只有两类资产，一类是现金，另一类是非现金，黄金只能被划为非现金资产，被抛售换取现金。

　　基于以上黄金投资逻辑的分析，对个人投资者来说，如果要投资黄金，可考虑是否有以下需求：

　　第一，站在资产组合配置的角度，对冲已持有多种外国货币的信任风险，如战争、地缘政治、经济危机、流动性危机等。

　　第二，一定要"看得见、摸得着"才能放心的保值需求，这源自对现有各类本币资产的未来信心不足。

　　第三，处于文化的角度，喜爱黄金。

第5章 另类投资核心产品

私募股权投资的机遇

中国人消费结构改变

提到股权投资，首先要了解中国人消费结构的改变，中国人
1990年和2010年的消费结构如图5.1所示。身体健康和精神愉悦是
两大日益增长的消费品类。1990年的时候，10.10%是教育、文化及
娱乐，1.50%是医疗；2010年的时候，20.50%是教育、文化及娱
乐，17.00%是医疗健康，当然现在这两个方面的占比更高了。

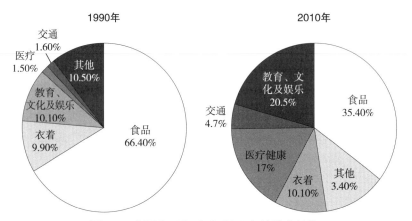

图5.1 中国人1990年和2010年的消费结构

仅看消费结构，可以肯定，跟过去相比，中国人不管是收入能
力还是消费能力都大大提高了，看中国的人力成本就知道，着重体
现在工资收入的涨幅。以前中国有人口红利，20~30岁的人口基数

很大，而且人力成本也很低。现在中国人口红利的拐点早就已经到了，收入水平、教育程度都在提升，同时消费能力也大大提高了。人们越来越富裕，那怎么去消费呢？教育、医疗、娱乐这些是被长期看好的行业，因为人们会有很多钱花在这些行业。在美国，GDP增长最大的驱动因素就是消费，中国也是类似的，未来消费一定是促进 GDP 增长的决定性因素。人们到底花多少钱、花在哪里，这些对中国的经济会有很大影响。同时可以看到，人们在食品领域的消费变少了，在精神方面的消费越来越多，人们更加注重生活质量，以前正常的食品刚需减少，整个消费结构都在变化。

综上所述，股权投资现在比较好的方向都是跟新经济相关的，包括互联网、TMT、大健康、大消费、文化娱乐。新经济未来对于我们国家的发展也很重要，这将促进经济的转型。

股权投资的意义

为什么一定要通过股权进行投资？进行股权投资的公司可能是未来在二级市场、股市能够看到的一些很大的公司，但是在现阶段企业发展的过程中，早期企业刚开始的时候只能通过股权投资参与其中，因为没有 IPO（首次公开募股）。一家公司从成立到所有的融资结束再到 IPO 需要经历漫长的过程，等到 IPO 能够在二级市场被看到，企业就已经进入发展成熟的阶段，投资者已经错过了早期投资的机会，所以股权投资能够使投资者在比较早的时候参与一些很好的项目，享受企业在发展过程中的资本增值，这是股权投资的意义。

另外，还有一个"赢家通吃"的效应，比如在互联网领域，当用户数从一开始的几万到几千万，再到后面过亿，这整个过程一定是做大做强、"赢家通吃"。早期天使轮一定有 10~20 家公司都想进入，但是到了洗牌期，大量公司被淘汰出局，这是一个很快的过程。然后会发现 2~3 家行业的领先者进入成长期，它们的成长速度很快，我们要进行股权投资时一定要抓住成长期，否则收益倍数可能相对就小一些。在天使轮参与投资，收益是最大的，但是会有很大的风险，因为很多时候一家公司在天使轮中可能就活不下去了。图5.2 所示就是"赢家通吃"的一个曲线图，可以看到在每家企业进入不同阶段大概是什么情况，整个行业从洗牌期到成熟期是怎样一个过程，互联网企业基本上都会经历这样的过程。

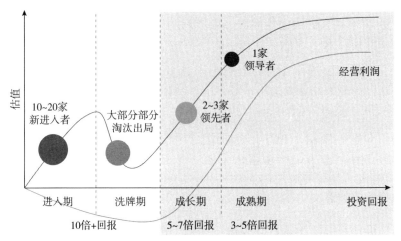

图 5.2　互联网经济赢家通吃效应

高净值客户如何通过 FOF 完成资产配置

FOF 核心要素浅析

　　FOF 投资的都是基金产品，即发行一个大的基金产品以后投资多个小的基金产品，所以被称为基金中的基金，具体如图 5.3 所示。FOF 未来在中国市场可以做很多事情，最主要是可以承接养老金、退休金。现在很多人认为未来国家完全负担民众的养老问题会有一定难度，所以大家可以有自己的养老策略，比如通过购买相关保险产品、一些银行理财相关的养老产品或者 FOF 为自己的养老做一些保障。选择哪种工具并不重要，最关键的是要完成养老目标。

　　FOF 的服务可以分为两层，第一层是资产配置，第二层是筛选基金。

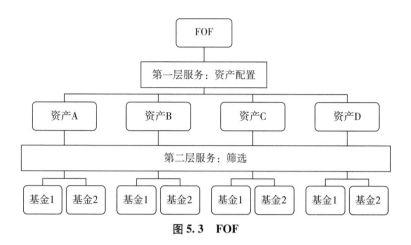

图 5.3　FOF

资产配置

FOF 的第一层服务是资产配置，在现阶段如果我们用公募基金这一类工具做配置，它分为以下几类：第一是现金类，买一些货币基金；第二是商品类，可以买一些黄金、白银等；第三是股票类，可以通过股票型基金和混合型基金等做配置；第四是债券类，可以通过纯债、混合、二级债这些基金参与债券的配置，通过沪港深基金可以参与港股的资产配置，通过 QDII 基金可以参与海外的资产配置，如纳斯达克指数基金、标普 500 指数基金、道琼斯指数基金。

投资者通过基金就已经完成了从境内到境外，从商品、现金、股票、债券，再到海外各类资产的配置，能配置的资产类型已经很多了。所以第一层基本上就是对不同的资产要有一个清楚的认识，比如现在 A 股是怎么样的资产？看性价比就可以。投资者如果去买 A 股，如何判断呢？性价比如何？要判断它的风险，要看近期的最低点在哪里，如果现在买进去，要看它下跌的空间有多大，上涨的空间有多大。如果下跌的空间很小，上涨的空间很大，那说明性价比很高，就可以配置。债券也一样，债券这类资产受货币政策影响是很大的，现阶段央行的货币政策是收紧还是放松，未来货币政策到底怎么样，利率市场怎么走，对整个债券市场的走势会有巨大的影响，所以如果暂时看不清债券市场，债权类资产可以暂时少配置一点儿。针对商品类，现在可以配置黄金、白银，但是对于黄金，不同的人看的角度也不一样，有些人配置黄金是考虑到避险的因素，一些风险事件可能会成为"黑天鹅"，这就需要通过黄金避险做一些配置。现金类资产近年是要重点配置的，它的性价比很高，投资货币基金能够达到 4.7%、4.8% 的收益率，所以它是很优质的资产。

基金筛选

FOF 的第二层服务是进行基金筛选。首先，根据不同的资产类别区分；其次，根据主动管理和被动管理的方式将其分成主动管理基金和被动指数基金；最后，要判断哪些基金在现阶段比较好，需要知道这只基金过去为什么表现好，把收益做归因分析。比如 QDII 基金，从表面来看它的收益很高，但是如果它 90% 的收益是来自汇率，那主动管理创造的收益并不多，如果汇率没有继续朝这个方向走，那配这个产品的意义就不是很大。再比如一些基金投资者要看所关注的基金的持仓，目前很火热的沪港深基金，被很多投资者看好，他们想配置，如果某只沪港深基金业绩非常好却没有配港股，这种基金就不能配置，因为它是挂着沪港深的牌子在做 A 股，这样就不能跟沪港深基金做同类项的对比了。因为公募基金的信息披露相对多一些，投资者可以看公司的季报和年报，季报是有前十大持仓的，年报是有完整持仓的，季报和年报都有资产配比，要知道现在的仓位大概多高、配置的资产类别有哪些、不同资产类别占比权重是多少，所以投资者要长期习惯性地去做这些研究，才能每季实时跟踪每一只基金的表现。

另外一个重要但不可控的因素就是基金经理的变化，优秀的基金经理对产品管理得非常好，但他们可能突然有一天跳槽了，有的是升职做了投资总监，有的是"奔私"了，有的是换了一个基金公司，所以投资者对于基金经理的关注要更加密切。有时候基金公司会发一个公告说基金经理变更了，但如果不习惯去看公告可能不知道买的基金已经不是由原来的基金经理管理了，这些公告是时时都应该关注的信息。同时，也需要关注基金的投资仓位，比如公募基金也有做量化的，有的做量化的公募基金的股票配比只占了不到10%，那量化到底做的是什么。如果投资者仔细去看它的资产配置，会发现它用大量的钱配置买入返售类的资产，然后配了一些债券、现金管理，所以这类基金已经没有按照原来的特征运行了，但是它的净值走得也很平稳，会让人以为它的量化策略做得比其他的要好。所以基本上都是通过季报、年报，通过对基金经理访谈，通过基金净值的归因分析等大量的工作得出体系化的结论，这样才能有一些观点，有一些预测的方向，才能有一些指导意义。这个工作量是很大的，投资者如果随便看一只基金，好像表现很好就买入，那涨得好是运气，而跌则是大概率事件，前面涨得好的基金很多人都申购了，基金规模就扩大了，而规模和业绩一定是成反比的，所以大概率是会往下跌。

前面提及 FOF 可以做养老基金，监管部门也认为 FOF 很适合做养老基金，从国外成熟市场来看，养老基金都是通过 FOF 来做的，这种产品的形态天生适合在一个产品里面做好资产配置，然后根据养老的需求做比例的切分。根据是否存在大类资产配置环节可对 FOF 进行分类，如表 5.1 所示。

表 5.1　FOF 类型

FOF 类型	产品举例	设计核心	产品标签	大类资产配置依据	调仓主动性	调仓时点
配置型 FOF	多资产配置型 FOF	资产配置	风险分散	根据对宏观趋势研判，在全球范围内选择大类资产进行配置	强，在环境变化时主动调整各大类资产的配比，组合风险特征可以发生变化	环境变动时（经济、市场、政策、监管等）

（续表）

FOF 类型	产品举例		设计核心	产品标签	大类资产配置依据	调仓主动性	调仓时点
配置型 FOF	目标型 FOF	目标日期型 FOF	资产配置	风险偏好（纵向风险管理）	依据特定的风险偏好，设定大类资产的配比	中，随着时间的推移，需要降低组合风险，但具体的比例可以根据市场环境做相应调整	每年以固定频率调仓，如月度、季度、年度等
		目标风险型 FOF		风险偏好（横向风险管理）		弱，当市场环境变动导致原始组合风险发生变动时，进行被动调仓至初始风险水平	每年以固定频率调仓，或在极端行情导致组合风险变化时被动调仓
策略型 FOF	单一资产配置型 FOF		投资策略	α 收益捕捉	—	—	—

资料来源：华宝证券研究创新部。

以目标日期型为例，假定针对 40、50、60 岁 3 个年龄段的客户，分别定目标日期，如 40 岁的客户哪一年退休、50 岁的客户哪一年退休、60 岁的客户哪一年退休，基金发 3 个目标时间，如 2050年、2060 年、2070 年，对应的就是 40、50、60 岁 3 个年龄段的客户，对应不同年龄段股债的比例是不一样的。客户年纪越轻风险承受能力越强，股票类的资产配置可以相对高一些，客户年纪越大，风险承受能力越弱，最后可能债券的配置比例占到 90%，只有 10%是股票，因为离他们退休的时间越来越近了，所以他们需要产品净值能够稳健地增长，需要资产保值，这个是目标日期型 FOF 主要的工作原理。

目标风险型又是另外一个逻辑，目标日期型是根据生命周期设定的，但是目标风险型是根据风险偏好设定的，基本上可以分 5 档不同的风险偏好，某些商业银行的智能投顾会有这些操作，根据不同的风险偏好和投资时长设了多档组合，自动帮助客户筛选基金，所以目标风险型 FOF 就是把风险分档锁定，然后给出符合风险偏好的组合。FOF 比较常见的就是这两类——目标日期型和目标风险型，这两类产品如果未来可以得到监管部门的鼓励的话，规模可以非常大。

FOF 的发展

FOF 其实在美国于 1999 年就有了，那时候美国的监管部门非常鼓励做这类产品，1999—2013 年整个增长级别从几十亿美元变成上千亿美元，如图 5.4 所示。现在中国 FOF 的规模其实并不大，由于监管部门会把一些资金引入 FOF 产品，公募 FOF 将来的发展一定不错，因为中国未来的养老需求是巨大的。

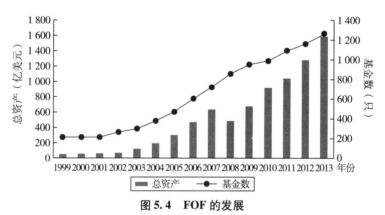

图 5.4　FOF 的发展

资料来源：万得资讯。

我们以美国市场做一个横向对比，可以得出美国市场 FOF 发展的驱动因素有以下几点：

1. 美国养老金制度的深入改革，尤其可投资共同基金的 401（k）计划规模的扩大是 FOF 产品推出和发展的关键因素。

中国未来可能也会有自己的 401（k）计划，因为如果所有人都依靠国家养老，那养老金是不够的，而且对于大家年老时的生活品质也有很大的影响，因此未来个性化养老需求会很高。美国的 401（k）是一个很好的计划，能够为中国提供参考，所以我们也在大量探讨如何向美国学习开发 401（k）养老产品。由于美国养老金制度的深入改革，401（k）计划为 FOF 产品带来了大量的增量资金，这些资金都是用来配这些养老基金的。

2. 美国公募基金业的发展为 FOF 产品的产生提供了先决条件。

有大量的基金产品可以配置各类资产，但是如果每一类资产没有相应的基金那 FOF 也做不了。美国当时公募基金的快速发展，各种类型公募基金的大量发行对 FOF 的发展起到了非常重要的作用。现在美国的公募基金市场非常成熟，各种各样的产品都有，如商品的、加杠杆的、反向的，这些工具我们目前在国内还看不到，但未来可能会越来越多，这会给 FOF 提供很重要的工具。

3. 产品内部整合的需求推动基金公司构建内部 FOF 产品。

1996 年美国颁布了一个证券市场的改善法案，鼓励机构发行 FOF，监管部门没有任何问题，只要有好的想法和思路，FOF 就可以按照自己的想法和思路去发展。

总结下来，FOF 发展的驱动因素为：第一，大量的资金涌入 FOF；第二，可配置的基金标的越来越多，基金发行也越来越多；第三，监管部门鼓励，监管部门觉得应用这种方式来做相应的运作。这也是美国 FOF 发展的 3 个先决条件。

FOF 到后期会呈现一个集中度非常高的状态，美国 FOF 市场排名前 3 的公司占了 48% 的市场份额，这 3 家是先锋基金（Vanguard）、福达基金（Fidelity Investment）、普信基金（T. Rowe Price），这 3 家公司占了近一半的 FOF 市场份额。市场排名前 10 的公司占了 74% 的市场份额，具体如表 5. 2 所示。未来，中国其实也是一样的，中国的 FOF，特别是公募 FOF 或养老金 FOF，集中度一定是非常高的，做得好的公司会有源源不断的养老金、退休金进去，其他的公司要抢市场份额也是很困难的。

表 5.2　FOF 公司市场份额排名

序号	基金公司	FOF 市场份额
1	先锋基金	20.2%
2	福达基金	16.4%
3	普信基金	11.3%
4	太平洋资产管理公司（PIMCO）	5.5%
5	美国恒康金融服务有限公司（John Hancock）	5.1%
6	美国信安金融集团（Principal Funds）	3.5%
7	美国 GMO 投资管理公司（GMO）	3.5%
8	摩根大通基金（JPMorgan）	3.5%
9	美洲基金（American Funds）	3.1%
10	美国 MFS 投资管理公司（MFS）	1.9%

我们再看看国内的现状，市场上还有大量的资金，货币政策还没有真正收紧，所以资金链没有问题。公募基金类产品现在有6 000多只可以选择，在监管部门排队备案的也有很多商品类的资产，还有挂钩的一些基本金属资产等，所以可配置的资产类别也有很多。还有监管的问题，2016 年 6 月 17 日，证监会颁布《公开募集证券投资基金运作指引第 2 号——基金中基金指引（征求意见稿）》（下称《指引》），这一《指引》有这样一个表态：监管层是鼓励 FOF 的，但要严格遵守相关制度与规定。规则其实很简单，比如投资比例如果挂钩港股基金，起码 80% 的资产要投港股市场。基金也是一样的，如果挂钩基金，80% 以上的资产要投基金，投货币基金也可以，但是比例一定要够高，不能全部都是现金类资产，这个是有本质区别的。投资有限制，如投单只基金的比例不能超过 20%，要有一些分散度，持有其他 FOF，不能 FOF 套 FOF，这个涉及很多收费的问题。再如，通过 FOF 类基金去救济公司内部新发行的基金也是不允许的。如果基金规模到 5 000 万元以下，有的基金就进入清盘的模式，有些

通过 FOF 去救济内部规模比较小的基金，这也是不被允许的。

FOF 的架构

FOF 的架构可以以图 5.5 作为参考，每只基金募集 200 个投资者，如果超过 200 人，要发不同的募集层基金（Feeder），即募集层基金 1、募集层基金 2……募集层基金 N，所有投资者根据不同的时点进入不同的募集层，然后募集层再进入母基金。母基金就相当于 FOF 的母基金，然后母基金再通过主基金（Master）投到下面的子基金。如果个人投资者投的是某个募集层的基金，但是这个净值其实是由主基金投向所有的子基金最后产生出来的，基本上在募集层的基金是不收费的，在底层的会收费，不同的 FOF 收费完全不一样。通常，FOF 的双重收费是一个巨大的问题，但如果一个 FOF 能够产生价值，那这个收费是合理的。产生的价值是什么？第一，当这个市场有巨大波动的时候，它能足够地分散风险、能够抗跌，一个不能扛跌的 FOF 还收更多的费用是没有任何道理的。第二，当配置的某类资产上涨时，要能通过净值充分地体现出来，因为 FOF 会做很多归因分析，如果净值一直没有变，就需要看是因为重仓的几只基金没有收益还是因为仓位太平均。毕竟投资者支付了管理费，而且是在母基金和子基金各付了一层管理费，虽然所有管理费通过设置加在一起也不超过 1.5%，但是毕竟收了两层的管理费，有两层的管理人帮助决策，所以收这些费用要能产生价值。

总结下来，FOF 要在一个层面做资产配置，适用于长期投资，如果希望在短期内产生价值是很难的，因为资产配置的核心是通过多资产的配置去调整风险，获取调整后的收益，短期内有些资产可能会出现趋势性下跌，或者有些资产配置的功能根本没有体现出来。更多的是要认定 FOF 是用来对接养老金、退休金的，更多的是满足大家长期的资产管理需求，所以很多 FOF 产品提示短期内给多少回报通常都是不合规的。假设认准投资 FOF 这类产品是为了储备养老金，那风险偏好和投资目标就匹配在一起了。假如短期内恒生指数涨了 25%，FOF 里配置了港股却完全没有体现出来，这就不是 FOF

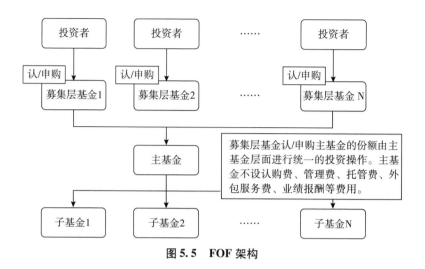

图 5.5　FOF 架构

的价值和意义所在了。

　　从实际情况看，在资金投出去以后投资者不做投后管理一定会有问题。这个问题就是不知道基金管理人在做什么，因为投资者通常在买基金的时候不会很细致地看合同，而有些基金公司在基金合同里会"做很多小文章"，给自己留很多后路。就是当极端行情出现的时候它有各种办法进行对自身有利的操作，这些会在合同里体现出来。比如召开投资者大会，这个产品可能是自有资金跟投的，2/3的投资者同意，投资者大会就通过了，小的投资者就不是很重要了，严格意义上是可以这样认为的。比如遇到极端情况时，通常首先就是调预警线，经历一轮暴跌以后到了预警线或止损线，直接开投资者电话会议，2/3 的投资者同意，就可以把止损线下调，但是另外1/3 的小投资者都不知情。如果没有仔细看合同是无法了解权益、义务到底是什么，所以投资者买基金产品时一定要仔细看合同。另外，投资者还要关注投资范围，如果买的是 2014—2015 年的私募，它的合同里面投资范围非常广，可以投场外衍生品，可以投其他资管计划，资管计划代表它可以投资外包，即投了某个基金产品，结果不是基金管理人在管理，实质是又投另一个资管或者投私募，相当于两层嵌套，对投资者来讲是不划算的，等于花了同样一笔钱投了两层，没有任何意义。还有一种情况是投资范围里面有场外衍生品，场外衍生品的风险是巨大的，而且是不被监管层鼓励的，场外衍生品如果出现了交易对手信用风险，是无人买单的，所以在投资范围方面看到这类信息的时候投资者要格外小心。比如有些基金公司把股指期货、商品期货的投资都开放出来，可能是想有备无患，但是对于投资者来讲，风险敞口就多了一些。因为投资者没有时刻在关注，可能策略已经有了漂移，比如之前说好了做市场投机策略，买一篮子股票用股指期货对冲，结果突然开始做商品期货了，如果不关注季报可能都不知道策略有调整，这时对于投资者来讲再去期望基金净值表现跟以往一样是不现实的。

股权 FOF

股权 FOF 就是一个 FOF 母基金配置多个小的子基金，小的子基金是 PE/VC，相当于买了一篮子私募股权投资基金（PE）或一篮子私募风险投资基金（VC）。股权 FOF 最显著的优势有：投资对象是多只基金，进入优秀基金的机会较高，且逐年回收资金，资金是由专业团队管理，风险程度低，对投资者专业经验要求很低，但对投资者资金规模要求很高。如果是个人投资者，假设有 1 000 万元可以用来投资，但是这 1 000 万元不一定能够投到知名私募基金，比如红杉资本（Sequoia Capital）或者 IDG 资本（全称为 IDG 技术创业投资基金，英文为 IDG Capital）里面，即使满足它们的门槛，也不一定会获得参与这些顶级 PE/VC 的机会。但是像红杉资本和 IDG 资本这些机构跟 FOF 有很紧密的合作，FOF 一投可能就是 10 亿元甚至 20 亿元，所以投 FOF 有更大的概率进入优质的基金市场，比如红杉资本可能管理了 100 亿元的资产，面对一个 1 000 万元的投资者它需要不断保持联系，但红杉资本可能没有专门的专业团队做这一方面的工作，所以红杉资本更愿意跟 FOF 合作。维护 1 个 10 亿元资金的 FOF 客户与维护 100 个 1 000 万元资金的投资者相比，肯定是维护前者的性价比更高一些，所以大量的优质基金更愿意跟 FOF 合作。

FOF 的流动性很好，如果投一篮子基金，如果那一篮子基金中每只基金投 10 个项目，一篮子总计可能有上百个项目，这上百个项目的退出期肯定是不一样的，对于现金流来讲，如果退出期比较分散，那么现金流相对会好一点儿。如果买一只基金投 10 个项目，投资期为 10 年，平均每年最多一笔钱退到账上，但是如果投一篮子基金，有 100 个项目，每个项目的收益也不一样，但是周期非常分散，可能每半年就有一笔钱出来，所以投 FOF 的资金流动性更好。FOF 的管理跟 PE、VC 一样都是很专业的，但是 FOF 是投了多只 PE、VC，而且包括不同的行业、不同的项目，覆盖面肯定是更广的。从风险程度来讲，FOF 一定是更低的，股权投资是一种高风险的投资行为。股权投资跟二级市场不一样，投资股票最多到跌停板，股权投资中如果一个项目投失败了，所有的资金可能都拿不回来了。股权 FOF 的优势如表 5.3 所示。

表 5.3　股权 FOF 的优势

	FOF 基金	VC/PE 基金	公开市场（如股票等）
投资对象	多只基金	单只基金	股票
进入优秀基金机会	较高	一般	无
资金流动性	逐年收回资金	逐年收回资金	随时收回资金
资金管理	专业管理	专业管理	自行管理
风险程度	低	一般	较高
对投资人专业经验要求	很低	较低	较高
对投资人资金规模要求	高	较高	较低
收益比较	优秀基金的加权平均收益	不定	不定

直投项目的挑战

1. 看不到。

直投项目时投资者有很多要考虑的要素，尤其是优质项目，它们通常是很难触碰到的，因为都是很大的上市公司，这些项目首先会与大的机构方合作，不会找个人投资者，所以个人投资者根本就不知道这些项目资源在哪里，即"看不到"。

2. 见不着。

所有的 PE、VC 都是有边界的，比如做互联网的大量资源集中在互联网行业，医药行业的资源相关性是比较低的，要去触碰医药界的资源是有边界的，投资者要找一些做医药 PE 的伙伴才能接触到，即"见不着"。

3. 投不进。

好的项目投的人很多，如果自身一眼看得懂，别人一眼也会看得懂，那就比谁投得进去了，一家优质的公司 A 轮融资可能仅几千万元，B 轮融资可能还是几千万元，直到 C 轮才可能有几亿元，这些都是有确定性的融资额度的，投不进去就错过了"上车"的机会，即"投不进"。

4. 谈不妥。

现在优质的创业者都很会选投资者，如 PE 投资者能够给他带来哪些资源以便把企业做大，这些都是创业者深入思考的问题，有时候创业者觉得所给的条款没有吸引力可能就不合作了，即"谈不妥"。

5. 拿不准。

投资者对于自身所处的行业垂直领域可能很清楚，但是当他跳出该垂直领域可能对其他行业就没有概念了，就会有很多的不确定性，即"拿不准"。

所以，投资者在直投项目时，有非常多的问题需要考虑，如果没考虑到，最后的投资结果会有非常大的不确定性，投资者面临的挑战可用图 5.6 表示。

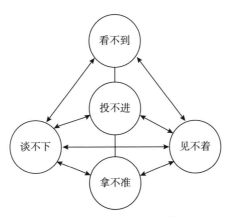

图 5.6　直投项目的挑战

直投基金的挑战

投资者在筛选直投基金的时候会遇到很多挑战，如图 5.7 所示。

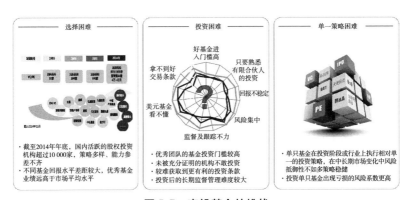

图 5.7　直投基金的挑战

1. 选择困难。

现在股权投资的类别太多了，有 VC、PE、Pre-IPO、并购，还有一些新三板基金，可选的基金类别很多。另外，可选的基金数量也很多，股权投资机构已经有几万家了，上市公司也有几千家，要选一只基金首先要选基金管理人，从几万家公司中选择，难度很大。

2. 投资困难。

好的项目很难投，好的基金更难投，因为好的基金有多个好项目，所以好的基金门槛很高。比如红杉资本发行的组合基金的进入门槛是 3 000 万元，以前的股权投资门槛——500 万元已经很高了，现在已达到 3 000 万元。好的基金只接受熟悉的有限合伙人（LP）的资金，如果不是熟悉的有限合伙人，投资后期和管理也会有问题，比如投资回报不稳定，就算投到了红杉资本这样的大型机构也会有波动，如果不了解它们，当这个基金估值有回撤的时候一定会怀疑它们。另外，投资者可能拿不到好的交易条款，比如管理人收取 2% 的管理费和 1% 的管理费是有巨大区别的，后端人员收取 20% 和 15% 的提成最终会导致投资者的收益相差很多，每家基金公司的交易条款都不一样，所以投资者一定要非常清楚交易条款。最后，投资者对基金的监督及跟踪力度可能会不够，假定投的基金期限是 7 ~ 10 年，这期间不能完全不管，做专业的投资就要持续地跟踪，持续地了解投了哪些项目，这些项目表现怎么样，这些行业未来的趋势有没有发生变化，这些工作是必要的，所以个人投资者能不能做到一定要想清楚。

3. 单一策略困难。

单一策略是指投资单一行业或者投资单一阶段。多策略可能是 15% 投早期天使轮，20% 投 VC 轮，35% 投 PE 轮，最后投并购。如果是单一策略，那么风险就会很高。比如真格基金就是做天使投资的，70% ~ 80% 资金用来投天使轮和种子轮。种子轮就是这家公司只有想法（idea），还没有很好的商业模式，如果投资者赌对了，回报可能有 200 倍甚至 400 倍，但是赌错了就血本无归了。

股权 FOF 结构图

图 5.8 所示是股权 FOF 的结构图，FOF 是母基金，母基金的募集来源是有限合伙人 1……有限合伙人 N，母基金有一个一般合伙人（GP）投资者叫基金管理公司，资金的来源除了个人投资者还可能有机构，比如银行，母基金投的是多只基金，多只基金投的是多个

企业。母基金一定会关心的一个问题就是双重收费，基金管理人的收费通常是 2%，母基金能够做到的是在它这一层收费尽量少，比如 0.5%，底下的基金可能是 1.8%，加起来和 2% 差不多，然后母基金可能会有很少的一部分业绩提成，比如单一基金业绩提成可能是 20%，现在分两层了，可能上面 10%、下面 15%，尽量跟单一基金接近，但是因为分散风险了，所以在收益上要付出一定的代价，费用比单一基金肯定要高一点。

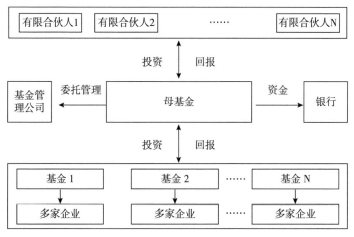

图 5.8　股权 FOF 结构图

母基金的核心价值

梳理一下母基金的核心价值，如图 5.9 所示。第一，筛选优秀基金的工作不需要投资者自己来做，由 FOF 管理人来完成。FOF 管理人相比个人投资者而言，在经验、逻辑、数据上有更多的积累和沉淀，以此为前提，他们筛选出好基金的概率会更大。第二，降低了投资门槛，本来优质的基金产品（如红杉资本的组合基金），进入门槛为 3 000 万元，500 万的投资者无法进入。但投资者可通过投资 FOF，利用 FOF 集合资金的特点，从而间接投资原本无法投资的基金。第三，分散投资风险，投资不同策略的基金，降低整体风险。第四，获得最佳条款，买单一基金需要 2% 的管理费，而 FOF 管理

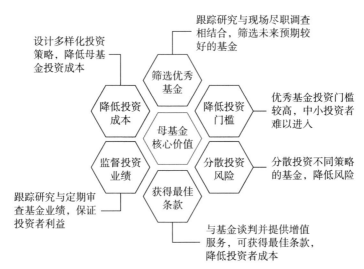

图 5.9　母基金的核心价值

者拥有资金规模优势，通过谈判，最低可以将子基金的管理费用降低至1%，这是个人投资者无法获取的特别条款。第五，母基金的基金管理人会帮助投资者监督基金业绩，不用投资者自己去监督，专业的人通过系统化的数据分析就可以完成。第六，降低投资成本，可通过设计多样化投资策略来实现。

第6章 资产配置核心流程及原理

资产配置的核心流程

首先，我们来看高净值客户资产配置的一个完整流程。第一步，了解并量化客户的收益目标、风险目标、投资限制。任何金融机构的前端都会做 KYC（了解客户）的工作，目前做得最好的是了解客户的投资历史，但是在了解目标与了解风险方面还做得不够理想，几乎没有客户经理敢问客户亏多少是可以承受的。所以在这一部分我们主要是了解客户：第一，客户的收益目标是多少；第二，客户的风险承受能力有多大；第三，客户可以投资什么以及不可以投资什么。我们讲资产配置时，很多人说资产配置是要改善收益，这是错误的观点，资产配置不是决定收益，而是分配了风险，把风险水平配置完，然后在给定的风险水平里找投资回报率高的产品。我们现在是倒过来了，只讲收益率，不跟客户谈风险，最后的结果是，客户突然面临风险，一下子就突破其风险预期，然后我们就需要开始解决各种投诉和不满，甚至造成与客户关系的结束。所以我们做大类资产配置不是配收益，最重要的是把风险水平控制在客户的预期范围内，然后给一定的风险水平，寻找更好的产品，这样才是在风险和收益之间找到最好的配比关系，才是我们做资产配置的价值。第二步，对资本市场和大类资产有所预期。当我们了解了客户大概能承受的波动率，我们就要了解今年的股票市场怎么样，今年债券市场怎么样，今年的人民币、黄金、贵金属的市场怎么样，以及今年房地产市场怎么样。

　　因此，将上述两个步骤的要素组合起来就是资产配置。资产配置，即根据客户的风险偏好、对市场的长期预期得出了权重，比如说60%股票与40%债券的组合是根据客户的风险偏好及对市场的长期预期做出的配比，这就叫资产配置的战略性配比。这个配比的大方向不会变动，除非客户有重大变故，否则通常战略配置是不怎么变动的。而接下来会根据当年的市场情况做一定幅度的调整，被称为战术性资产配置，比如说今年股票很好，债券有点问题，就做微调，变成65%：35%。所以当构建了这样的资产配置之后，我们就会得到一定的资产配置比例，可能是55%：45%，也可能是65%：35%，等等。有了这个比例之后，去找最好的产品，然后执行交易，执行交易后还要做一定的调整，起初是55%：45%，涨涨跌跌过了半年之后，还是55%：45%吗？肯定会波动，股票如果涨了就变成60%，债券如果跌了就变成40%，我们再对比例做调整。调整完之后接下来要做交付资产与结算收益，最后是我们把所有的投资回报做归因分析，看一看到底是什么原因带来了回报。对于前端业务人员，资产配置中的责任主要在前面，即了解客户、了解市场，做好资产组合，后面的事情是中后端机构或部门的职责，所以核心是搞清楚客户、搞清楚市场，然后做配置。资产配置的核心流程如图6.1所示。

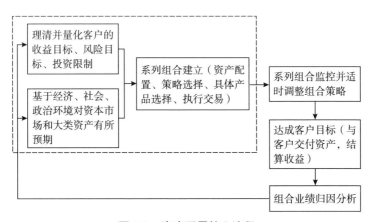

图6.1　资产配置核心流程

资产配置的原理

　　前面我们梳理了高净值客户做资产配置的基本思路，现在我们来看一下为什么要做资产组合。我们都知道做资产组合的目的是不把鸡蛋放在一个篮子里，那不把鸡蛋放在一个篮子里的目的是什么呢？是希望不同的资产之间能够产生负相关，即我涨你跌，我跌你涨，相互抵消，这样资产组合的波动就会低。

　　从 2002 年至 2015 年中国大类资产的实证数据中，主要看中国主要资产价格指数的相关性，如表 6.1 所示，包括存款及理财、利率债、信用债、全债指数、房地产、黄金、上证综指、深证综指、全 A 指数。相关性是指相互之间涨幅的关系，从 +1 到 -1，+1 代表我涨你一定涨，-1 代表我涨你一定跌，0 代表我涨跌跟你涨跌没关系。从表 6.1 可以看到，真正产生负相关的是股票和存款理财，利率债、

表 6.1　中国主要资产价格指数的相关性

资产种类	2002—2015 年 12 个月滚动回报率的相关性								
	存款及理财	利率债	信用债	全债指数	房地产	黄金	上证综指	深证综指	全 A 指数
存款及理财	1.00	0.40	0.20	0.37	-0.59	-0.66	-0.16	-0.15	-0.16
利率债	0.40	1.00	0.84	0.99	-0.22	-0.15	-0.23	-0.26	-0.25
信用债	0.20	0.84	1.00	0.90	-0.03	-0.11	-0.28	-0.30	-0.30
全债指数	0.37	0.99	0.90	1.00	-0.21	-0.18	-0.28	-0.31	-0.30
房地产	-0.66	-0.15	-0.11	-0.18	1.00	0.49	0.12	0.10	0.12
黄金	-0.59	-0.22	-0.03	-0.21	0.49	1.00	0.08	0.16	0.13
上证综指	-0.16	-0.23	-0.28	-0.28	0.08	0.12	1.00	0.97	0.99
深证综指	-0.15	-0.26	-0.30	-0.31	0.16	0.10	0.97	1.00	0.99
全 A 指数	-0.16	-0.25	-0.30	-0.30	0.13	0.12	0.99	0.99	1.00

信用债、全债指数与这些大类资产也是负相关的，所以我们在中国构建大类资产时，基本上大思路是把股票、房地产等当成风险类资产，债券类资产当成低风险资产，加以组合。

资产配置中我们要知道每一类资产的风险和收益到底怎么样，知道收益和风险以后要知道客户的投资目标、风险偏好。比如，有的客户希望资产增值50%，一年要获得50%的投资回报，那一定要去投大量高风险的资产，同时可能建议客户加大杠杆才能完成投资目标，所以投资目标跟风险偏好是放在一起考量的。之所以很多有关私募投资者的规定不断出台，就是因为如果某个投资者风险偏好是中低风险的，投资管理人却卖给他一个私募股权，最后投资回报率比较低或者资金亏损了，这是跟风险偏好不匹配的，让投资者做这样的投资，投资管理人要负一定的责任，没有把该披露的东西披露出来。所以最终还是要根据客户的投资目标、风险偏好来定其收益风险到底适合哪些资产。

大类资产配置的核心是通过低相关性资产的组合，分散风险，提高风险调整后的收益，优化组合的风险收益特征。大类资产配置组合能够帮助投资者实现在一定收益下的风险最小化，或者在一定风险下的收益最大化。这是我们能够做的，也是资产配置的核心意义，如果不想做这些事情，本身就不需要做资产配置，完全可以将100%的钱投资在一类资产上，这个也没有问题，只要确定风险偏好是怎么样的，投资目标是怎么样的，只要单一资产能够匹配，那就不需要做资产配置。资产配置的核心就是要有一个合理的投资目标，符合风险偏好，然后做到风险调整后收益最高。

结语

我们在跟所有的高净值人士沟通的时候，几乎不可避免地会谈及股票、债券、私募股权投资、海外资产配置等话题，通常有3种应对方式：

第一，不做应答，完全听客户讲，这样就使得对话变为不对等的交流，变成客户在给我们上课，变成客户比我们懂、比我们专业，那后续对客户的引领也就无从谈起了。

第二，转移话题，不跟客户谈金融，转到我们擅长的保险或者家长里短等话题上，这样可能产生业务，但通常是人情单、关系单，或者是客户自己想清楚后的主动决定，而不是业务人员持续有效的专业营销，况且大多数情况下，面对高净值客户的时候，非专业属性的沟通对业务的达成是无效甚至减分的。

第三，积极应答，就客户的观点或话题充分交流。这样会在客户面前成功建立起懂金融、考虑周全、思维理性的专业形象，如果通过自主学习积累了更多的专业知识和经验后可以更进一步帮助客户分析资产配置的现状和问题，那依靠我们的专业性引领客户的程度就更加深了，如此建立专业信任度后，后续又何愁没有谈成大单的机会呢？

第二部分

法商篇

高净值客户的财富法律风险及其防控策略

从改革开放至今，我国产生了大量的富裕人士。如果以"100万美元以上可投资资产"作为高净值人士的衡量标准的话，我国的高净值人士数量已经达到197万。这些高净值人士在这些年里，创造和积累了巨额的财富，可投资资产规模接近65万亿元。特别是进入21世纪以后，随着互联网技术的不断发展和广泛应用，高净值人士的基数持续扩大，积累的财富不断增多。

一般而言，财富具有不同的生命周期，分别为创造财富期、积累财富期、保全财富期和传承财富期。今天的高净值人士，如何对已经创造和积累的财富进行风险隔离、安全保障和有效传承，是他们极为关心的重要问题。

我国的高净值人士，与欧美国家的相比，富裕起来的时间并不长，对财富管理的风险认知也远远不足。对今天的我国高净值人士来说，对他们已经创造和积累的财富进行风险管理才是正确的财富管理之道。

高净值人士的财富管理，不同于我们日常所理解的资产管理，更不是简单地购买理财产品。高净值人士的财富管理核心，是对私人财富的风险管理。

第 7 章　私人财富的法律风险梳理

我国高净值人士的致富路径

根据招商银行和贝恩公司联合发布的《2019 中国私人财富报告》，2019 年我国的千万资产高净值家庭的构成人群中，36% 是创富一代的企业家，9% 是二代继承者，36% 是职业经理人、企业高管和专业人士，4% 是职业投资者、炒房者，15% 是其他。

由此可见，由于经济形态的新变化，创业领域的多元化，创造财富的路径也越来越宽广。创办企业和管理企业仍然是我国高净值人士创造和积累财富最常见和主流的致富路径，职业经理人、专业人士以及通过个人投资成为高净值人士的情况也越来越多。

回顾我国改革开放后取得的经济成就，我国高净值人士的致富路径也带有经济发展不同阶段的历史痕迹，具有非常明显的时代特征。

权力寻租型

所谓权力寻租，是指通过寻租行为将所掌握的权力进行物质化，转化为经济上的利益。

早期通过权力寻租行为获取第一桶金的企业家不在少数。这些企业家，早期赚取的第一桶金，往往带有寻租色彩。但是，这些企业家也通过第一桶金继续将事业做大做强，活跃于各行各业。像这样的高净值企业家群体，在社会舆论方面或许有不好的形象，但不能否认他们对经济发展、缴纳税收和社会就业所做出的贡献。

权力寻租获得的致富结果，容易导致社会的不平等，加剧贫富差距，破坏社会主义市场经济的基本规则。现在这种情况已经得到很大程度的遏制。

要素组合型

现今的房地产商，大多发迹于 20 世纪 90 年代，是比较典型的要素组合型致富的高净值人群。早期的房地产开发商，利用土地使用权出让制度的不透明和不完善，通过各种人脉关系和资源要素的组合，完成早期的原始资本积累。

20 世纪 90 年代末期，我国开始取消实物分房的做法，实行货币分房制度，各城市的房地产市场遇到千载难逢的历史发展机遇。一些房地产开发商，擅长利用人脉关系和资源，将这些要素进行组合运用，就可以通过很小的资金投入，实现需要巨额资金支撑的房地产开发项目。时至今日，房地产行业仍是高净值人士比较集中和高产的行业。

资源占有型

煤焦领域的民营企业家也属于高净值人群。他们受惠于特定历史时期，通过承包煤矿开采而富裕起来，是采用资源占有型致富路径的典型代表群体。

在 20 世纪 90 年代，以及更早的时期，大型煤矿大多属于国家所有，而小型煤矿大多属于农村集体所有。所以，在那个年代，这一类型的企业家并不多。

在 20 世纪 90 年代后期，煤矿开采允许个人承包，原来归为农村集体所有的小型煤矿，基本上都被个人承包了。2000 年前后，煤炭价格飞速上涨，小型煤炭的承包商很快完成了原始的资本积累，从而催生了这个高净值群体的诞生。

打工皇帝型

打工皇帝型的高净值人士，大多是大型企业的高级管理人员。

在高净值人群中，这样的类型不在少数。比如，在一家上市公司中，既负责公司日常经营，又掌管公司人事财务的人，未必是公司的创始人或大老板，而往往是有着"打工皇帝"之称的总经理、总裁或CEO。

随着业务的发展及规模的扩大，不管是外资还是内资，大型企业对管理的专业性和规范性要求越来越高。因此，越来越多大型企业的企业家，会考虑引入职业经理人和专业人士来完善企业治理。

以职业经理人和专业人士为代表的公司高级管理人员，被称为"金领"，随着企业的不断发展壮大，这一人群的数量也在迅速增加。我国很多大型民营企业的快速发展，将为更多具有知识背景和专业技能的经理人提供跻身高净值人群的机会。

科技致富型

通过科技致富的高净值人士，主要来自互联网、新技术、新材料等应用领域。众所周知，基于互联网技术、大数据应用、新技术和新材料的应用等，很多新的业务模式形成，也催生了大批的高净值人士。

这些年轻的高净值人士，大部分因从事信息、生物医药、节能环保、高端制造等创新型行业，在近几年实现了个人财富的快速积累。

这部分高净值人士，与前述几种类型不一样，他们的年纪大多比较轻，学历比较高，进入高净值人士行列的时间比较短，以一代企业家为主，在新兴行业通过自主创业致富，其中有一部分是职业经理人或高级管理人员。

市场主导型

多年以来，创业始终是创富最为常见和主流的致富路径。由于经济形态的新变化，创业领域的多元化，创富的路径越来越丰富，民营企业家在高净值人士中占比越来越高。在高净值人士中，通过做实业、做贸易、提供产品、提供服务等实现私人财富增长的民营企业家群体人数非常庞大。

以前，市场主导型高净值人士的产业分布，主要集中于贸易、制造、钢铁能源等行业。现在，涉及 TMT 和投资领域的高净值人士数量明显增多。不过，尽管互联网、虚拟经济等新兴产业现在很热门，但是从长期趋势来看，实体经济还是孕育高净值人士最主要的领域。

根据笔者与民营企业家客户群体的交往经验，民营企业家群体看好中国经济的未来发展，也明显感受到社会各个方面的进步。与此同时，民营企业家也深刻感受到处于转型社会中的综合压力、企业经营在社会转型中的复杂性、企业经营的税负压力，以及法制环境的一些不确定性带来的不安全感。但是，从长期趋势来看，实体经济仍将是孕育高净值人士最主要的领域。

高净值人群面临的财富法律风险

我国的高净值人群，经历了独特的时代变迁，把握了改革开放的历史机遇，实现了私人财富的原始积累和快速增长。在这样一个变革与机遇并存的新时代，与成熟的欧美发达国家不一样，我国高净值人群的私人财富管理具有独特的复杂性。

我国的高净值人群，虽然创造和积累了巨额的财富，但是被各种各样的担忧和焦虑困扰。比如，自己万一发生意外，公司怎么办？父母、配偶和孩子的未来生活如何保障？自己万一婚姻失败，或者子女的婚姻不成功，公司的股权和家庭的资产会不会被作为夫妻共同财产分割？如果企业经营失败，企业的资金链断裂，自己可以不用"跑路"吗？家人生活可以不受影响吗？

我国社会发展到今天，高净值人群创造和积累了巨额财富，他们也面临着一系列的财富法律风险。财富的安全问题，是当前困扰高净值人群的难题。换句话说，高净值人群对自己通过不断打拼创造和积累的财富，严重缺乏心理上的安全感和外部环境上的保障。

婚姻变动风险

我国的高净值人士，经历了时代的快速变迁，私人财富快速增长。在这样的背景下，一些家庭关系上的问题容易出现，包括家族成员代为持股、婚姻变化、有了非婚生子女等复杂的家庭问题，并引发财富的分配矛盾与分割风险。由于家庭和财富的关系本身具有独特性和复杂性，高净值人群特别重视家庭与财富的隐私保护。

当前，我国离婚率持续走高。这些年来，我国经济持续高速发展，在这样快速变化的转型社会中，个人的经济地位可迅速变化，而且现在的社会舆论比以前更为开放和宽容。这些因素对原来婚姻稳定的条件产生了较大的冲击，导致婚姻稳定性的降低。

对高净值人群而言，其自身的婚姻变化，就是一个巨大的财富风险。特别是超高净值人群，如果其婚姻发生变化，其持有的公司，特别是已经上市的公司，往往会有股价动荡或减持压力增加的后果，甚至影响控股权。毕竟，被另一半分走的股权及其收益，不在其控制之中，一旦有争议，公司经营将会受到影响，公司前景和未来走向将会充满不确定性。

我国的高净值人群中，自身的婚姻变化导致财富缩水的案例可谓层出不穷，以下简单列举几个例子。

案例 7.1

（一）某上市公司的实际控制人胡某

某上市公司的实际控制人胡某离婚时，无偿划转 3 200 万股（占总股本 4.44%）股份给前妻，理由是离婚财产分割。根据当日 11.14 元/股的收盘价计算，胡某付出 3.56 亿元的离婚分手费。

（二）某科技公司股东冯某

某科技公司股东冯某在与妻子离婚时，将其所持 5 379.75 万股分割给前妻，占上市公司总股本的 6.73%。以当时的股价计算，前妻获得的股票市值达到 14 亿元。在股权交割后，冯某持有的公司股份数量还不及前妻。

（三）某企业副总裁袁某

某企业副总裁袁某在与妻子离婚后，将持有的 3% 的该企业股份转移给前妻，股票价值 22 亿元，当时被人们称为 A 股市场"最昂贵"的离婚。因此次离婚，其前妻一度跻身"新财富 500 富人榜"。

（四）某董事长王某

某董事长王某，因离婚将其所持有的 1.2 亿股分割至前妻名下，该笔股权价值高达 12.3 亿元，这是之前创业板"最昂贵"的离婚案。因为此次离婚，王某丧失了公司第一大股东的"宝座"，被降为第二大股东，对上市公司的控制权大大削弱。

高净值人群不仅存在自身婚姻的财富风险问题，其子女的婚姻状况对财富管理的影响也不容小觑。一般而言，第一代传承给下一代的财富，不仅是现金资产，还可能包括房产、公司股权、股票、基金、信托、保险、收藏品、古玩字画等，甚至还会有境外的金融资产和不动产。这些种类繁多、涉及不同法域的资产，一旦遭遇子女婚姻状况变化，将导致传承困难和财富缩水。

人身意外风险

关于人身的意外风险，有这么一句话："明天和意外，你永远不知道哪个会先来。"明天总是会来，如果意外来了，就没有了明天。

案例7.2

在高净值人群中，侯某因意外突然辞世导致遗产纠纷的案例有一定的代表性。侯某突发心脏病离世，生前未订立遗嘱，也未有其他任何生前安排，致使两个女儿与侯某弟弟因财产分配问题产生分歧。侯某去世两年后，侯某的女儿向法院递交诉状，要求依法分割其父名下财产，历时一年零六个月，最终以和解方式结案。

侯某由于在生前对自己的财富未做任何安排，在他去世后的3年里，亲人对簿公堂，真是令人唏嘘不已。

案例7.3

2014年，某集团有限公司创始人郝某与其儿子等人乘直升机视察在法国收购的红酒酒庄，途中飞机失事，机毁人亡。郝某去世后，他的父亲与其配偶（该集团负责人）就巨额遗产打起官司。这场遗产争夺的官司，涉及金额非常庞大。

因此，对于高净值人士而言，人身意外不可以不考虑，事先准备，可以防止人身意外带来的纠纷，不至于让家人和后代陷入对簿公堂的尴尬境地。

代际传承风险

改革开放40年，催生了以企业家为主的大批高净值人士，伴随这批创富一代陆续步入退休年龄，中国高净值家庭"财富传承"的需求日渐凸显。财富的快速积累、创一代进入退休、富二代逐步成年，以及政策刺激，共同促使了财富传承高峰时代的到来，家族财富传承规划被更多高净值家庭提上了日程。

未来数年，将会是中国高净值人士，特别是第一代民营企业家，陆续完成家族企业财富传承的关键时期。如何实现创富、守富、传富的平稳过渡，打破"富不过三代"的魔咒，已经成为中国高净值家庭最为关注的问题。

富过三代、基业长青，是很多民营企业家的愿景。家族企业的代际传承，核心是通过企业所有权、经营权、受益权的合理安排，最大限度地实现企业平稳过渡和家族持续受益。企业接班问题是很多民营企业家关心的核心问题之一。虽然很多企业家倾向于让子女或家族成员继承企业，或者保证家族对企业的持续控制权，但子女的接班意愿、复杂的家庭关系等都会给企业传承带来挑战。

我国高净值人群的财富传承，是从创一代传到富二代，又恰遇时代变迁，两代人的成长环境、教育背景、生活阅历、个人兴趣都有非常大的差异，对于家族企业和财富管理的目的、方式和未来规划都可能产生分歧。有关家族企业的传承，是否接手家族企业、是否坚守传统行业、采用何种管理方式等，都是近年来讨论的焦点。

二代大多具有海外教育的背景，对于家族企业管理的理念，与父辈及企业元老存在较大的差异。现实生活中，民营企业家大多希望由子女来继承企业，但是二代的接班意愿并不理想，不愿意接班或者明确表示不接班的不在少数。由于所受教育和理念不同，不少二代直接放弃父辈从事的传统行业，转战金融市场。

案例 7. 4

对中国的民营企业来说，如何交接班是其能否成为百年老店的重要一环，而某药业公司是代际传承失败的典型案例。

该药业公司的前身，是一家日用化工厂。创始人罗某呕心沥血，经营多年，将该日用化工厂发展成一家知名的医药化工生产企业，并于 2006 年在上海证券交易所成功上市。

2010 年 9 月，罗某将其所持有的 3 480 万股（占总股本的 21.68%）股份转让给儿子，其儿子以 24.67% 的持股比例，正式成为该公司的实际控制人，也成为家族企业的正式接班人。

2013 年开始，其儿子不断减持药业公司股份，持股比例降至 18.31%。

> 罗某辛苦经营多年，而其儿子仅用了不到 4 年时间，就让罗家丢掉了对该药业公司的控制权。该药业公司作为上市公司仍然存在，但对今天的罗家来说，与它已经没有资本上的关系。

遗产税风险

当今世界上有 114 个国家和地区都保留和开征遗产税。但是，我国至今尚未开征遗产税。我国未来是否开征遗产税，目前还未有定论。

2017 年 10 月 17 日，财政部在其官网公布《财政部关于政协十二届全国委员会第五次会议第 0107 号（财税金融类 018 号）提案答复的函》。该函回答了全国政协委员关于遗产税法律法规修改的提案的相关问题。财政部在该函中答复：我国目前并未开征遗产税，也从未发布遗产税相关条例或条例草案。同时，财政部表示，从研究情况看，遗产税具有以下 3 个特点：

一是，征税范围复杂。遗产形态多种多样，既包括房地产等不动产，也包括银行存款、现金、股票、证券、古玩、字画、珠宝等动产，还包括知识产权等无形资产，开征遗产税需要全面、准确掌握居民财产信息，以及遗赠、继承等具体情况。

二是，征管程序复杂。遗产税需要对各类财产进行合理估价，需要大量专业人员从事相关估价工作，征管中极易产生争议，争议解决程序通常也较为复杂。

三是，征管配套条件要求高。开征遗产税还需要具备相应的征管条件，如不同政府部门的紧密配合、对拒不缴税的纳税人在法律层面做出税收保全和强制措施安排等。

中国社会科学院（简称社科院）在其 2017 年《经济蓝皮书》中发表观点："我国应该尽快实施房地产税和遗产税。"《经济蓝皮书》中指出："房价的过快上涨不仅抑制了人们除购房以外的其他需求，使得整个社会的消费缺乏长期支撑，而且随着房价的上涨，社会财富快速聚集到少数富人手中，居民收入分配差距进一步拉大。"

房地产行业的过度繁荣，不仅会大幅提高其他行业的生产成本，而且会对实体经济形成显著的挤出效应。因此，实施房地产税和遗产税迫在眉睫。

2017 年 8 月 29 日，时任财政部部长肖捷在十二届全国人大常委会第二十九次会议上表示：个人收入和财产信息系统建设总体方案已经中央全面深化改革领导小组会议审议通过，下一步将继续推动财税改革深化，研究推进个人所得税改革。

个人收入和财产信息系统的建设，预示着中国个人税收和个人资产透明化时代的到来。个人收入和财产信息系统建设方案的通过，以及随着数码检索与大数据的应用，国家税务机关将更加容易掌握国民的收入和资产的信息，意味着收入所得的透明化和持有资产的透明化。基于收入所得的透明化，所得税的改革细则将很快出台。持有资产的透明化，预示着房地产税、遗产税以及赠与税的开征具备基础。

所以，基于上述信息，笔者认为，我国一定会开征遗产税。

另外，即便高净值人士有巨额的资产，这些资产也不大可能都是现金，往往是无法马上变现的房产和股权。所以，遗产税开征后的另一个重要问题是遗产税税金的准备和筹划。

移民风险

美国是高净值人群首选的移民目的国。以移民美国为例，根据美国移民法，新移民在获得美国移民局批准移民后的 180 天内入境报到，从入境之日起就要按照美国税法履行纳税义务，任何收入和资产及在这之前境外资产的增加都要向美国报税。

美国税法定义的"美国人"，包括美国公民和持有美国永久居留证的人，即绿卡持有者。绿卡持有者也是美国的纳税义务人，即使持有绿卡尚未获得美国国籍，其也必须向美国政府缴税。很多高净值人士移民美国后仍留在中国工作，即便如此，他们也仍然是美国的税务居民。

当今世界，信息技术高度发达，美国国税局可以方便地利用银行网络系统对纳税人的各种收入和支付信息进行稽核、监控，一旦发现异常，它会立即从计算机系统中调出来单独审核，对有漏报、瞒报和欺诈行为的人给予非常严厉的惩罚，甚至追究刑事责任。为打击逃税行为，美国国税局每年都要抽查一定比例的报税表，对逃税者会给予重罚，对涉税金额大的逃税者，还可能面临刑事诉讼，甚至被判入狱。

为鼓励全世界的人向美国国税局举报美国人的逃税行为，美国国会通过法律授权国税局奖励举报人，奖金数额是涉税金额（包括补交税款、罚款和利息）的 15% ~ 30%。美国国税局举报处接受来自全世界的举报信。2014 年 5 月 19 日，瑞士信贷银行（Credit Suisse）向美国法院认罪，承认隐匿美国人账户信息，并接受美国政府 26 亿美元的罚款。如果此案是有人举报，该举报人将获得数亿美元的奖金，超过 2007 年瑞士联合银行（Union Bank of Switzerland）雇员布莱德雷·博肯菲尔德因举报美国公民账户信息获得的 1.04 亿美元的奖金。

除了美国之外，加拿大、澳大利亚、英国、新西兰等国也是我国高净值人群的热门移民国家。这些国家也都是全球征税的国家，高净值人士同样面临移民带来的税务问题和法律风险。所以，移民往往与税务居民身份相关，需要事先进行财富规划与税务筹划，以便隔离法律风险。

经营债务风险

我国高净值人士在进行财富传承安排的时候，债务风险隔离是比较基本的需求。我国的第一代企业家大多白手起家，在公司发展的初创阶段，他们往往是将全部资产投入公司经营，公司资产、家庭资产和股东个人资产，往往是混在一起的，企业家从心理上就没有对企业和家业进行分离。

这种情况下，家业与企业不分、家庭关系复杂、个人隐性负债等问题就会出现，这就需要在个人、家庭、公司和其他利益相关方之间建立起债务风险隔离的防火墙。现实生活中，不少民营企业家因公司财务问题，导致自己乃至家庭债台高筑。

　　我国的很多高净值人士，通过注册和经营公司创造和积累了巨额的私人财富。注册企业的时候，他们一般都会选择注册有限责任公司，股东依法承担的是有限责任，单从法律关系上看，不会影响股东个人及家庭资产。按照我国《公司法》的规定，公司股东在认缴的注册资金范围内承担有限责任，公司以外的属于个人的财产，一般不会受到公司经营不善甚至破产所产生的债务影响。

　　但是，在公司的实际经营过程中，会出现公司经营不善累及个人和家庭财产的情况。如果公司股东滥用公司法人独立地位和股东有限责任，逃避债务，严重损害公司债权人利益的，股东是需要对公司的债务承担连带责任的（《公司法》第二十条第三款）。这就是"公司法人人格否认制度"，主要目的是防止股东滥用公司独立法人人格，保护债权人的利益。

　　根据《公司法》的规定，公司股东应当按期足额缴纳公司章程中规定的各自所认缴的出资额。股东以货币出资的，应当将货币出资足额存入公司账户；股东以非货币财产出资的，应当依法办理其财产权的转移手续。

　　在公司的股权结构上，很多企业家为方便注册经常采用一人有限公司的形式。根据《公司法》的规定，一人有限责任公司的股东，如果不能证明公司财产独立于股东自己的财产，则股东对公司债务负有连带的责任。实践中，要实现这个证明十分困难。另外，很多企业由夫妻一起创立，夫妻两人同为股东。实践中，如果是夫妻股东结构，公司往往和家庭混在一起，同样容易出现公司丧失独立人格的情形。

　　因此，公司法人人格的独立，是公司有限责任和股东有限责任的前提。一人公司或"夫妻店"的股权结构设计，很可能导致公司独立人格的丧失，从而对企业家个人和家庭财产造成损失。对经营企业的高净值人士来说，股东及其家庭成员应与公司保持适当的距离，一方面，股东应履行出资义务，将出资财产真正交给公司，另一方面，股东和家庭成员都应该尊重公司的独立法人人格，将个人财产与公司财产区别对待。

　　另外，股东个人为公司债务做担保、使用个人账户收取公司经营款等，也会导致公司债务牵连家庭财产，公司债务也会转化为股东个人债务或家庭债务。因此，如果公司需要融资借贷，一定要以公司名义出具手续，不要以股东个人和家庭成员名义出具借条、签订借款协议和担保协议。

资产代持风险

所谓资产代持，就是将自己的资产登记在他人名下，由他人代为持有。在我国的现实生活中，高净值人群找人代持资产的现象非常普遍，主要有资金代持、股权代持和房产代持等。关于代持原因，一般是实际持有人不愿意公开自己的身份，或是规避经营中的关联交易，或是规避相关政策、法律法规的限制等。

但是，资产代持的风险往往容易被人忽略。高净值人士往往会选取自己十分信任的父母兄弟、亲朋好友、同学同事、可靠下属等作为代持人。因为是自己精心挑选的代持人，所以十分相信代持人的人品。事实上，代持人的人品道德，只不过是代持问题中的风险之一，还有很多其他风险。资产代持，主要有如下几个风险：

第一，代持人的道德风险。资产实际所有人出于安全的考虑，往往会寻找信任的第三方，如亲属、朋友，甚至公司的财务人员等来代持资产，认为这些代持人忠诚可靠，资产放在他们那里不会有风险。其实，这仅考虑了道德因素，而忽略了不可控的人性，在大环境的影响下，代持人的道德风险造成代持资产被侵占并非不可能。

第二，代持人的婚姻变动风险。根据我国《婚姻法》等相关规定，夫妻在婚姻关系存续期间继承所得的或受赠所得的财产，归夫妻共有，夫妻对共有财产，有平等的处理权（《婚姻法》第十七条）；夫妻一方个人财产在婚后产生的收益，除孳息和自然增值外，应认定为夫妻共有财产｛《最高人民法院关于适用〈中华人民共和国婚姻法〉若干问题解释（三）》［简称《婚姻法解释（三）》］第五条｝。因此，如果代持人的婚姻状况发生变化，代持资产一旦被认定为代持人的夫妻共有财产，代持资产将面临被分割的风险。

第三，代持人的债务风险。如果代持人因为自身问题对外负有债务，被债权人起诉，代持人代持的名下资产极有可能被法院冻结、保全或者执行。在代持人不能偿还债务时，法院可以依法查封资产，并将代持资产用于偿还代持人的债务。

第四，代持人的人身意外风险。如果代持人发生人身意外，代持人名下的代持资产，将有可能被代持人的法定继承人按照法定程序继承。代持人人身意外的发生与否，往往无法控制和防范。

第五，代持资产实际所有人的意外风险。如果代持资产的实际所有人发生人身意外，而继承人不知道该代持行为和代持资产的存在，代持人又不主动返还给实际所有人的继承人，因此由他人代持的资产反而会名正言顺地归为代持人实际所有。

民间融资法律风险

高净值人士在经营企业过程中，经常会因为生产经营需要而进行融资，最为常见也最为典型的企业融资方式是民间融资和银行融资。民间融资，是指自然人、法人、其他组织之间进行资金融通的行为。只要双方当事人的意思表示真实，即可认定有效，因借贷关系产生的担保也相应有效。但是，民间借贷的利率不得超过最高人民法院司法解释中规定的相关利率。《中华人民共和国合同法》（简称《合同法》）第二百一十条规定："自然人之间的借款合同约定支付利息的，借款的利率不得违反国家有关限制借款利率的规定。"2015 年施行的《最高人民法院关于审理民间借贷案件适用法律若干问题的规定》第二十六条规定："借贷双方约定的利率未超过年利率24%，出借人请求借款人按照约定的利率支付利息的，人民法院应予支持。借贷双方约定的利率超过年利率36%，超过部分的利息约定无效。借款人请求出借人返还已支付的超过年利率36%部分的利息的，人民法院应予支持。"

但是，依据我国的现行法律，民间借贷与非法集资仅一线之隔。民间融资成为非法集资的风险具体有以下两种。

第一，民间融资构成非法吸收公众存款罪的法律风险。

企业在民间融资过程中，往往会采用提高或者变相提高利率的方式吸收和变相吸收公众存款。但是，企业未经中国人民银行批准，向社会不特定对象吸收资金，出具凭证，承诺在一定期限内还本付息的行为，或者不以吸收公众存款的名义，向社会不特定对象吸收资金，但承诺履行的义务与吸收公众存款性质相同，如以股息、红利的方式等，如果数额在 100 万元以上或者吸收公众 150 人以上存款或者给存款人造成直接经济损失数额在 50 万元以上的，企业就构成非法吸收公众存款罪。此时，企业将被处罚金，而企业直接负责的主管人员和其他直接责任人员将面临有期徒刑或者拘役，最高判处 10 年有期徒刑。

《最高人民法院关于审理非法集资刑事案件具体适用法律若干问题的解释》第三条规定，非法吸收或者变相吸收公众存款，具有下列情形之一的，应当依法追究刑事责任：

1. 个人非法吸收或者变相吸收公众存款，数额在 20 万元以上的，单位非法吸收或者变相吸收公众存款，数额在 100 万元以上的。

2. 个人非法吸收或者变相吸收公众存款对象 30 人以上的，单位非法吸收或者变相吸收公众存款对象 150 人以上的。

3. 个人非法吸收或者变相吸收公众存款，给存款人造成直接经济损失数额在 10 万元以上的，单位非法吸收或者变相吸收公众存款，给存款人造成直接经济损失数额在 50 万元以上的。

4. 造成恶劣社会影响或者其他严重后果的。

第二，民间融资构成集资诈骗的法律风险。

所谓集资诈骗罪，是指以非法占有为目的，使用诈骗方法非法集资，且数额较大的行为。集资诈骗罪的主观方面需要以非法占有为目的，客观方面需要行为人实施了诈骗方法及存在非法集资行为，并且达到了数额较大的追诉标准。

是否是"以非法占有为目的"，主要看行为人有无下列行为：

1. 携带集资款逃跑的。

2. 肆意挥霍集资款，致使集资款无法返还的。

3. 使用集资款进行违法犯罪活动致使集资款无法返还的。

4. 明知没有归还能力而大量骗取资金的。

5. 抽逃、转移资金、隐匿财产，以逃避返还资金的。

6. 隐匿、销毁账目或者搞假破产、假倒闭，以逃避返还资金的。

7. 集资后不用于生产经营活动或者用于生产经营活动的资金规模与筹集的资金规模明显不成比例，致使集资款不能返还的。

8. 拒不交代资金去向，逃避返还资金的。

9. 具有其他欺诈行为，拒不返还集资款，或者致使集资款无法返还的。

集资诈骗罪中的"诈骗方法"，是指行为人采取虚构集资用途，以虚假的证明文件和高回报率为诱饵，骗取资金的手段。企业使用诈骗方法进行非法集资数额超过 10 万元，就会引发集资诈骗罪的法律风险，将以集资诈骗罪被追究刑事责任，并处罚金，企业直接负责的主管人员和其他直接责任人员将被处以有期徒刑或者拘役，如果数额在 250 万元以上并且给国家和人民利益造成重大损失的，会被处以无期徒刑或者死刑，并没收财产。

案例 7.5

2007 年 3 月 16 日，某有限公司法定代表人吴某因涉嫌非法吸收公众存款罪被依法逮捕。2009 年 9 月，该公司所在市中级人民法院一审认定，吴某于 2005 年 5 月至 2007 年 2 月，以非法占有为目的，采用虚构事实、隐瞒真相、以高额利息为诱饵等手段，向社会公众非法集资 7.7 亿元。案发时尚有 3.8 亿元无法归还，且还有大量的欠债。2009 年 12 月，吴某被一审法院以集资诈骗罪判处死刑。宣判后，吴某不服提起上诉。2012 年 1 月 18 日，该公司所在省高级人民法院二审驳回上诉，维持原判并报最高人民法院核准。2012 年 4 月 20 日，最高人民法院未核准吴某死刑，该案发回该公司所在省高级人民法院重审。2012 年 5 月 21 日，该公司所在省高级人民法院做出终审判决，以集资诈骗罪判处吴某死刑，缓期 2 年执行，剥夺政治权利终身，并没收其个人全部财产。该案因涉及中国民间借贷诸多法律问题而引发社会广泛关注。

第8章 私人财富安全的法律工具

法定继承

法定继承，又被称为无遗嘱继承，是在被继承人没有立遗嘱的情况下，由法律直接规定继承人的范围、继承顺序和遗产的分配。

按照我国《继承法》，法定继承的第一顺位是配偶、子女、父母。如果没有第一顺序的继承人，法定继承的第二顺位是祖父母、外祖父母、兄弟姐妹。子女，包括婚生子女、非婚生子女、养子女和有扶养关系的继子女；父母，包括生父母、养父母和有扶养关系的继父母；兄弟姐妹，包括同父母的兄弟姐妹、同父异母或者同母异父的兄弟姐妹、养兄弟姐妹、有扶养关系的继兄弟姐妹。同时还需要注意的是，孙子女不属于法定继承人的范畴。

法定继承属于消极的财富传承工具，被继承人生前不做任何的规划与安排，完全听天由命，结果就是法定继承。比如，一个拥有家庭资产8 000万元的三口之家，在国庆期间外出自驾游，由于在高速公路上发生连环相撞的交通事故，一家三口全部死亡，丈夫当场死亡，10岁的孩子在送往医院抢救的途中死亡，妻子在医院抢救的手术台上死亡。

上述案例中，8 000万元的资产是夫妻共同财产，妻子先分割一半，丈夫死亡时留下的遗产应该是4 000万元。按照法定继承的第一顺位进行分配：妻子1 000万元、孩子1 000万元、丈夫的父母各1 000万元。这样的分配结果是，妻子名下就拥有了5 000万元、孩子 1 000 万元、丈夫的父母一共 2 000 万元。

孩子死亡的时候，留下的遗产是上述分配到的 1 000 万元，按照法定继承的第一顺位，该 1 000 万元由妻子（孩子的母亲）继承，妻子名下从 5 000 万元变成 6 000 万元。

根据上述推算，妻子死亡的时候，留下的遗产应该是 6 000 万元（丈夫遗产 1 000 万元 + 孩子遗产 1 000 万元 + 夫妻共同财产的一半 4 000 万元）。按照法定继承的第一顺位，该 6 000 万元遗产归妻子的父母（丈夫的岳父岳母）继承。如果妻子有兄弟姐妹，丈夫的岳父岳母过世后，该 6 000 万元最后归妻子的兄弟姐妹继承。站在丈夫的角度和立场，这种法定继承的结果一定不会让其满意。所以说，法定继承是消极的，它不是一个理想的财富传承的工具。

遗嘱继承

遗嘱继承又被称为指定继承，继承人依据被继承人所立的合法、有效的遗嘱继承被继承人的遗产。根据我国《继承法》的规定，遗嘱具有如下 5 种法定形式：

1. 公证遗嘱。

公证遗嘱指经过国家公证机关依法认可其真实性和合法性的书面遗嘱。订立公证遗嘱，立遗嘱人必须亲自到公证机关办理，在公证员面前亲自书写或口授遗嘱内容，公证机关对遗嘱内容的真实性和合法性进行审查后，依法做出公证。

2. 自书遗嘱。

自书遗嘱指立遗嘱人生前亲手书写的遗嘱。自书遗嘱应由立遗嘱人亲笔书写、签名，并注明年、月、日。

3. 代书遗嘱。

代书遗嘱指由他人代为书写的遗嘱。他人代为书写遗嘱时，应当有两个以上见证人在场见证，由其中一人代书，注明年、月、日，并由代书人、其他见证人和立遗嘱人签名。

4. 录音遗嘱。

录音遗嘱指以录音磁带录记立遗嘱人处分其遗产的语音遗嘱。以录音形式订立遗嘱，应当有两个以上见证人在场见证。

5. 口头遗嘱。

口头遗嘱指立遗嘱人在危急情况下以口头形式所订立的遗嘱。立遗嘱人在危急情况下，可以立口头遗嘱，并应当有两个以上见证人在场见证。危急情况解除后，立遗嘱人能够用书面或者录音形式立遗嘱的，所立的口头遗嘱无效。

上述 5 种形式的遗嘱中，代书遗嘱、录音遗嘱和口头遗嘱都要求有两个以上见证人在场见证。为保证遗嘱的真实性，下列人员不能作为遗嘱的见证人（《继承法》第十八条）：

1. 无行为能力人、限制行为能力人。

2. 继承人、受遗赠人。

3. 与继承人、受遗赠人有利害关系的人。

立遗嘱人对自己所订立的遗嘱，可以根据情况撤销或变更。遗嘱的撤销，是指立遗嘱人通过一定的方式将自己所订立的遗嘱废止；遗嘱的变更，是指立遗嘱人对所订立的遗嘱进行部分改变。

撤销或变更遗嘱，既可采用明示的方法，如在新遗嘱上明确声明撤销或变更原遗嘱，也可采用默示推定的方法，如订立数份遗嘱，内容相抵触的，推定以最后所订立的遗嘱为准。

需要撤销或变更的遗嘱，首先必须是合法并有效的，因为不合法的遗嘱本身是无效的，不存在撤销或变更的问题。撤销或变更后的新遗嘱，也必须是合法有效的，否则不设有法律效力。

自书、代书、录音、口头遗嘱可以相互撤销或变更，但这 4 种遗嘱不得撤销、变更公证遗嘱，即对公证遗嘱的撤销或变更只能采取重新订立公证遗嘱的方式。

关于打印遗嘱的有效性问题，现行的《继承法》对此没有做出明确的规定，司法解释和其他规范性文件也没有相关指导性意见可供参考。因此，对于打印遗嘱的形式认定，没有统一的意见。由于打印遗嘱不是《继承法》规定的法定形式，在审判的司法实践中，对打印遗嘱的性质及其有效性的争议非常大。

随着电脑技术的广泛应用，使用电脑打印和储存文字的方式越来越普遍，人们已越来越习惯于打印后签字盖章。一般而言，当事人在签字盖章前，都会对打印文件认真阅读，仔细研判，对于于己不利或有异议的内容，会要求修改。所以，对于当事人签字盖章的打印法律文件，一般不会有人再去质疑其法律效力。

但是，在一些特殊的民事活动中，这种方式存在比较高的道德风险，比较典型的就是《继承法》规定的遗嘱订立行为。依据我国《继承法》的规定，打印遗嘱无法归入自书遗嘱或代书遗嘱，因为它不是本人或者代书人"亲笔书写"。因此，自书与代书行为，应该不包括打印。《继承法》做出这样的规定，是考虑到立遗嘱者往往年老体衰，甚至处于垂危之际，可能已经无法准确表达自己的意愿，不排除有人为了争夺遗产，在被继承人没有意识或违背被继承人的意愿强行在打印好的遗嘱上按上被继承人手印的情况，此类打印的遗嘱当属无效。

理论界与实务界也已经注意到《继承法》中关于遗嘱形式要件存在的问题，这些问题不仅仅是电脑打印引起的。据北京市高级人民法院的统计，在法院受理的遗嘱继承纠纷中，有 60% 的遗嘱被法院宣告无效，而遗嘱形式要件不符合要求是遗嘱无效的主要原因。因此，当事人订立遗嘱的时候，确保遗嘱的形式要件符合法律规定非常重要。

生前赠与

在现实生活中，很多人由于没有法律基础知识，很容易想当然地通过遗嘱的方式去做赠与的安排，特别是爷爷向孙子进行隔代传承的时候。比如，李先生有一儿两女，两女已婚未育，儿子小李育有一子。李先生打算通过订立遗嘱的方式将自己名下的四合院直接留给孙子。李先生将这个想法告诉自己的儿女并得到他们的支持。李先生为了保险起见，还将遗嘱进行了公证。

遗憾的是，事与愿违，李先生订立的遗嘱并不具有法律效力，孙子无法依据公证遗嘱办理房产的过户手续。根据我国《继承法》的规定，孙子不是爷爷的法定继承人，李先生订立的遗嘱不具有法律效力，在性质上属于遗赠协议，受遗赠人如想拥有遗产，应该在两个月内做出接受遗赠的意思表示。受遗赠人在知道受遗赠后两个月内，做出接受或者放弃受遗赠的表示，到期没有表示的，被视为放弃受遗赠（《继承法》第二十五条第二款）。

孙子作为受遗赠人，在知道或者应该知道被遗赠开始的两个月内，没有做出任何表示，在法律上则被视为放弃受遗赠，该遗嘱失效，该房产应按照法定继承办理。正确处理方法是，李先生在世时签订房产赠与合同并办理房产赠与公证，并持公证过的赠与协议及时到房管机构办理房产过户手续。

家事协议

家事是家庭事务的简称，家事协议涉及的事项，一般包括财产分配、遗产继承、老人赡养和子女抚养等。就具体实践而言，家事协议一般可以分为婚前协议与婚内协议。

婚前协议

婚前协议，是指将要结婚的男女双方为结婚而签订的、于婚后生效的具有法定约束力的书面协议。签订婚前协议的主要目的，是对双方各自的财产和债务范围以及权利归属等问题做出约定，以免将来离婚或一方死亡时产生争议。

夫妻可以约定婚姻关系存续期间所得的财产以及婚前财产归各自所有、共同所有或部分各自所有、部分共同所有，约定应当采用书面形式（《婚姻法》第十九条）。前述依据和规定，给婚前协议的法律效力提供了保障。

婚前协议的组成结构相对简单，主要包括时间、地点、签订双方、财产范围，财产归属和分割方式。其中最重要的是财产归属约定，双方可以约定结婚以前的财产归属，例如归各自所有、共同所有、部分各自所有、部分共同所有。每个人每个家庭的情况不同，可以根据具体情况相应地灵活设计具体的条款。判断婚前财产时应注意如下方面：

第一，判断是否属于婚前财产的关键在于财产权的取得时间是否结婚之前。如果财产权的取得在婚前，但婚后才实际占有该项财产，其属于婚前个人财产。比如，婚前夫妻一方接受继承，遗产在婚后才分割，该遗产虽然是婚后实际得到，但其所有权在婚前就已经取得，所以应认定为一方婚前财产。

第二，夫妻一方的婚前财产，不因婚姻关系的延续而转化为夫妻共同财产，除非当事人另有约定。

婚内协议

夫妻可以约定婚姻关系存续期间所得的财产归各自所有、共同所有或部分各自所有、部分共同所有。但是，签订婚内协议，需要注意约定的效力问题。

约定财产归子女所有

很多夫妻在签订婚内协议时会约定某一部分财产归子女所有，但这些财产仍然由父母掌管。从法律上来看，属于赠与且没有被履行，没有完成的赠与便不生效。实践中，此类约定争议较多，会被认定为无效。

不动产归双方共有但未做产权变更

将一方名下的婚前房产等不动产约定为婚后共有，但实际又未办理产权更名手续，是一种赠与未完成的行为，在最终发生争议时，同样无法得到确认。

谁提离婚谁净身出户

"谁提离婚谁净身出户"这类约定往往会被认为限制了离婚自由

权，因而会被认定无效。

对第三人的所负债务由一方承担的约定

夫妻双方约定婚姻关系存续期间形成的债务由其中一方单独承担，这样的约定只有在有证据证明债权人明知该约定的存在时才有效。否则，债权人可以要求夫妻承担连带清偿责任，这样的约定内容不能对抗善意第三人。

人寿保险

有人说人寿保险金可以"离婚不分、欠债不还、诉讼不给、遗产税不交"。社会上，充斥着各种对人寿保险的误解，非常有必要从法律属性上为人寿保险正名。特别是随着分红型、万能型、投资连接型等一系列将保障性质和投资理财融为一体的新型、复杂险种的出现，投保人投保复杂险种时，笼统地说保险可以避债或不可以避债都有失偏颇。

人寿保险具有财产属性

笔者认为，人寿保险具有财产属性，主要表现为如下两点：

第一，投保人可以通过提前退保的方式提取保单的现金价值。也就是，投保人中途退保终止保险合同的，保险人须向投保人退还现金价值，人寿保险合同是具有现金价值的。

第二，理赔事故发生后，受益人可以根据人寿保险合同获得保险金。受益人对保险金的权益，在保险事故发生前，是一种期待权。保险事故发生后，受益人的期待权转变为现实的请求权，保险人具有向受益人交付保险金的义务。

人寿保险因其具有财产属性可成为被强制执行的标的物

人寿保险合同具有财产属性，在不同的时间点财产分别属于投保人和受益人。投保人的债权人，对人寿保险合同权益申请强制执行，如保险事故尚未发生，则保险合同财产权益的内容，是投保人所具有的现金价值请求权，属于投保人的财产，应当属于可以被强制执行的标的物。

如果保险事故已经发生，则人寿保险合同财产权益的内容，是受益人的保险金请求权，属于受益人的财产范围，不应被强制执行用于偿还投保人的债务。

因此，从结论上来说，投保人现金价值请求权，可以被强制执行；受益人的保险金请求权，不能被强制执行用于偿还投保人的债权。

人寿保险合同不可随意解除，解除权只能归投保人所有

第一，人寿保险公司不可以随意解除保险合同。人寿保险合同订立后，保险人不得解除保险合同，除非《中华人民共和国保险法》（简称《保险法》）另有规定或保险合同另有约定。也就是说，人寿保险合同的解除权只能归投保人，保险公司不能随意终结保险合同效力，更不能为了退还保险费而终结保险合同效力。

第二，法院原则上也不能直接要求解除保险合同。从我国《保险法》的规定看，只有投保人才具有缔结、解除保险合同的权利，解除权专属投保人无疑。若投保人并无解除合同的意思表示，法院也并未受理保险合同效力问题的诉讼，显然不可以干涉当事人合法订立的合同，更别说强制解除了。

但是，如果购买保险的款项为非法所得，对于非法所得，无论转移到何处，都应被追缴，不能因为进入保险公司，非法所得就可以合法化。如果投保人是用违法犯罪的赃款作为保险费投保的，则另当别论。虽然投保人缔结保险合同的过程是合法的，但是这实际上是以合法形式掩盖非法目的行为，按照《合同法》的规定，当属无效合同，自始无效。

离岸家族信托

离岸家族信托的主要当事人如下：

1. 委托人：指设立离岸家族信托以便把自己的财产转移出去的人。

2. 受益人：指离岸家族信托中的财产惠顾对象。

3. 受托人：指管理信托中财产的管家或信托机构。

受托人是一个非常重要的角色。从法律上来说，委托人一旦设立离岸家族信托，这些财产的所有权就从委托人转移给了受托人。也就是说，这些财产已经不是委托人的，而是受托人的。受托人可以是个人，也可以是专业的信托公司。

设立离岸家族信托的理由

我国高净值人士设立离岸家族信托，主要有以下几方面的理由：

第一，避免家族内财产纠纷。信托对有哪些受益人，每个人应该获得多少，在什么条件下可以获得多少财产，都有详细规定。到时候分这些财产的是受托人，而不是财产委托人。财产委托人可以将一些棘手的问题交给受托人处理。

第二，离岸家族信托的资产可以多元化。离岸家族信托，除了可以装入现金资产，还可以装入境外公司的股权和不动产等。离岸地的《信托法》以及《受托人法》等相关法律，为信托资产的多元化提供了稳定的法律保障。另外，虽然离岸家族信托不具有永续性，但是离岸地的法律制度一般都较为灵活，规定了较长时间的存续期。

第三，司法保护制度较为完善。虽然，一些离岸地至今仍是某国的属地，但都具有独立的司法权。此外，离岸地还可以通过设立信托可撤销期限，有效防止债权人撤销信托的行为。例如，开曼群岛规定，债权人可在信托设立6年之内，通过提交信托设立不当目的、信托财产来源不合法、低估财产价值等证据来申请撤销信托。

开曼群岛对信托撤销期的限制，以及对债权人所要求的举证责任，可以保护信托受益人的权益。

离岸家族信托的一般模式

案例 8.1

某地产公司的大股东纪某曾以巨额身家跻身胡润富豪榜，而纪某的父亲正是该地产公司的董事长。

2010 年 5 月，该地产公司的控股公司在英属开曼群岛注册成立。公司成立当天，纪某受让持股 1 股。随后，公司增发 999 股，通过向纪某本人及其全资拥有的 3 家注册在英属维尔京群岛的投资公司配发，纪某拥有了该地产公司的全部已发行股本。

2013 年 4 月，纪某在英属维尔京群岛注册成立英属维尔京群岛控股公司，其本人持该公司 100% 股权。

2013 年 5 月，纪某又通过在根西岛注册成立的信托公司，设立了根西岛的离岸家族信托。该信托公司收购了英属维尔京群岛控股公司的全部权益。此时，该地产公司的控股公司由这家信托公司 100% 持有。

2013 年 10 月，纪某又分别以零代价向上述 3 家离岸投资公司以及英属维尔京群岛控股公司转让了股份。

2013 年 12 月，该地产公司的控股公司以信托持股方式在中国香港上市。

该离岸家族信托的受益人是纪某及其家庭成员（不包括其父亲）。信托的标的是纪某及其家庭成员在上市公司的权益。家族信托拥有信托公司的全部权益，而信托公司则持有英属维尔京群岛控股公司的全部权益。

这是一个典型的设立两层离岸公司的构架，信托公司是第一层离岸公司的控股方，子女是第二层离岸公司的股东。在财产全部转入信托以后，从法律上讲，这部分财产的法定所有权被转移到受托人信托公司的名下，同时子女又是信托的受益人。

> 此外，信托公司作为第一层离岸公司的控股方，既符合信托公司作为受托人持有并保管相应资产的法律规定，又避免了参与公司的日常经营决策。
>
> 在该案例中，纪某通过多家公司和家族信托持有了地产公司85%的股份，是该公司的最终股东，同时声明全权委托父亲管理这部分股权。也就是说，父亲将资产转移给女儿纪某，既实现财富传承，又对其地产公司进行着有效控制。

境内家族信托

家族信托在境外已有百年的历史，在英美等国家，家族信托早已发展成相对成熟的信托产品。但是，对境内的私人银行机构和高净值客户来说，家族信托还只是一个概念。随着我国富裕阶层的壮大，我国几家比较大的信托公司，比如平安信托、外贸信托、中信信托等，从2012年开始也为中国的超高净值客户提供设立境内家族信托的服务。

我国设立家族信托的法律基础

与英美国家相比，我国虽然还没有形成针对家族信托的法律制度和配套环境，也缺乏明确的操作指引和法律法规，且没有清晰的财税政策支持，但是我国目前已经形成了以《信托法》《信托公司管理办法》《信托公司集合资金信托计划管理办法》为基础的比较系统的信托法律制度体系。另外，《合同法》和《物权法》也为在境内设立家族信托提供了基础法律支持。

首先，我国《信托法》的规定相对笼统，但是该法为家族信托提供了基本的架构，信托设立人及其顾问团队完全可以通过信托合同的具体条款安排来完善信托结构，可以设定信托各主体之间的权利、义务关系，从而确保实现信托目的。

其次，我国的《合同法》第五十二条规定了合同无效的法定情形，只有符合该法定情形，信托合同才会被认定无效。因此，当事人订立合同时具有很大的任意性空间。

最后，《物权法》为家族信托财产转移规定了基本的转移生效方式，即不动产适用登记生效主义，动产适用交付生效主义，船舶、航空器和机动车等物权适用登记对抗主义。

境内家族信托的有效要件

1. 形式要件。

《信托法》规定设立信托必须采取书面形式，家族信托也不例外，必须订立书面的信托合同或者法律、行政法规规定的其他书面文件。

2. 实质要件。

第一，信托目的合法。《信托法》第十一条规定，信托目的违反法律、行政法规或者损害社会公共利益的信托无效。比如，信托委托人未经配偶一方同意，擅自将夫妻共同财产设立信托，从而意图独占该财产，该家族信托则会因信托目的违反《婚姻法》而被认定无效。

第二，信托主体适格。信托主体有委托人、受托人、受益人。委托人是具有完全民事行为能力的自然人、法人或者其他组织。受益人的范围比较广泛，一般没有限制性要求，无民事行为能力人以及限制民事行为能力人都可以成为家族信托的受益人。依据《信托法》第二十四条的规定，受托人应当是具有完全民事行为能力的自然人、法人。法律、行政法规对受托人的条件另有规定的，从其规定。对于民事信托的开展，我国并未要求受托人一定要拥有"信托牌照"，理论上，自然人、信托公司、家族基金会、律师事务所甚至律师均可以作为家族信托的受托人。

第三，信托财产合法。家族信托财产必须是委托人的合法财产，委托人以非法财产或者《信托法》规定不得设立信托的财产设立家族信托的，该信托无效。例如走私、盗窃、抢劫获得的非法财产以及其他非法侵占的公私财产，都属于上述情况。

第四，信托行为有效。首先，委托人向受托人发出以其合法财产设立家族信托的意思表示，双方就信托目的、受益人或者受益人的范围、信托财产的范围以及种类状况、受益人取得信托利益的形式和方法等协商一致后订立信托合同或者其他书面文件；其次，委托人应当将其信托财产转移给受托人；最后，信托财产按法律、行政法规规定应当办理登记手续的，应当依法办理信托登记。

保险金信托

案例8.2

某私人银行的高净值客户钱女士与丈夫离婚后，3岁的女儿归其抚养。离婚后的钱女士，既要兼顾事业，又要照顾孩子，疲于奔波，非常辛苦。最近，钱女士经常感到身体不适，经医院诊断后，她被确认为癌症晚期。

钱女士有一定风险意识，患癌之前她已经向保险公司购买了保额为2 000万元的人寿保险，并指定自己的女儿为保险金的受益人。假设钱女士因癌症离世，钱女士的女儿即可领取2 000万元的保险金。按照生活常理推论，这突如其来的巨额财富，对于年仅3岁的女儿来说，这并不是一件好事，她未来的生活并不能真正得到照顾和安排，反而极有可能成为成长过程中的最大负资产，甚至可能对她带来危害。

目前大家熟知的遗嘱、家事协议、人寿保单和家族信托等法律工具或金融工具，无法解决像钱女士这样的担忧。保险金信托，作为一种新型的财富传承工具，融合了人寿保险与家族信托的功能，具备独到的比较优势，反而可以解决类似钱女士这样的需求和担忧。保险金信托，也正成为财富传承的新型热门工具。

保险金信托的结构与原理

保险金信托在我国的实践，首先成功落地的是身故保险金信托，被保险人身故后，身故保险金直接进入信托，由信托公司为受益人的利益进行管理与运作。此后，作为身故保险金信托的升级版，生存金信托继续成功落地。被保险人生存的，生存金和分红进入信托，由信托公司为受益人的利益进行管理和运作；被保险人身故的，身故金继续进入信托，由信托公司为受益人的利益进行管理和运作。

保险金信托具有两层法律关系：保险法律关系和信托法律关系。委托人（投保人）决定设立保险金信托，需要签订两份书面合同：

1. 与保险公司的保险合同。

2. 与信托公司的信托合同。

一般而言，投保人购买终身寿险时，就保险金的给付有两种选择：受益人一次性领取保险金；受益人分期领取保险金。但是，当投保人（委托人）决定设立保险金信托时，就多出第三种选择：保险金进入家族信托。

在保险金信托的架构下，投保人（委托人）购买的应是高端终身寿险。被保险人身故理赔或满期保险金给付时，保险公司将保险赔款或满期保险金交付给信托公司（受托人），信托公司根据当初与投保人签订的信托合同，履行如下受托义务：

1. 信托公司依据信托合同的约定管理信托财产。

2. 遵照信托合同约定的方式，将信托财产分配给受益人。

3. 信托终止或到期时，交付剩余资产给信托受益人。

投保人（委托人）可以结合自身家庭情况和自己的意愿，就该信托财产（保险金）的运用，进行私人定制式的安排，用于子女今后的生活、教育、置业、创业、医疗等诸多方面。如前述案例，受益人为年仅 3 岁的孩子，一次性或分期领取巨额保险金，都不利于受益人的未来生活和成长。钱女士如果购买人寿保险的同时设立保险金信托，钱女士身故后 2 000 万元的保险金进入信托，信托公司作为受托人照顾女儿的未来生活，可以大大减少钱女士对女儿未来生活的担忧，至少在经济上可以保障受益人的未来生活。

保险金信托的法律有效性

在我国现有的法律框架下，设立保险金信托没有法律上的障碍。

我国《信托法》的相关规定

根据我国《信托法》的规定，只要具备如下 3 个条件，都可以设立信托（《信托法》第六条、第七条、第八条）：

1. 合法的信托目的。
2. 确定的信托财产，且是委托人合法所有。
3. 采用书面形式。

保险金信托，系委托人为其子孙后代的利益着想而设立，具备解决利益冲突、维护社会稳定、实现财富传承的功能，信托目的的合法性不存在问题。

保险金信托中的保险是投保人以自己或有保险利益的亲属的生命和健康向保险公司购买的人寿保险，投保人支付保险对价，并在满足保险合同条款约定的条件之后获得理赔或给付，该笔保险金属于我国法律保护的合法财产。

委托人设立保险金信托，需要分别签订书面的保险合同和信托合同，满足设立合法信托的形式要件。

我国《保险法》的相关规定

按照我国目前的金融监管制度，金融行业实行分业经营、分业监管，保险公司的保险资金不可以用于经营与证券有关的业务，包括证券业务、信托业务、基金业务等。但是，保险金信托与前述业务不同，保险金信托的标的是已经给付或者即将给付的保险金，不是保险公司的准备金或者未决赔款等法律意义上的"保险资金"，保险金作为保险金信托的标的，符合成为信托财产的条件。

另外，根据投保人事先分别与保险公司和信托公司签订的保险合同和信托合同，将身故理赔或满期给付的保险金转移给信托公司，并由其进行管理和运用，与保险公司关于保险资金运用的法律限制并不相悖。

保险金信托的功能优势

保险金信托，融合了人寿保险和家族信托两大金融工具的功能，具有如下比较优势。

规避人寿保险的利益冲突和道德风险

人寿保险以人的生命为保险标的，特别是大额保单，被保险人身故后，受益人会因被保险人的身故而获得巨额保险金。所以，在大额保单里，受益人的利益得到了安排，却给投保人或被保险人带来了潜在的危险。生活中，他人为谋取保险金杀害被保险人的事件也时有发生。大额保单的这种机制，蕴藏了利益冲突和道德风险。

在保险金信托的架构下，被保险人身故后，受益人并不能直接获得保险金，而是根据保险合同和信托合同的约定，赔付的保险金直接进入信托成为独立的信托财产，甚至投保人设立保险金信托时可以对受益人保密。保险金信托的这种设置，可以避免为抢得保险金而危害被保险人，还可以安排受益人在最需要的时刻享受信托利益。

以较低的保费撬动较高的保额

目前，我国境内的家族信托，是以现金设立家族信托，虽然没有法律障碍，但是普遍门槛较高，动辄 3 000 万元起步，而不动产和股权等资产，又由于法律和税务环境的限制，无法设立家族信托。

与此相比，我国境内的保险公司和信托公司推出的保险金信托，具有以低保费撬动高保额的优点。以国内某保险公司和信托公司联合推出的保险金信托为例，年缴 33 万元，缴费 10 年，就可以有 800 万元的保额，从第一年 33 万元缴费完成，即拥有 800 万元的保障，具有较高的杠杆，一旦风险发生，800 万元保险金进入家族信托，按照委托人（投保人）预先设定的信托条款进行管理。可见，保险金信托这种较高的杠杆，可以使用较少的保费实现较高的保额，保障家人和子女的后续生活。

实现债务风险隔离

委托人设立保险金信托后，如果还处于保险合同期限内，尚未发生保险理赔的，人寿保单的财产权益仍然属于投保人。在这样的情况下，目前的司法实践中，保险金信托的债务风险隔离效果是非常不明确的，存在较大的争议。目前国内法院实践中的普遍做法是，如在人身保险合同存续期间，投保人对外负有债务，人民法院可以执行保单的现金价值来偿还债务。

不过，当发生保险理赔后，保险公司根据事先签订的保险合同的约定，将保险金交付于信托公司，该保险金转化为信托财产，具备信托财产的独立性，不再属于投保人（委托人），也不属于受益人，在非恶意的情况下，第三方当事人的债权人无法要求将信托财产与其债权互相抵消或要求法院强制执行。所以，保险金的信托化管理的最大好处是可以实现债务风险隔离。

另外，为在保险金信托的架构下寻求进一步的债务风险隔离效果，还有一个思路就是将投保人变更为信托公司，由信托公司代投保人投保。不过，该思路存在的一个问题是，信托公司作为投保人是否具有保险利益。如果信托公司作为投保人，因投保人不具有保险利益而导致保单无效，保险金就无法得到理赔，保险金信托的目的就无法得以实现。根据我国《保险法》第三十一条第一款，投保人对下列人员具有保险利益：

1. 本人。

2. 配偶、子女、父母。

3. 前项以外与投保人有抚养、赡养或扶养关系的家庭其他成员、近亲属。

4. 与投保人有劳动关系的劳动者。

除上述规定外，被保险人同意投保人为其订立合同的，视为投保人对被保险人具有保险利益（《保险法》第三十一条第二款）。因

此，如果信托公司作为投保人投保，征得了被保险人的同意，上述
思路的债务风险隔离效果是可以实现的。

确保家人和后代生活幸福

委托人可以通过设立保险金信托，依照自己的意愿进行规划，
把保险金分配给各个受益人，避免多个受益人之间因利益冲突而发
生不必要的纠葛，并确保每个受益人都可以享受到信托财产的利益。
保险金信托设立之后，只要保险金赔付条件满足，保险公司即会将
该笔保险金转移给信托公司，信托公司按照信托合同的约定进行管
理和分配。信托财产具有独立性，除了信托公司依照信托合同的约
定，对保险金进行管理和运作之外，其他任何人都不能控制和处置。
信托公司按照信托合同的约定，对委托人指定的受益人（如父母、
配偶、子女、孙子女等）进行分配收益及延续收益，引导委托人的
家人和后代享受幸福生活。

私密性高

关于保险金信托的私密性要求，委托人设立保险金信托后，其
家属或其他第三方向作为受托人的信托公司查询时，信托公司是不
予回复该信托的存在与否的。

在实践中，委托人可以在更大的范围内去选择实际的受益人，
而且不强制受益人签字，据此达到私密效果。但是，受益人不签字
的，应将保险金信托的设立事宜告知和托付给可信赖的相关人员或
受益人的紧急联系人。

另外，披露保险金信托的相应信息时，应对各个受益人进行相
互隔离。在次要受益人应领取信托利益时，受托人才向次要受益人
披露相关内容。

保险金信托的个性化条款

关于保险金信托的个性化条款如何设计，笔者用以下案例予以
说明。

案例8.3

郭律师是国内某知名律师事务所的合伙人，专注于跨国的高端法律业务，今年45岁，与妻子育有一个8岁的儿子。郭律师最近感到身体每况愈下，为有效做好财务规划和人身意外安排，他购买了一份大额保单，指定8岁的儿子小郭为受益人。郭律师希望万一自己发生意外，赔付的保险金足够支付小郭今后的生活开支，但又不想让小郭因一次性获得巨额财富而不思进取，产生不劳而获的思想。同时，郭律师还想小郭今后能像自己一样从事律师职业，希望妻子能用心培养小郭，愿小郭成年后早日成家立业、多子多福……

对郭律师的个性化需求进行梳理后，为其私人定制保险金信托的个性化条款。限于篇幅，现就个性化条款设计做如下的简要说明：

第一，学业激励。如果儿子小郭考取国内名牌大学法学院的，给予一次性奖励10万元；考取国外著名大学法学院的，提取20万元作为激励；顺利考取法学硕士和法学博士的，还可以分别获得30万元和50万元的奖励。

第二，职业发展激励。小郭结束学业后进入法律行业全职工作并累计满5年的，给予50万元职业发展奖励。

第三，创业激励。小郭年满35岁后，如有意愿开设律师事务所，核验相关证明后给予60万元创业支持。

第四，婚姻生育激励。小郭30岁前结婚，给予30万元婚姻礼金；儿媳妇生育一胎给予20万元生育金，此后每生育一胎给予30万元奖励等。

第五，防范婚姻变动稀释家族财富。委托人可与信托公司约定，受益人在达到分配条件时不领取利益，防范领取后成为婚内财产导致财富稀释。

第六，遗产税金准备。今后遗产税正式开征后，保险金信托受益人在继承遗产时，可获得300万元的遗产税金资助，弥补继承遗产时遗产税金缴付的缺口。

第七，惩罚性约束条款。委托人身故后，妻子在孩子成年前不改嫁，认真抚养孩子，每季度从信托领取生活费10万元，孩子成年后一次性获得30万元；妻子在孩子成年前改嫁，取消妻子领取信托利益。

关于保险金信托的总结

目前，保险金信托在我国的发展，尚处于起步阶段，实践的经验也不丰富。但是，保险金信托的设立门槛相对较低，并且具有不逊于家族信托的功能优势，其将持续吸引国内高净值人群的关注。

从高净值人群的财富传承、信托业的转型升级，以及保险公司与信托公司合作的角度来看，我国进一步发展保险金信托具有十分重要的意义。笔者相信，保险金信托在我国具有非常广阔的发展前景。

第9章　私人财富安全法律基础之婚姻家庭法律

婚姻财产认定

我国《婚姻法》对夫妻的财产采取的是法定财产制与约定财产制相结合的制度。

法定财产制，是指在夫妻双方对婚前或婚后的财产未做出约定或者约定无效的情况下，直接适用《婚姻法》中对夫妻财产规定的制度。比如工资收入，如夫妻双方无约定，则被视为夫妻共同所有。

约定财产制，是指夫妻以协议方式约定婚前或婚后所得财产的归属、管理、使用、收益、处分及债务清偿、婚姻解除时财产的分割等事项的制度。一般情况下，除非与强制性法律有抵触，对夫妻财产的约定会自动排除法律规定的适用。比如工资收入，如果夫妻约定双方各自的工资收入归各自所有，则双方的工资收入均成为各自的个人财产。

按照《婚姻法》对夫妻共同财产的规定，大部分情形下的婚后收入都属于共同财产。随着社会的发展，离婚率越来越高，而由于财产来源的多元化和收入的不平衡，以及法定财产分割可能对财产带来的损害，未来会有越来越多的人对夫妻财产提前做出约定。

个人财产

一般归属原则：一方婚前取得的财产归一方个人所有。

常见情形的归属

1. 一方因身体受到伤害获得的医疗费、残疾人补助费等费用。

2. 如果是军人，则其伤亡保险金、伤残补助金、医药生活补助费属于个人财产。

3. 遗嘱或赠与合同中确定只归夫或妻一方的财产，即婚前所继承和受赠的财产，除非被继承人和赠与人明示归双方所有，否则将被认为是一方个人所有。

4. 一方专用的生活用品。在实际生活中，专用生活用品有可能因为价值过高而被当作共同财产进行分割，比如高价值的金银首饰、奢侈品，虽然也属于一方专用的生活用品，但仍然会由法院酌情认定和处理。

一方婚前购买的房屋的归属

1. 夫妻一方婚前签订的不动产买卖合同，以个人财产支付房款或者以个人名义从银行贷款，不动产登记在首付款支付方名下的，离婚时该不动产由双方协议处理。

2. 双方有约定的，从其约定；双方无约定的，该房屋归产权登记一方，同时尚未归还的贷款也属于产权登记一方的个人债务。

3. 鉴于房屋是中国大部分普通家庭的主要财产，短期内的价值上升幅度较大，为了保护另一方利益和公平，对于双方婚后共同还贷支付的款项及其相对应财产的增值部分，产权登记一方应对另一方进行补偿。

婚前一方所欠债务的归属

1. 原则上，婚前一方所欠债务为一方个人债务。

2. 如果婚前一方所欠债务被用于婚后共同生活的，有可能被认定为共同债务。

共同财产

一般归属原则：夫妻在婚姻关系存续期间所得的财产。

1. 工资、奖金，生产、经营的收益，其他未做明确规定的收入，都被认定为婚后共同财产。

2. 男女双方实际取得或者应当取得的住房补贴、住房公积金、养老保险金、破产安置补偿费等。

3. 知识产权的收益，并且是指在婚姻关系存续期间，实际取得或者已经明确可以取得的财产性收益。

4. 继承或受赠的财产，如果被继承人或赠与人没有指定归一方所有的，属于共同所有。

5. 夫妻一方个人财产在婚后产生的收益，除孳息和自然增值外，属于夫妻共同财产，包括用个人财产投资取得的收益。

（1）孳息指原物所产生的额外收益，分为天然孳息和法定孳息。

（2）天然孳息指因物体的自然属性而在原物基础上产生的额外收益，比如树上结的果实、牛产下的小牛等。

（3）法定孳息指基于法律规定，物主因出让物在一定期限内的使用权而获得的收益，比如存款利息。

（4）自然增值指财产所有人以外的因素导致财产的价值增长，比如房屋因为市场价上涨而价值增长。

（5）孳息与自然增值的区别：孳息是在原物基础上额外产生的，与原物是不同的两个部分；自然增值仍然是原物或财产，只是其价值发生了变化。

案例 9.1

甲、乙结婚后，甲父留下遗嘱，将其拥有的一套房子留给甲，并声明该房屋只归甲一人所有。5 年后甲父去世。甲继承后将该房屋出租，取得租金收入。1 年后，甲与乙约定将该房屋转变为共同财产。2 年后，甲、乙离婚。此房屋该如何处理？

《最高人民法院关于适用〈中华人民共和国婚姻法〉若干问题的解释（二）》［简称《婚姻法解释（二）》］第十一条规定："婚姻关系存续期间，下列财产属于《婚姻法》第十七条规定的其他应当归共同所

有的财产：（1）一方以个人财产投资取得的收益；（2）男女双方实际取得或者应当取得的住房补贴、住房公积金；（3）男女双方实际取得或者应当取得的养老保险金、破产安置补偿费。"一般情况下，出租有管理行为也有投资性质，所以即使是一方所有的房屋出租，其收益也属于共同财产，故租金收入如果还有存余，应当作为共同财产分割。另外，夫妻双方是通过协议约定财产共有的，所以离婚时该房屋应当作为共同财产进行分割。

婚后购买的房屋的归属认定

1. 婚后用共同财产出资购买的房屋，无论是登记在一方名下还是双方名下，都被认定为夫妻共同财产。

2. 婚后由一方父母出资为子女购买的不动产，产权登记在出资人子女名下的，视为父母对自己子女一方的赠与，该不动产应被认定为夫妻一方的个人财产。

3. 由双方父母出资购买的不动产，产权登记在一方子女名下的，该不动产可被认定为双方按照各自父母的出资份额按份共有，但当事人另有约定的除外。

4. 一方父母或双方父母共同出资购买以及夫妻一方以个人财产出资购买，购买时间无论是婚前还是婚后，只要房屋是登记在夫妻双方名下的，基于《物权法》的规定，都属于夫妻共同财产。但是具体分割时，法院会按照实际出资情况酌情确定分割比例。

夫妻共同财产的处分

1. 夫或妻对夫妻共同所有的财产，有平等的处理权。

2. 因日常生活需要而处理夫妻共同财产的，任何一方均有权决定。非因日常生活需要对夫妻共同财产做重要处理决定的，夫妻双方应当平等协商，得到一致意见。

3. 他人有理由相信其为夫妻双方共同意思表示的，另一方不得以不同意或不知道为由对抗善意第三人。此情形属于夫妻的表见代理行为，法院需要根据实际情况来判断表见代理行为是否成立。

4. 一方未经另一方同意出售夫妻共有的房屋，第三人善意购买、支付合理对价并办理产权登记手续，另一方主张追回该房屋的，人民法院不予支持。此类情形属于善意取得，法院需要根据实际情况来判断善意取得是否成立。

5. 夫妻一方擅自处分共有的房屋造成另一方损失，离婚时另一方有权请求赔偿损失。夫妻一方因其他非日常生活需要而擅自处分共同财产的，另一方也有权请求赔偿损失。

共同债务

1. 一般原则：夫妻所负的债务应当共同偿还。

2. 婚姻关系存续期间，夫妻一方以个人名义所负债务，债权人主张的，应按夫妻共同债务认定。夫妻一方能够证明债权人与债务人明确约定为个人债务的除外。

3. 如果夫妻双方对婚姻关系存续期间所得财产约定归各自所有，而第三人知道该约定的，则以负债一方的财产清偿。

4. 夫妻一方在赌博、吸毒等违法犯罪活动中所负的债务，不属于共同债务。

（1）按《婚姻法》及《婚姻法解释》的规定，夫妻一方名义所负的债务，首先被认定为共同债务的，而另一方主张不承担清偿责任时，需要证明债权人约定或明知该债务属于一方个人债务，但实际上另一方要完成相关举证是非常困难的。

（2）由于夫妻一方名义所负债务被认定为共同债务，在现实中出现了大量夫妻一方与第三人串通虚构债务导致另一方负担债务的情形，造成非常恶劣的社会影响。虽然中华人民共和国最高人民法院在2017年补充规定了此类情形不予支持，但该补充规定并未改变另一方的举证责任，故该补充规定的效果并不明显。

> **案例 9.2**
>
> 张某与李某离婚时书面协议约定，婚姻关系存续期间的债务全部由李某偿还。其中，张某以个人名义在婚姻存续期间向刘某借款 100 万元用于购买婚房。下列哪一表述是正确的？
>
> 《婚姻法解释（二）》第二十四条规定："债权人就婚姻关系存续期间夫妻一方以个人名义所负债务主张权利的，应当按夫妻共同债务处理。但夫妻一方能够证明债权人与债务人明确约定为个人债务，或者能够证明属于《婚姻法》第十九条第三款规定情形的除外。"张某以个人名义在婚姻存续期间向刘某借款 100 万元用于购买婚房，因此张某所负的借款应为夫妻共同债务，刘某既可以要求张某偿还，也可以要求李某偿还或共同归还。张某与李某离婚时对债务归还的约定在张某与李某之间有效，但是由于该约定未经刘某同意，刘某仍有权向张某或者李某进行追偿。张某在向刘某偿还了 100 万元债务后，可以依据离婚协议向李某进行追偿，而如果李某向刘某偿还全部债务，其无权向张某进行追偿。

财产约定

1. 夫妻可以约定婚姻关系存续期间所得的财产以及婚前财产归各自所有、共同所有或部分各自所有、部分共同所有。

2. 约定应当采用书面形式。此处的"应当"应理解为"必须"。

3. 若约定不明确的，相关财产则按照《婚姻法》规定的个人财产和共同财产的归属标准判定。

离婚财产分割

离婚的方式

协议离婚

协议离婚，又称登记离婚，即夫妻双方达成合意而解除婚姻关系的方式。协议离婚必须由夫妻双方共同到婚姻登记机关提出申请。

优点：双方达成一致就能解决，过程简单，时间成本和费用成本都较低。

缺点：双方需要配合，且双方需要对离婚协议中财产分割的条款具备表述清晰无误的能力，否则容易引发后续纠纷。财产较多或较复杂的当事人，建议寻求专业律师帮助。

诉讼离婚

诉讼离婚，指夫妻双方就解除婚姻关系或财产分割、子女抚养、债务负担等无法达成一致，而向人民法院起诉，经由人民法院审理后，通过调解或判决解除婚姻关系的方式。

离婚的条件

1. 重婚或有配偶者与他人同居的。
2. 实施家庭暴力或虐待、遗弃家庭成员的。
3. 有赌博、吸毒等恶习屡教不改的。
4. 因感情不和分居满两年的。
5. 一方被宣告失踪，另一方提出离婚诉讼的。
6. 女方在怀孕期间、分娩后 1 年内或终止妊娠后 6 个月内，男方不得起诉离婚，不得起诉指的是男方在这两种情形下没有起诉的权利。但如果是女方提出离婚的或人民法院认为确有必要受理男方离婚请求的，不在此限，这属于对女性保护的特殊规定。
7. 现役军人配偶起诉离婚，未经军人同意，法院不得判决离婚。除非现役军人有重婚或与他人同居，有家庭暴力或虐待、遗弃家庭成员，以及有赌博、吸毒等恶习且屡教不改的重大过错情形，法院可以判决离婚。

实务中，第一次起诉判决不准离婚后，在 6 个月内未和好，再次起诉离婚的，法院一般会视作感情破裂。但法官仍然有权根据实际情况来做出判定，并不必然认定为感情破裂。

共同财产分割

一般原则

　　离婚时，夫妻的共同财产由双方协议处理，协议不成时，由人民法院根据财产的具体情况，照顾子女和女方权益的原则判决。无特殊情形的，原则上夫妻双方各分割一半。

共有房屋分割

　　1. 双方均主张房屋所有权的，由法院酌情（如居住条件等）判决房屋归属一方，并判决取得房屋所有权的一方给予另一方相应的补偿。如果双方同意以竞价方式分割的，可按竞价结果确定房屋归属，在竞价的基础上取得房屋的一方给予另一方补偿。

　　2. 只有一方主张房屋所有权的，由法院判决房屋归属主张的一方，并判决取得房屋所有权的一方给予另一方相应的补偿。

　　3. 双方均不主张房屋所有权的，根据当事人的申请，法院可以拍卖房屋，就所得价款进行分割。

　　4. 双方对房屋价值可以进行协商确定，法院根据双方协商的价值确定取得房屋所有权的一方给予另一方的补偿额。若双方无法协商一致的，则由双方共同委托或由法院委托专业评估机构评估，法院依据评估结果来确定补偿额。

　　5. 双方均不想取得房屋所有权的，可以协商将房屋变卖，分割房屋转让款。但实务中，由于房屋转让过程会拖延案件审理进程，法院一般会交由当事人自行处置，而不会帮助处理。

公司股权的分割

　　一方在有限公司出资，另一方不是该公司股东时的分割。

　　1. 夫妻双方协商一致将出资额部分或者全部转让给该股东的配偶，过半数股东同意、其他股东明确表示放弃优先购买权的，该股东的配偶可以成为该公司股东。

　　2. 夫妻双方就出资额转让份额和转让价格等事项协商一致后，

过半数股东不同意转让，但愿意以同等价格购买该出资额的，人民法院可以对转让出资所得财产进行判决分割。过半数股东不同意转让，也不愿意以同等价格购买该出资额的，视为其同意转让，该股东的配偶可以成为该公司股东。

3. 用于证明前款规定的过半数股东同意的证据，可以是股东大会的决议，也可以是当事人通过其他合法途径取得的股东的书面声明材料。

案例9.3

甲、乙因离婚向法院提起诉讼，要求分割实为共同财产而以甲的名义对丙公司的投资。诉讼中，甲、乙经协商，甲同意将其在丙公司中的股权转让给乙。法院对此做出处理，下列哪些选项是正确的？

根据《婚姻法解释（二）》第十六条，如果其他股东不同意转让且在同等条件下行使优先受让权的，甲的股份会被其他股东收购，甲与乙就转让所得的财产进行分割。如果其他股东对转让均不同意，也不行使优先受让权的，视为全体股东同意转让，乙可以取得股东地位。

合伙企业份额的分割

一方在合伙企业中出资，另一方不是该企业合伙人，当夫妻双方协商一致，一方将合伙企业中的财产份额全部或部分转让给对方时，按以下情形处理：

1. 其他合伙人一致同意的，该配偶依法取得合伙人地位。

2. 其他合伙人不同意转让，在同等条件下行使优先受让权的，可以对转让所得的财产进行分割。

3. 其他合伙人不同意转让，也不行使优先受让权，但同意该合伙人退伙或者退还部分财产份额的，可以对退还的财产进行分割。

4. 其他合伙人既不同意转让，也不行使优先受让权，又不同该合伙人退伙或者退还部分财产份额的，视为全体合伙人同意转让，该配偶依法取得合伙人地位。

独资企业的分割

夫妻以一方名义投资设立的独资企业，法院分割独资企业中的共同财产时，应按以下情形分别处理：

1. 一方主张经营该企业的，对企业资产进行评估后，由取得企业的一方给予另一方相应的补偿。

2. 双方均主张经营该企业的，在双方竞价基础上，由取得企业的一方给予另一方相应的补偿。

3. 双方均不愿意经营该企业的，按照《中华人民共和国个人独资企业法》等有关规定处理。

一方少分或者不分的情形

离婚时，一方隐藏、转移、变卖、毁损夫妻共同财产或伪造债务企图侵占另一方财产的，分割夫妻共同财产时，对隐藏、转移、变卖、毁损夫妻共同财产或伪造债务的一方，可以少分或不分。离婚后，另一方发现有上述行为的，可以向人民法院提起诉讼，请求再次分割夫妻共同财产。

案例 9.4

乙起诉离婚时，才得知丈夫甲此前已着手隐匿并转移财产。甲的行为会对离婚时的财产分割有何影响？对被甲转移的财产，乙有哪些权利可以主张？

《婚姻法》第四十七条规定："离婚时，一方隐藏、转移、变卖、毁损夫妻共同财产或伪造债务企图侵占另一方财产的，分割夫妻共同财产时，对隐藏、转移、变卖、毁损夫妻共同财产或伪造债务的一方，可以少分或不分。离婚后，另一方发现有上述行为的，可以向人民法院提起诉讼，请求再次分割夫妻共同财产。"所以针对甲隐匿、

> 转移财产的行为，法院在判决分割财产时可少分或不分。如果离婚后乙发现甲还隐匿其他共同财产，乙可以另外起诉再次分割财产（但要受诉讼时效限制）。

离婚中的损害赔偿

离婚损害赔偿的法定事由

1. 重婚。

2. 有配偶者与他人同居。

有配偶者与他人同居，是指有配偶者与婚外异性，不以夫妻名义，持续、稳定地共同居住。

3. 实施家庭暴力。

家庭暴力，是指行为人以殴打、捆绑、残害、强行限制人身自由或者其他手段，给其家庭成员的身体、精神等方面造成一定伤害的行为。持续性、经常性的家庭暴力，构成虐待行为。

4. 虐待、遗弃家庭成员。

提出损害赔偿的条件

1. 损害赔偿必须在起诉离婚的同时提出。

2. 无过错作为被告而不同意离婚时，不能主张损害赔偿。

3. 法院判决不准离婚的，同时不支持损害赔偿请求。

4. 夫妻双方均有过错的，一方提出或者双方提出损害赔偿的，法院均不支持。

案例 9.5

钟某性情暴躁，常殴打妻子柳某，柳某经常找同村未婚男青年杜某诉苦，日久生情。现柳某起诉离婚。在离婚诉讼中，哪一方可以主张损害赔偿？

> 《婚姻法》第四十六条有规定："下列情形之一，导致离婚的，无过错方有权请求损害赔偿：（1）重婚；（2）有配偶者与他人同居；（3）实施家庭暴力；（4）虐待、遗弃家庭成员。"钟某有家暴行为，柳某可以提出损害赔偿与精神损害赔偿。
>
> 《婚姻法解释（三）》第十七条规定："夫妻双方均有《婚姻法》第四十六条规定的过错情形，一方或者双方向对方提出离婚损害赔偿请求的，人民法院不予支持。"虽然钟某殴打妻子属于实施家庭暴力情形，柳某可以主张损害赔偿与精神损害赔偿，但如果柳某与杜某日久生情，已经构成有配偶者与他人同居的状态，则柳某也有过错。柳某在有过错的情况下不得提出赔偿请求。

继承

概述

继承，是指自然人死亡后，法律规定的一定范围内的人或遗嘱指定的人依法取得死者遗留的个人合法财产的法律制度。

我国的《继承法》将继承分为法定继承和遗嘱继承。法定继承，是指继承人直接依照法律的规定继承被继承人的遗产。遗嘱继承，是指继承人依照被继承人的遗嘱继承被继承人的遗产。

继承会导致财产的分割和转移，而这种分割和转移会受到家庭成员多少和家庭成员之间关系的影响，极易发生纠纷。

随着中国经济的发展，中国家庭积累起来的财富也越来越多。特别是以企业家为主的高净值人群，未提前对身后的财产做出安排，不仅会引发家庭内部不和，而且在继承人争夺遗产过程中，会影响企业的经营权、控制权等，导致企业资产和价值缩水，对财富造成极大的损害。

受传统观念的影响，中国人比较避讳事先立遗嘱和安排身后事。但因为有许多的案例和报道提供了反面例子，加上观念的开放和高净值人群对财富安全的关注，提前立遗嘱及安排身后事已经为越来越多的人所接受。

继承权

继承权的概念

继承权是指自然人依照法律规定或者被继承人遗嘱的指定，享有的取得被继承人遗产的民事权利。

1. 继承人必须是自然人，不能是法人或组织，比如公司等。法人或组织也可以接受死者遗嘱指定交付的财产，但不属于继承性质，而属于遗赠。

2. 继承权的取得以继承人与被继承人存在特定身份关系为前提，比如婚姻关系、血缘关系及收养关系等。

3. 继承权可以放弃，但不可以转让。

继承权的取得

1. 法定继承权的取得基于婚姻关系、血缘关系、抚养和扶养关系。

2. 遗嘱继承权的取得基于被继承人生前订立的合法有效的遗嘱。

继承权的放弃

1. 继承人放弃继承权是指必须以明示的方式，明确表示拒绝接受被继承人的遗产。明示行为一经做出即生效，无须经由他人同意。

2. 继承人放弃继承权的行为应当在继承开始后、遗产分割前做出，否则被视为接受继承。

3. 继承人放弃继承权后，对被继承人遗留的债务无清偿责任。

4. 对放弃继承权的行为反悔的，由人民法院视其理由决定是否承认。

继承权的丧失

继承权的丧失是指继承人因对被继承人或其他继承人实施了法

律规定的违法行为而依法被剥夺继承权。

1. 故意杀害被继承人的。

2. 为争夺遗产而杀害其他继承人的。此处要注意杀害其他继承人行为的动机是争夺遗产，如果出于其他动机则不属于此情形。

3. 遗弃被继承人的。

4. 伪造、篡改或者销毁遗嘱情节严重的。此处须注意还要符合情节严重这个条件，指的是该行为会侵害缺乏劳动能力又无生活来源的其他继承人的利益并造成其生活困难的。

法定继承

法定继承的概念

法定继承是指在没有遗赠扶养协议和遗嘱或者遗赠扶养协议和遗嘱无效的情况下，继承人根据法律确定的继承人范围、继承顺序以及遗产分配的原则，取得被继承人遗产的继承方式。

适用法定继承的条件

1. 首先要排除遗赠扶养协议和遗嘱，其中遗赠扶养协议的效力优先于遗嘱，若无遗赠抚养协议和遗嘱的则适用法定继承。

2. 遗嘱未处分的或者遗嘱无效部分涉及的遗产。

3. 受遗赠人或遗嘱继承人先于被继承人死亡后涉及的部分遗产。

4. 遗嘱继承人放弃继承或丧失继承权后涉及的遗产。

5. 受遗赠人放弃受遗赠后涉及的遗产。

法定继承人的范围

1. 第一顺位继承人：配偶、子女、父母，丧偶儿媳对公婆、丧偶女婿对岳父岳母尽了主要赡养义务的也作为第一顺位继承人。

子女包括婚生子女、非婚生子女、养子女和有扶养关系的继子女。

父母包括生父母、养父母和有扶养关系的继父母。

2. 第二顺位继承人：兄弟姐妹、祖父母、外祖父母。

兄弟姐妹包括同父母、同父异母或同母异父的兄弟姐妹、养兄弟姐妹、有扶养关系的继兄弟姐妹。

法定继承的顺序

1. 第一顺位继承人优先继承全部遗产。

2. 第二顺位继承人只有在第一顺位继承人全部放弃或者丧失继承权，以及不存在第一顺位继承人的情形下，才能参与继承。

3. 同一顺位继承人法律地位平等，在无其他法律规定情形下有平等的继承权。

代位继承

代位继承是指在法定继承中，被继承人的子女先于被继承人死亡的，由被继承人的子女晚辈直系血亲代位继承，本应由被继承人子女继承的遗产，由已死亡子女的晚辈直系血亲代位继承的继承方式。其中，先于被继承人死亡的继承人被称为被代位继承人，代替被代位继承人继承遗产的人被称为代位继承人。

1. 代位继承只能适用于法定继承，不适用于遗嘱继承和遗赠。

2. 被代位继承人只能是被继承人的子女。

3. 代位继承人必须是被继承人子女的晚辈直系血亲，不受辈数限制。

法定继承的份额分割

法定继承中同一顺位继承人继承份额一般须均等，但有以下特殊情况的可以不均等：

1. 对于生活有特殊困难又缺乏劳动能力的继承人，分配遗产时应予以照顾。

2. 对被继承人尽了主要扶养义务或者与被继承人共同生活的继承人，遗产分配时可以多分。需要注意，此种情况是可以多分，而不是必须多分。

3. 有扶养能力和扶养条件的继承人不尽扶养义务的，在分配遗产时应该不分或少分。

4. 继承人可以协商分割遗产，可以不均分。

遗嘱继承

遗嘱继承的概念

遗嘱继承是指在继承开始后，继承人按照被继承人合法有效的遗嘱取得被继承人遗产的继承方式，又称"指定继承"。

依照遗嘱的指定享有遗嘱继承权的人为遗嘱继承人。生前设立遗嘱的被继承人为立遗嘱人。

适用遗嘱继承的条件

1. 没有遗赠扶养协议。遗赠扶养协议的效力优先于遗嘱继承，而遗嘱继承的效力优于法定继承。

2. 被继承人的遗嘱合法有效。

3. 遗嘱继承人没有丧失、放弃继承权，也未先于立遗嘱人死亡。

遗嘱的概念

继承法上的遗嘱指的自然人生前按照法律规定处分自己的财产及安排与财产相关的事务，并于死后发生法律效力的单方民事法律行为。

遗嘱的形式

1. 公证遗嘱。

公证遗嘱是经过国家公证机关认可其真实性和合法性的书面遗嘱。公证遗嘱的效力最高，自书、代书、录音、口头遗嘱都不得撤销、变更公证遗嘱。公证遗嘱的变更或撤销要通过公证机关完成，如果面临紧急情况则无法处理。实务中，经常有人在做了公证遗嘱之后，又自书遗嘱改变公证遗嘱的内容，实际上并不产生效力。

2. 自书遗嘱。

自书遗嘱是指由立遗嘱人亲笔书写的遗嘱，是各类遗嘱中最常见的情形。自书遗嘱的优点是简便易行，立遗嘱人随时可以根据意愿书写或修改。如果自书遗嘱没有见证人或者其他可以证明真实性的方法，自书遗嘱容易引发纠纷。特别是当继承人对遗嘱内容有所不满时，会将焦点集中在自书遗嘱内容或签名的真实性上，引发纠纷和诉讼。

3. 代书遗嘱。

代书遗嘱是指由立遗嘱人口述遗嘱内容，他人代为书写的遗嘱。代书遗嘱应当有两个以上见证人在场见证，由其中一人代书，注明年、月、日，并由代书人、其他见证人和立遗嘱人签名。立遗嘱人在代书遗嘱中必须签名，不会签名的可以用按手印代替，否则代书遗嘱在形式上不合法，无法生效。

4. 录音遗嘱。

录音遗嘱是指以录音方式录制下来的立遗嘱人的口述遗嘱。录音遗嘱应当有两个以上见证人在场见证，并将自己的见证证言与录音遗嘱录制在一起。由于《继承法》立法较早，未规定录像遗嘱的形式。但在实务中已经出现有录像作为立遗嘱的手段，法院会参考录音遗嘱的要求来认定录像遗嘱的效力。

5. 口头遗嘱。

口头遗嘱是指由立遗嘱人口头表述，而不以任何载体进行记录的遗嘱。只有立遗嘱人在危急情况下才可以立口头遗嘱，且应当有两个以上见证人在场。当危急情况解除后，立遗嘱人能够以书面或其他形式立遗嘱的，所立的口头遗嘱失效。

为保证遗嘱的真实性，法律规定代书遗嘱、录音遗嘱、口头遗嘱都必须有两个以上见证人在场见证，但并不是所有人都可以成为见证人。无行为能力人或限制行为能力人，继承人、受遗赠人，与继承人、受遗赠人有利害关系的人，都不得作为见证人。

遗嘱效力的认定情形

1. 立遗嘱人立有数份遗嘱且内容相互抵触的，以最后所立的遗嘱为准。最后所立遗嘱被视为变更或撤销前立遗嘱的行为。

2. 立遗嘱人生前的行为与遗嘱的意思表示相反，遗嘱中处分的财产在继承前已发生灭失、部分灭失或所有权转移、部分转移，遗嘱可被视为被撤销或被部分撤销。

3. 立遗嘱人故意销毁遗嘱的，认定立遗嘱人撤销原遗嘱。

遗赠

遗赠的概念

遗赠指自然人通过设立遗嘱把遗产的全部或一部分无偿赠送给国家、社会组织或法定继承人以外的自然人，并在其死后生效的单方民事法律行为。

案例9.6

贡某立公证遗嘱：死后财产全部归长子所有。长子知悉后，自书遗嘱：贡某全部遗产归弟弟，自己全部遗产归儿子。贡某随后在长子遗嘱上书写：同意，但要留10万元给孙子。其后，长子先于贡某死亡。试分析前述遗嘱的效力。

公证遗嘱仍然有效。公证遗嘱的变更方式是另立公证遗嘱，贡某在长子的遗嘱上书写的同意不能变更公证遗嘱的内容。

贡某的遗嘱不发生效力。由于贡某所立的公证遗嘱没有被变更，所以长子仍为唯一的遗嘱继承人，由于长子先于贡某死亡，实际上遗嘱无继承人，贡某的遗嘱没有效力。

长子遗嘱被贡某修改的部分和涉及处分贡某财产的部分均无效，因为遗嘱中处分他人财产的部分无效。

设立遗嘱的人被称为遗赠人。接受遗产的人被称为受遗赠人。遗赠需要在遗嘱中确定，必须是以遗嘱方式设立。遗赠行为以遗赠人的死亡为遗赠生效条件。

遗赠产生法律效果的两个重要条件

1. 受遗赠人明确表示接受遗赠。

2. 受遗赠人在知道受遗赠后两个月内做出接受赠与的表示，否则被视为放弃。

遗产

遗产的概念

遗产是指自然人死亡时遗留的个人合法财产。

被继承人死亡后，作为法律主体已经不存在，所以遗产被实际分割继承前，其所有权人需要重新确定。在法律上，遗产被实际分割继承前，其所有权属于所有继承人共有的状态。

遗产的范围

一般情况下属于被继承人的合法财产都是遗产，但需要注意以下特殊情况：

1. 被继承人与他人就某些共有的财产，比如夫妻共有的房产、存款，需要先区分出他人的财产部分，剩下的才属于遗产。

2. 被继承人作为被保险人的保险金的赔付，还需要看保险合同是否指定受益人，如果没有指定受益人的，保险金才属于遗产。

3. 死亡赔偿金不属于遗产，而是给予死者家属的赔偿金，所以不属于遗产，且赔偿请求的权利本身就属于近亲属家属。在实务中，家属的范围是参照法定继承的继承人范围和顺位界定的，所以表面上看起来其与法定继承无异。

遗产分割的特殊情形

如果有胎儿的，遗产分割时需要保留胎儿的份额。如果胎儿出生时是活胎的，不管存活时间长短，胎儿即拥有这部分继承的权利；如果孕妇流产或出生时是死胎的，则因为未存在法律上的主体，不具有继承权，保留的遗产份额由其他继承人再次分配。

案例 9.7

熊某与杨某结婚后，杨某与前夫所生之子小强由二人一直抚养，熊某死亡，未立遗嘱。熊某去世前杨某孕有一对龙凤胎，于熊某死后生产，产出时男婴为死体，女婴为活体，但旋即死亡。试分析熊某遗产的继承。

《继承法》规定的子女中，包括因抚养关系形成的子女，故熊某与小强形成抚养关系，所以杨某和小强都是熊某的第一顺位继承人，虽然小强并不是熊某的亲生子女，但其一样享有继承权。

男婴出生时为死胎，为男婴保留的份额并未发生任何继承，应当由熊某的继承人继承，包括杨某、小强、女婴。女婴出生后死亡，为女婴保留的份额实际发生了继承，该部分财产作为女婴的遗产由其继承人杨某继承。

被继承人债务的清偿

被继承人债务的概念

被继承人的债务是指被继承人个人生前依法应该缴纳的税款、罚金以及应由其个人偿还的合法的财产性债务。

清偿的原则

1. 接受继承原则。继承人只有接受继承才承担被继承人的债务。
2. 继承人应该在取得的遗产份额范围内清偿债务。

应注意，被继承个人名义对外所欠的债务，并不一定是被继承人的个人债务，有可能是夫妻共同债务甚至是家庭债务。比如丈夫向第三人的借款，有可能被认定为夫妻共同债务，妻子仍然要承担偿还责任，并且即使属于遗产的财产不够清偿，妻子仍然要就全部债务承担清偿责任。

3. 保留必须份额原则。如果存在没有劳动能力又没有生活来源的继承人，应当为其保留适当的遗产。

4. 继承人连带原则。因为继承人清偿被继承人生前债务是以遗产为基础的，因为继承了遗产的人对债务承担连带清偿责任，但仍然以取得的遗产范围为限。

涉外继承

中国公民继承在中华人民共和国境外的遗产或者继承在中华人民共和国境内的外国人的遗产，动产适用被继承人住所地法律，不动产适用不动产所在地法律。

外国人继承在中华人民共和国境内的遗产或者继承在中华人民共和国境外的中国公民的遗产，动产适用被继承人住所地法律，不动产适用不动产所在地法律。

中华人民共和国与外国签订了条约、协定的，按照条约、协定办理。

第10章　私人财富安全法律基础之公司法

公司法概述

中国的法律体系里面有独立的《公司法》，但在其他的法律法规中仍然有不少与公司制度相关的规范。通常所说的公司法更多的是指《公司法》，但在实务中，考虑法律法规的适用时，需要广义上的公司法，即所有有关公司的设立、组成、解散以及公司内外关系的法律规范。

公司自治原则是公司法的最高理念。公司法在性质上属于私法，其主旨在于保护股东的自治和权利自由，所以公司制度给股东很大的自治空间。公司法中也有一些强制性规范，具有公法色彩，但更多的是一般性规范，并给公司大量自治权。《公司法》条文中经常可见的"公司章程另有规定的除外"，即将对应事项的权利由公司内部自行设立规范进行调整，比如股份转让条件、投票制度等均可由章程来规定。国家也对公司的外部管理给了更多的公司自治权，比如取消了法定最低注册资本额要求、公司注册资本由实缴制改为认缴制。

公司法一般涉及以下几个方面：

1. 公司内部的财产关系。比如公司股东之间、公司与股东之间等因为公司设立、解散等形成的具有财产内容的关系。

2. 公司外部的财产关系。其主要指公司与公司组织发生的有关联的营利性活动，与其他公司、企业或个人发生的财产关系，比如公司发行股票。公司业务本身的相关运营活动，比如与其他主体签订买卖合同等。与公司组织没有关联，则不由公司法调整，而是由合同法等进行调整。

3. 公司内部组织管理与协作。比如股东大会、董事会的设立，股东大会、董事会、监事会之间的管理关系等。

4. 公司外部组织管理关系。这一般是指与公司组织有关联的、与有关国家经济管理机关之间形成的纵向经济管理关系，比如公司的设立登记、公司发行债券或股票等。

鉴于我们日常接触的公司更多的是有限责任公司，我们在此主要介绍有限责任公司的相关制度。

公司

公司的概述

公司的概念

公司是依照法律规定的条件和程序设立的，以营利为目的的企业组织。

我国《公司法》规定了有限责任公司和股份有限公司两种类型。

公司的法人特征

公司是企业法人，是非常典型、常见的法人类型。

公司具有独立的主体资格，具有法律主体所要求的权利能力和行为能力，能够以自己的名义从事民商事活动并以自己的财产独立承担民事责任。

法人是具有民事权利能力和民事行为能力，依法独立享有民事权利和承担民事义务的组织。法人是与自然人相并列的概念，可以理解为法律拟制出来的人，而自然人指人类个体。

公司取得法人资格需要符合以下条件：

1. 公司必须依法设立。公司必须按照专门的程序办理设立登记手续，领取营业执照。有些特定行业的公司，如银行、保险公司、证券公司等的设立还有专门的审批程序。

2. 公司必须具备必要的财产。财产相当于人的身体，是公司得以存在的物质基础，也是公司能够对外独立承担责任的前提。公司成立时的财产由股东出资构成，股东出资完成，这些财产便成为公司的财产。

3. 公司必须有自己的名称、组织机构和场所。公司可以自己选用特定的名称，但在名称中必须标明公司的类型，即必须标明是有限责任公司还是股份有限公司。公司必须有一定的组织机构和经营场所，以使公司具备运营的条件。

4. 公司能以自己的名义从事民商事活动并独立承担民事责任。比如公司可以以公司的名义签订合同，公司出现违约行为时也由公司对第三人承担违约责任。

公司的分类

目前《公司法》规定的公司类型如图 10.1 所示。

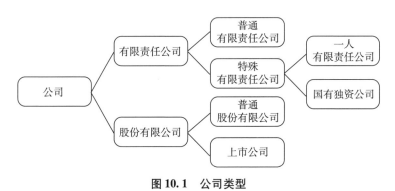

图 10.1　公司类型

公司的章程

概念

公司章程是指公司依法制定的，规定公司名称、资本、组织机构、经营管理制度等对内对外重大事项的基本文件。

公司章程又被称为"公司的宪法"，是关于公司组织和行为的基本规范，也是公司实现自治的"法律规范"。

公司章程具有特定的地位。公司章程的法律地位、主要内容以及修改程序都由法律强制规定，并且需要在公司登记成立时交由登记机关进行登记，并对外公开。

公司章程的内容

《公司法》规定了一些公司章程必须记载的内容，也列举了一些可以由章程制定者和股东决定是否记入章程的事项，章程制定者和股东也可以将他们认为需要的内容写入章程。

《公司法》规定的有限责任公司章程必须记载的法定事项如下：

1. 公司名称和场所。

2. 公司经营范围。

3. 公司注册资本。

4. 股东的姓名或者名称。

5. 股东的出资方式、出资额和出资时间。

6. 公司的机构及其产生办法、职权、议事规则。

7. 公司法定代表人。

8. 股东大会会议认为需要规定的其他事项。

《公司法》规定的股份有限公司章程必须记载的法定事项如下：

1. 公司名称和场所。

2. 公司经营范围。

3. 公司设立方式。

4. 公司股份总数、每股金额和注册资本。

5. 发起人的姓名或者名称、认购的股份数、出资方式和出资时间。

6. 董事会的组成、职权和议事规则。

7. 公司法定代表人。

8. 监事会的组成、职权、议事规则。

9. 公司利润分配办法。

10. 公司的解散事由与清算办法。

11. 公司的通知和公告办法。

12. 股东大会会议认为需要规定的其他事项。

从《公司法》规定的必须记载的法定事项来看，法律对有限责任公司章程的法定事项采取了较为宽松的规定，而对股份有限公司采取了比较严格的规定，这主要由股份有限公司的合资性和开放性决定的。

公司章程的效力

《公司法》规定公司章程对公司、股东、董事、监事、高级管理人员具有效力。

1. 公司章程对公司的效力。公司的行为受到章程约束，比如公司应当按照章程规定设立股东大会、董事会（执行董事）、监事会（监事）、总经理等，按照公司章程规定的经营范围经营，按章程规定对股东承担义务。

2. 公司章程对股东的效力。公司章程由股东制定，但同样对股东产生约束力。这种约束力不仅限于起草、制定公司章程的股东，而且对后来加入公司的股东也具有同样的约束力。这体现了公司的自治特性。股东按章程规定享有对公司的权利，比如出席股东大会、行使表决权，同时承担对公司的义务，比如负有认缴出资额的义务。

3. 公司章程对董事、监事和高级管理人员的效力。董事、监事和高级管理人员需要按照公司章程的规定履行职责，若其行为超出公司章程规定的职权范围，应对自己的行为负责。

公司章程的变更

公司章程可以变更，但必须符合程序规定。

公司章程的变更必须符合公司法人一致性原则，即不得通过修改章程而使原公司法人转变成另一个公司法人。

有限责任公司的章程变更必须经 2/3 以上拥有表决权的股东通过。

需注意，此处的 2/3 并不是指股东人数的 2/3，而是指拥有表决权的股东人数的 2/3。

公司章程在实务中的重要性

公司章程是对公司内部组织机构及其运行进行规定，是公司日常活动所需要遵循的依据。公司章程制定得是否完善和合理，会直接影响公司未来的稳定性。特别是对于股东人数较多、股权较分散的公司而言，章程内容的设计非常重要。

在实务中，章程设计需要重点考虑以下几个方面：

1. 法定代表人安排。

2. 纳入股东大会或董事会表决的事项范围。

3. 表决程序和机制。

4. 增资的条件和程序。

5. 利润分配的条件和程序。

6. 股权转让的条件和限制。

7. 股权的强制收购制度。

8. 新股东的限制条款和防收购机制。

9. 股东资格的继承。

10. 公司董事、监事、总经理和其他高级管理人员的任期和职权。

11. 公司解散条款。

12. 公司僵局解决机制。

13. 小股东保护机制。

14. 其他根据实际情况需要纳入考虑的事项。

公司章程是股东意志的集中体现，是综合公司所有股东诉求的结果。

从公司角度来说，起草与制定一个能让所有股东接受的章程，起草者与制定者需要有非常强的协调和沟通能力。他们能用务实有效的方案来解决股东之间的冲突，使公司章程成为一个持续发挥指导作用的制度。

单一股东需要根据自己的出资比例、持股比例、投资模式等基本情况，结合自身未来在公司的参与度、诉求等，考虑自身的利益诉求和保护机制，并将这些诉求纳入章程所制定的相关规范和机制中去。如何使自己的诉求与其他股东的达成一致，这需要单一股东具有较强的协调和沟通能力。

章程的起草者与制定者需要非常熟悉《公司法》的相关规定和实务中法院的相关判例，并需要同时对公司的经营实务有一定了解，还需要具备灵活的思维和良好的沟通能力，故章程的起草一般交由具有丰富经验的专业律师完成。

公司的资本

概念

公司的资本是由公司章程确定并载明的，是全体股东出资的总额，又被称为股本。

注册资本

注册资本指公司在设立时募集的、由章程载明并经登记机关登记注册的资本额。

《公司法》第二十六条规定，有限责任公司注册资本为在登记机关登记的全体股东认缴的出资额。我们在日常商务活动中所说的注册资金一般指的是注册资本。注册资本的宣示意义大过实际意义。注册资本的多少与实务中最重要的公司偿债能力或承担其他责任的能力并无实际关系。公司需要以公司全部资产对外承担责任。假设公司注册资本只有 100 万元，但实际积累的现有资产有 1 000 万元，则该公司的偿付能力就有 1 000 万元；反之，如果公司注册资本 1 000 万元，但严重亏损后的现有资产只有 100 万元，则其偿付能力就只有 100 万元。

认缴资本

认缴资本是指股东承诺和认可的应缴纳的全部股本。

认缴资本总额与注册资本总额一致，但可以分期实缴，可以由章程约定在一定期限内由股东缴足。

实缴资本

实缴资本又称实收资本，指公司股东按照企业章程或协议约定，实际投入企业的资本。实缴资本的期限由章程规定，实缴资本应当是小于或等于注册资本。

我国实行法定资本制，即在公司设立时就必须在公司章程中明确规定公司的资本总额，并且一次认足或者募足。现行《公司法》已经将原来的注册资本实缴制改为认缴制，公司成立时的注册资本等于公司成立时全体股东的认缴资本总额，但公司成立的实缴资本可能小于注册资本。

公司资本的原则

1. 资本确定原则，即公司设立时应在章程中载明公司的资本总额，并且要由公司发起人认足或募足。

2. 资本维持原则，即公司在其存续过程中，应当保持与其资本额相当的财产。据此有若干强制性规定，比如股东不得退股、无利润不得分红等。

3. 资本不变原则，即公司资本总额一旦确定，非经法定程序不得任意变动。

将上述中国的公司资本制度和公司资本原则结合起来看，虽然股东的认缴资本不需要立即缴纳，甚至可以在章程中规定一个很长的认缴期限，但并不是可以随便认缴的。股东一旦认缴了一定金额的资本金，意味着股东欠了一笔债务，即股东承担向公司缴纳这一金额的出资义务。故当实缴期限到了或者公司没有足够的财产向债权人清偿债务时，股东就有可能需要在认缴出资的范围内对公司债务承担补充赔偿责任。由此可见，在注册资本认缴制下，虽然没有实缴的压力，但注册资本仍然不能随意"任性"地填写。

股东概述

股东的概念

股东是指向公司出资、持有公司股份、享有股东权利和承担股东义务的人。

股东有时候又被称为出资人或投资者，但出资人或投资者的概念更宽，比如合伙企业的合伙人也具有出资和投资的特征。准确起见，将持有公司股份的出资人称为股东。

股东的主体

1. 自然人，包括未成年人甚至是精神病人，只是需要由他们的法定代理人行使权利。

2. 法人，包括公司在内的具有法人主体资格的各种组织。

3. 非法人组织，比如合伙企业、个人独资企业等组织。

4. 国家，《公司法》专门规定了国有独资公司这一公司类型，是由国家单独出资，一般由国有资产监督管理机构作为代表行使股东权利。

股东有限责任原则

《公司法》第三条第二款规定，有限责任公司的股东以其认缴的出资额为限对公司承担责任；股份有限公司的股东以其认购的股份为限对公司承担责任。

根据上述规定，股东有限责任指的是股东除了按认缴的出资额或股份履行出资义务、缴足出资款外，对于公司的债务和公司的债权人不承担任何其他责任。通俗来说，作为公司股东，只要完成了认缴股份的出资，不管公司有多大的债务甚至资不抵债而破产，公司的债权人也不能就公司的债务向股东追索。

股东权利

重要的股东权利有以下几项：

1. 发给股票或其他股权证明的请求权。

2. 股份转让权。

3. 股息红利分配请求权。

4. 股东大会临时召集请求权或自行召集权。

5. 出席股东大会并行使表决权。

6. 对公司财务的监督检查权和会计账簿的查阅权。

7. 公司章程、股东大会会议记录、董事会会议决议、监事会会议决议的查阅权和复制权（但股份有限公司的股东没有复制权）。

8. 优先认购新股权。

9. 公司剩余财产分配权。

10. 公司重整申请权。

11. 对公司经营的建议和质询权。

其中第 1、2、3、8、9 项为股东财产权，其余项则为股东的管理参与权。

有的人可能认为拥有股东身份的人可以直接介入公司的经营活动，这种观念是错误的。股东一般是依据章程通过股东大会行使权利，而公司的日常经营活动由公司专门的组织机构，如董事会、监事会和总经理等负责。仅仅具有股东身份而没有在公司组织机构里担任职务的股东，是不能直接干涉这些机构履行职责的。

公司股东滥用股东权利给公司或者其他股东造成损失的，应当依法承担赔偿责任。

名义股东与实际出资人

名义股东

名义股东是指一方与他方约定，同意将其登记在股东名册和登记机关的注册登记文件中，但实际上并不向公司出资，认缴资本由他方实际出资，该不出资一方即为名义股东。名义股东又被称为显名股东或挂名股东。实际出资的一方被称为实际出资人，也被称为隐名股东。

实务中，一般名义股东与实际出资人都签有持股协议或股权代持协议来约定双方的权利和义务，包括名义股东如何参加股东大会和行使股东权利。

名义股东与实际出资人的冲突

名义股东与实际出资人因为投资权益归属发生争议，实际出资人以其实际履行了出资义务为由向名义股东主张权利的，人民法院予以支持。

名义股东的责任

名义股东被登记于登记机关的注册文件中，属于对社会公开的信息。这些公开信息，成为公司经营过程中第三方判断商业风险的一个依据。当公司债权人以名义股东未履行出资义务为由，要求名义股东在未出资范围内对公司承担补充赔偿责任的，名义股东以其仅是名义股东而非实际出资人抗辩的，其抗辩不能成立。名义股东与实际出资人之间的约定，并不能约束第三人。名义股东在承担上述赔偿责任后，有权向实际出资人追偿。

实际出资人的显名

由于名义股东是通过法定程序登记在登记机关的注册文件上的，隐名股东想取代名义股东的法律地位正式登记为股东的，则需要符合法定程序，如其他半数以上股东同意的股东大会决议，股东名册、章程等一系列文件修订，并向登记机关申请变更，才能最终获得显名股东身份。

实际出资人显名的最大风险在于：

一是，名义股东不配合。如果名义股东与实际出资人发生矛盾，对股权归属发生争议或者故意拒绝配合履行相关变更手续，则实际出资人将陷入被动。双方除了协商解决之外，就只能通过法院来判决了。

二是，名义股东以外的其他股东拒绝配合或拒绝承认。即使名义股东配合，但由于变更登记需要经过法律程序，一样需要得到其他股东的配合以满足变更条件。另外，很多实际出资人让名义股东代持股份并未事先披露给其他股东，其他股东毫不知情，则有可能是其他股东拒绝承认实际出资人的实际股东地位，自然也拒绝其变更登记为股东。如果协商处理不了，前一种情况一样要通过法院来解决，后一种情况可能不仅无法显名，还会连实际股东地位都无法得到认定。

名义股东对外转让股权或处分股权

由于名义股东对实际出资人以外的第三方具有完整的法定股东权利，所以会出现名义股东未告知实际出资人和取得其同意，擅自处分股权，比如将股权转让给第三方或者质押给第三方，实际出资人的权益遭到损害。由于名义股东和实际出资人的股份代持关系并不是公开信息，对第三方并无约束力。一旦此类纠纷出现，需要运用第三方善意取得的规定处理。如果受让的第三方知道存在实际出资人仍然受让股权，则属于恶意受让，实际出资人可以请求撤销转让行为，受让第三方不能取得股权；如果受让的第三方并不知道存在实际出资人，则股权转让行为有效，受让第三方取得股权。在第三方善意取得的情况下，名义股东的转让行为造成实际出资人损失的，实际出资人可以请求名义股东赔偿。

名义股东与实际股东的问题是常见的公司股权问题，也是公司股权纠纷的高发问题。一旦产生纠纷，不仅会直接影响股东本身的权利，而且会影响公司的正常运营，对公司造成不可估量的损害，因此这是每个公司股权投资者需要特别关注的问题。

对控股股东和实际控制人的特别约束

《公司法》第二十一条规定，公司的控股股东、实际控制人、董事、监事、高级管理人员不得利用其关联关系损害公司利益。违反前款规定，给公司造成损失的，应当承担赔偿责任。

控股股东，是指其出资额占有限责任公司资本总额50%以上或者其持有的股份占股份有限公司股本总额 50% 以上的股东，以及出资额或者持有股份的比例虽然不足 50%，但依其出资额或者持有的股份所享有的表决权已足以对股东大会、股东大会的决议产生重大影响的股东。

实际控制人，是指虽不是公司的股东，但通过投资关系、协议或者其他安排，能够实际支配公司行为的人。

关联关系，是指公司控股股东、实际控制人、董事、监事、高级管理人员与其直接或者间接控制的企业之间的关系，以及可能导致公司利益转移的其他关系。但是，国家控股的企业之间不因为同受国家控股而具有关联关系。

不同股东持股比例不同且有表决机制，会造成大股东对公司具有完全的控制权，有可能损害小股东的利益。常见有以下两种情况：

1. 控股股东或实际控制人利用自己的地位，排除小股东的权利和损害公司利益。比如，他们拒绝按章程规定召开股东大会，拒绝向小股东披露财务报表，满足分红条件时拒绝分红，做出一些有损公司利益的经营决策等。

2. 控股股东与实际控制人利用其他关联关系损害公司和小股东利益。比如，控股股东与实际控制人利用自身控制公司的经营权，通过与关联企业的交易活动，向关联企业转移公司利润等。

当控股股东或实际控制人出现上述行为时，其他股东可以依据相关法律规定请求控股股东或实际控制人对自己或对公司承担赔偿责任。

小股东因为自己的权利被侵害而与控股股东或实际控制人之间发生纠纷，在以有限责任公司为主的中小型公司中经常发生。在之前以个人投资和家族企业为主的时代，这类纠纷尚不多见。但随着创业型公司和股权投资的兴起，越来越多公司的股东之间并无家族成员关系，股东之间的关系无法再通过家族成员之间的感情来缓和协调，而须依靠投资协议和公司章程、投票表决制度来解决。小股东应当注意提前通过制度设计来保护自身在公司内的股东权益。

公司清算

概述

公司清算指按照法律规定或者章程约定等，终结已解散公司的一切法律关系，按照法定方式和程序对公司的资产、负债、股东权益等做出全面的清理和处置的行为。

《公司法》第一百八十三条规定，公司因本法第一百八十条第（一）项、第（二）项、第（四）项、第（五）项规定而解散的，应当在解散发生之日起 15 日内成立清算组，开始清算。有限责任公司的清算组由股东组成，股份有限公司的清算组由董事或者股东大会确定的人员组成。逾期不成立清算组进行清算的，债权人可以申请人民法院指定有关人员组成清算组进行清算。人民法院应当受理该申请，并及时组成清算组进行清算。

清算的一般程序

清算的一般程序如下：

1. 成立清算组。
2. 清算组负责公司财产的保管、清理、处理和分配工作。
3. 通知或者公告债权人申报债权。
4. 清理财产以清偿债务。
5. 分配剩余财产。
6. 清算终结。

未及时清算的股东责任

《公司法》的相关规定

《公司法司法解释（二）》第十八条规定：

有限责任公司的股东、股份有限公司的董事和控股股东未在法定期限内成立清算组清算，导致公司财产贬值、流失、毁损或者灭失，债权人主张其在造成损失范围内对公司债务承担赔偿责任的，人民法院应依法予以支持。

有限责任公司的股东、股份有限公司的董事和控股股东因怠于履行义务，导致公司主要财产、账册、重要文件等灭失，无法进行清算，债权人主张其对公司债务承担连带清偿责任的，人民法院应依法予以支持。

上述情形系实际控制人的原因造成，债权人主张实际控制人对公司债务承担相应民事责任的，人民法院应依法予以支持。

需要重视公司被吊销营业执照后的清算

鉴于公司管理理念以及整体法治环境等，公司被吊销营业执照而未及时清算的情况大量存在。这种状况既造成大量"僵尸"公司的出现，被某些人用来逃避债务，也使公司债权人的债权实现处于不确定状态。

从法院的司法实务来看，在公司怠于清算的情况下，股东被追究责任的可能性大大增加了。因此，股东对于不想继续经营的公司不能简单地任其被吊销营业执照以使其"僵尸化"，而应该通过正常的清算程序清理债权债务，让其合法终结，资不抵债的公司需要进入破产程序来完成公司的终结，只有这样才能避免股东对公司债务承担清偿责任。

有限责任公司

有限责任公司是目前中国多数企业的组织形式。

有限责任公司除了遵守《公司法》总则的一般性规定以外，还须遵守就其设立的专门规定。

这里主要介绍有限责任公司的主要部分以及需要重点关注的一些问题。

有限责任公司的股东人数

《公司法》规定，有限责任公司由 50 个以下的股东出资设立。

世界各国公司法对有限责任公司通常都有最高人数限制，但对股东人数的最低限制规定不一。目前，越来越多的国家不再有2人以上的最低股东人数限制。我国现行《公司法》也允许设立单一股东的一人有限责任公司，作为一种特殊类型的有限责任公司形式存在，并有针对性地设置了一些规定。

有限责任公司的出资

有限责任公司的注册资本

《公司法》第二十六条规定，有限责任公司的注册资本为在公司登记机关登记的全体股东认缴的出资额。法律、行政法规对有限责任公司注册资本实缴、注册资本最低限额另有规定的，从其规定。

有限责任公司的出资方式

《公司法》第二十七条规定，股东可以用货币出资，也可以用实物、知识产权、土地使用权等可以用货币估价并可以依法转让的非货币财产作价出资，但是法律、行政法规规定不得作为出资的财产除外。对作为出资的非货币财产应当评估作价，核实财产，不得高估或者低估。法律、行政法规对评估作价有规定的，从其规定。

有限责任公司股东可以用其他公司的股权出资，但要满足以下条件：

1. 出资的股权由出资人合法持有并依法可以转让。
2. 出资的股权无权利瑕疵或者权利负担，比如质押、涉诉等。
3. 出资人已经履行关于股权转让的法定手续。
4. 出资的股权已依法进行价值评估。

有限责任公司的出资期限

有限责任公司股东认缴的出资，可以在公司成立时一次缴清，也可以在公司成立后分次缴清。股东应当将各自所认缴的出资按公司章程中规定的期限缴清。此外，还需要注意：

1. 股东以非货币资产出资的，应当对非货币资产评估作价，核实资产，不得高估或者低估。实务中一般都需要有第三方独立评估机构来进行评估。若估价明显低于公司章程规定的认缴出资额的，应当认定出资人未完成出资义务。同时，出资人必须依法办理财产权的转移手续才算最终完成出资。

2. 股东未按照公司章程规定缴纳出资，除了继续负有向公司完成出资的义务外，还应当向已经足额缴纳出资的股东承担违约责任。

3. 有限责任公司成立后，设立公司时用来出资的非货币财产的实际价额明显低于公司章程所定价额的，应当由交付该出资额的股东补足差额，公司设立时的其他股东承担连带责任。

股东大会

股东大会的设立

股东大会是有限责任公司的权力机关，除《公司法》有特别规定以外，有限责任公司必须设立股东大会。

1. 一人有限责任公司由于其特性不设股东大会。

2. 国有独资公司不设股东大会，由国有资产监督管理机构行使股东大会职权。国有资产监督管理机构可以授权公司董事会行使股东大会的部分职权，决定公司的重大事项，但公司的合并、分立、解散，增加或者减少注册资本和发行公司债券，必须由国有资产监督管理机构决定。

实际上，股东大会在有限责任公司里并不是一个常设的有形机构，在大多数公司里往往是以召开会议的方式存在，有时候甚至连会议的形式都没有，而是以股东大会决议的书面形式存在。

股东大会的权利

《公司法》第三十七条规定，股东大会行使下列职权：

1. 决定公司的经营方针和投资计划。

2. 选举和更换非职工代表担任的董事、监事，决定有关董事、监事的报酬事项。

3. 审议批准董事会的报告。

4. 审议批准监事会或者监事的报告。

5. 审议批准公司的年度财务预算方案、决算方案。

6. 审议批准公司的利润分配方案和弥补亏损方案。

7. 对公司增加或者减少注册资本做出决议。

8. 对发行公司债券做出决议。

9. 对公司合并、分立、解散、清算或者变更公司形式做出决议。

10. 修改公司章程。

11. 公司章程规定的其他职权。

对前款所列事项，股东以书面形式一致表示同意的，可以不召开股东大会会议，直接做出决定，并由全体股东在决定文件上签名、盖章。

股东大会的召开

1. 定期会议。由公司章程规定，一般 1 年召开 1 次。

2. 临时会议。可由 1/10 以上拥有表决权的股东或 1/3 以上的董事、监事或不设监事会的公司监事提议召开。

3. 设立董事会的公司，股东大会会议由董事会召集，董事长主持。

4. 召开股东大会会议，应当于会议召开 15 日以前通知全体股东，该通知应写明股东大会会议召开的日期、时间、地点和目的，以使股东对拟召开的股东大会有基本的了解。

5. 股东大会决议。一般情况下，股东大会决议采取"资本多数决"原则，即由股东按照出资比例行使表决权。但公司章程可以对股东大会决议的做出方式另行规定，而不必按出资比例行使表决权。

股东大会的议事方式和表决程序等，除《公司法》规定以外，章程也可以予以规定。但对于特定事项，公司规定必须经 2/3 以上拥有表决权的股东通过，如修改公司章程，公司增加或者减少注册资本，公司合并、分立、解散或者变更书面形式。

全体股东对股东大会决议事项以书面形式一致表示同意的，可以不召开股东大会会议而直接做出决定，并由全体股东在决定文件上签名、盖章。

董事会

董事会的设立

1. 董事会是有限责任公司的业务执行机关，享有业务执行权和日常经营决策权。

2. 董事会是一般有限责任公司的必设机关和常设机关。

3. 股东人数较少或规模较小的公司，可以不设董事会，而设执行董事，履行董事会职责。是否设立董事会按章程规定。

4. 设立董事会的，其成员人数为 3～13 人。

5. 董事任期由公司章程规定，但每届任期不得超过 3 年，可以连选连任，无届数限制。

董事会的职权

《公司法》第四十六条规定，董事会对股东会负责，行使下列职权：

1. 召集股东大会会议，并向股东大会报告工作。

2. 执行股东大会的决议。

3. 决定公司的经营计划和投资方案。

4. 制订公司的年度财务预算方案、决算方案。

5. 制订公司的利润分配方案和弥补亏损方案。

6. 制订公司增加或者减少注册资本以及发行公司债券的方案。

7. 制订公司合并、分立、解散或者变更公司形式的方案。

8. 决定公司内部管理机构的设置。

9. 决定聘任或者解聘公司经理及其报酬事项，根据经理的提名决定聘任或者解聘公司副经理、财务负责人及其报酬事项。

    10. 制定公司的基本管理制度。

    11. 公司章程规定的其他职权。

董事会的召开

董事会由董事长召集和主持，董事长不能履行职务的，由副董事长代行。

董事会决议

    1. 董事会表决实行董事一人一票制。

    2. 董事会应当对所议事项的决定做会议记录，参加会议的董事应当在会议记录上签字。

法定代表人

法定代表人，顾名思义，是依法代表法人行使民事权利、履行民事义务的主要负责人。

公司的法定代表人对外以公司名义行事，其行为所产生的法律后果由公司承担。正是法定代表人的特殊地位和权限，决定了其是公司法人治理结构最重要的组成部分之一。因为法定代表人可以直接代表公司对外直接行使权利，因此法律也要求其在行使权利的同时承担相应的法律责任。

法定代表人的权限

理论上来说，由于法定代表人是法定的对外代表公司的人，所以法定代表人以公司名义做出的任何行为均会被视为公司的行为，即法定代表人在日常经营活动中与公司以外的第三方发生法律关系时，拥有几乎完全的权限。无论法定代表人的行为是否经过公司内部管理层的授权或同意，一般情况下都具有法律效力而需要对第三方承担责任。

在实务中，法定代表人常见的行为有两种，一是在相关的政府行政管理程序中签字，比如工商登记文件等，二是在公司日常经营活动中的相关法律文件上签字，比如各类合同、协议、授权委托书等。前者出现比较少，后者经常会出现。

法定代表人的责任

1. 因法定代表人故意或过失而对公司造成损失，法定代表人可能需要对该损失予以赔偿。

《公司法》第一百五十条规定："董事、监事、高级管理人员履行公司职务时违反法律、行政法规或者公司章程的规定，给公司造成损失的，应当承担赔偿责任。"

如果公司的损失是法定代表人违反法律、行政法规或公司章程的规定造成的，公司须对外承担责任，但在公司对外承担相关责任后，即使法定代表人的行为属于职务行为，公司也有权就其损失要求法定代表人予以赔偿。

从实务中，即使法定代表人本人并没有故意违反法律法规或公司章程的行为，但在公司的经营过程中，可能存在其他高级管理人员违反法律法规或公司章程的行为，而在这些交易或决策过程中，有一些相关决策文件需要由法定代表人签署，法定代表人在相关文件上的签字，很有可能被认定其参与了其他高管的行为，从而会与其他高管一起对公司承担赔偿责任。

2. 法定代表人可能承担的刑事责任。

如果公司直接从事犯罪行为的，一般情况下由公司承担刑事责任，法定代表人并不因此而承担刑事责任。但在我国《刑法》规定的某些罪名中，除了对公司进行处罚外，还可能追究"直接负责的主管人员和其他直接责任人"的刑事责任，如生产销售伪劣产品罪、偷税罪、侵犯著作权罪、非法经营罪等。而在司法实践中，法定代表人显然是"最当然"的直接负责的主管人员，被判定对公司的行为承担刑事责任的风险是非常大的。

3. 法定代表人可能被采取的强制措施。

在相关法律、法院的执行机制越来越完善的背景下，作为代表公司的法定代表人直接承受针对公司的强制措施的风险和可能性都在加大。很多规定都直接对法定代表人设定强制措施。当公司进入破产程序、被申请强制执行或欠缴税款时，在特定情形下，司法、行政机关有权对法定代表人采取相应强制措施。

（1）公司有未了结的民事诉讼或不履行法律文书确定的义务，司法机关可对法定代表人采取限制出境等强制措施。

《民事诉讼法》第二百三十一条规定："被执行人不履行法律文书确定的义务的，人民法院可以对其采取或者通知有关单位协助采取限制出境，在征信系统记录、媒体公布不履行义务的信息以及法律规定的其他措施。"

《最高人民法院关于适用〈中华人民共和国民事诉讼法〉执行程序若干问题的解释》第三十七条规定："被执行人为单位的，可以对其法定代表人、主要负责人或者影响债务履行的直接责任人员限制出境。"

根据上述规定，在公司因不履行法律文书确定的义务而被申请强制执行时，人民法院可以对法定代表人采取限制出境的强制措施。

（2）公司进入破产程序时，法定代表人未经许可不得离开住所地。

在企业破产程序中，法定代表人未经人民法院许可，不得离开住所地。

（3）公司欠缴税款时，税务机关可以对法定代表人限制出境。

《税收征收管理法》第四十四条规定："欠缴税款的纳税人或者其法定代表人需要出境的，应当在出境前向税务机关结清应纳税款、滞纳金或者提供担保。不结清税款、滞纳金，又不提供担保，税务机关可以通知出境管理机关阻止其出境。"

近几年中国税制改革加速，税收征管的严格执行是必然趋势。特别是国家税务总局已经与多个部委签署协议来完善税收征管的执行，其中就包括了限制出境的措施。

挂名法定代表人

挂名法定代表人现在比较普遍，是指由非公司股东的个人担任公司法定代表人，且完全不参与公司日常经营活动，只限于完成一些必要的行为，比如在必须由法定代表人签字的文件上签字等。

经常有人会咨询挂名法定代表人有什么风险，其实挂名法定代表人对于其个人和公司都有风险。

对于担任挂名法定代表人的个人而言，由于并不参与公司的实际经营管理，对公司的经营行为和状况一无所知，所以其对因为公司经营风险而产生的可能针对法定代表人的一些法律责任（如前所述的强制措施和赔偿责任）无法进行预判，也无法进行风险规避。实际上，很多利用公司从事欺诈或者逃避债务的公司实际控制人，正是利用挂名法定代表人来逃避自身风险。

对于公司而言，由于法定代表人具有法律上的特殊地位，其签名和相关行为具有代表公司的法律效力，故当挂名法定代表人不遵守约定擅自做出一定的有损公司利益的行为，公司将不得不对外承担该行为的后果。特别是挂名法定代表人一旦与公司产生重大矛盾或冲突，其可能利用自己的身份故意给公司制造麻烦，而这一风险公司完全不可控制。

股权转让

对内转让

有限责任公司的股东之间可以自由转让部分或全部股权。如果内部股权转让导致公司只剩下一个股东时，公司可以继续存在，但公司须符合《公司法》关于一人有限责任公司的条件。

对外转让

有限责任公司股东可以将其持有的公司股权转让给股东以外的第三人，但要遵循《公司法》规定的相关条件。

《公司法》第七十一条第二款规定，股东向股东以外的人转让股权，应当经其他股东过半数同意。股东应就其股权转让事项书面通知其他股东征求同意，其他股东自接到书面通知之日起 30 日未答复的，视为同意转让。其他股东半数以上不同意转让的，不同意的股东应当购买该转让的股权，不购买的，视为同意转让。经股东同意转让的股权，在同等条件下，其他股东有优先购买权。两个以上股东主张行使优先购买权的，协商确定各自的购买比例，协商不成的，按照转让时各自的出资比例行使优先购买权。公司章程对股权转让另有规定的，从其规定。

股东针对以上转让规则，需要注意：

1. 上述其他股东过半数同意，指的是以股东人数计算，而非以股东持有的表决权的数量计算。

2. 同等条件下的优先购买权并不是强制性规定，可以通过公司章程规定是否有优先购买权，或者规定行使优先购买权的具体条件。

3. 如果因强制执行发生股权转让的，法院应当将强制执行措施通知其他股东，其他股东可以在 20 日内行使优先权。如果第三人因此取得公司股权的，公司和其他股东不得否认其效力，而应当签发股东证明和修改章程等。

4. 如果因股东离婚分割财产而发生股权转让的，则按照《婚姻法解释（二)》的有关规定执行。

股权收购请求权

有限责任公司具有较强的人合性质，股东之间的信任和合作对于公司的正常经营管理和发展至关重要。如果某些股东与其他股东产生矛盾不愿意合作，或者公司经营发生某些情况导致某些股东不愿意再作为股东等，此时又无第三人愿意受让股权，《公司法》提供了相关的股权收购规定给这部分股东一个解决方案。

《公司法》第七十四条规定，有下列情形之一的，对股东大会决议投反对票的股东可以请求公司按照合理的价格收购其股权：

1. 公司连续 5 年不向股东分配利润，而公司该 5 年连续赢利，并且符合本法规定的分配利润条件的。

2. 公司合并、分立、转让主要财产的。

3. 公司章程规定的营业期限届满或者章程规定的其他解散事由

出现，股东大会会议通过决议修改章程使公司存续的。

自股东大会会议决议通过之日起 60 日内，股东与公司不能达成股权收购协议的，股东可以自股东大会会议决议通过之日起 90 日内向人民法院提起诉讼。

《公司法》的此项规定为实务中很多小股东的自我保护提供了一种机制。比如不分红，小股东无法从公司盈利中获得作为股东的投资收益；公司合并、分立、转让主要财产的决定权在大股东手里，但这些公司行为又会对公司的状态造成重大改变，针对这些，必须给予小股东选择权。小股东也可以在成为股东的时候就考虑自我保护机制，通过出资前的协商将条件写入章程，以在必要的时候行使收购请求权而退出公司。

自然人股东资格的继承

有限责任公司的自然人股东如果死亡（包括被宣告死亡），该股东有符合《继承法》规定的继承人的，该继承人可以继承股东资格。

1. 如果公司章程对此种继承情形另有规定的，则按照章程规定执行，比如章程可以直接排除继承或者按一定条件（比如一定比例股东同意等）才能继承股东资格。

2. 如果章程无不同规定，继承人愿意取得股东资格的，则其他股东应当允许。

3. 如果该继承人不愿意取得股东资格，则需要与其他股东协商或评估股权价值，由其他股东受让或由公司收购该股权，继承人取得股权转让款。

4. 如果存在数个继承人且都要继承股权的，则继承人之间应当自行协商确定继承的份额。

一人有限责任公司

一人有限责任公司是有限责任公司的一种特殊情形，无专门规定的情况下，适用有限责任公司的规定。

由于一人有限责任公司只有一个股东，在股东权利上没有任何另一方制约，但一人有限责任公司仍然具有独立法人资格，仍然对外独立承担责任，股东仍然是有限责任。因此股东借一人有限责任公司的独立法人法律地位和股东有限责任而从事损害公司债权人及其他利害关系人利益的风险较高，故《公司法》必须对一人有限责任公司做出一定的规制。

再投资限制

一个自然人只能投资设立一家一人有限责任公司。该一人有限责任公司不能投资设立新的一人有限责任公司。法人股东则不受设立数量限制和再投资限制。

财务会计制度严格要求

一人有限责任公司应当在每一会计年度终了时编制财务会计报告，并由会计师事务所审计。

人格混同时的股东连带责任

一人有限责任公司的股东不能证明公司财产独立于股东自己财产的，应当对公司债务承担连带责任。

公司在本质上是以其财产作为独立承担民事责任的基础的，所以公司财产的独立性是基本原则。当公司财产与股东财产发生混同时，公司失去独立人格基础，与股东发生人格混同，股东必须对公司债务承担连带责任。公司债权人可以将公司和公司股东作为共同债务人进行追索。

需要特别指出的是，此项规定将举证责任分配给了股东，即当债权人请求股东承担连带责任的时候，对于公司财产是否独立于股东自己财产的举证是需要股东完成的。这个时候，是否具有规范的财务制度和完整的财务资料直接影响到股东的举证能否完成。这对于不重视财务规范、不区分公司财产和个人财产的企业主来说，他们将面临很多潜在的风险。

本章介绍了公司制度的基本原理、中国《公司法》的基本规定和有限责任公司制度，同时也介绍了一些实务中公司可能会碰到的问题及引发的相应风险，主要想让大家对公司制度和法律规定的知识点、风险点有基本的了解。

相对于《合同法》而言，《公司法》要复杂得多。一般人签订常见的买卖合同，只要考虑得周到一点，把交易过程写得足够详细和表述清楚，基本上可以避开大部分的风险。但是，对于《公司法》而言，涉及公司内部自治和对公司外第三方的关系，还涉及国家对公司的相关监管，其中又有封闭性规定和开放性规定的区别。公司自治原则给予公司和股东的空间极大，这种空间带来的公司纠纷很多时候不仅是依靠《公司法》的法律条文去判断法律后果，更需要深刻理解公司制度原理，这已经远远超过了一般人的知识范围和经验范围。同时，股权结构、股东权利和公司决策机构等合理性、平衡性直接决定了公司是否能正常运作和稳定发展，而这类制度的设计又需要有足够的评估能力和经验，因此，中国的企业家，需要对公司的架构设计和管理制度有足够的重视，并且尽可能地预先设计或调整。因为公司股东纠纷和制度不合理而产生的内耗将对公司运营形成极大的影响，最终造成公司价值的极大损失。

结语

我国当代高净值人士的私人财富安全，是具有中国特色的。我国的高净值人士大多是随着近 20 年的市场经济发展而完成了私人财富的积累，其主要财富以企业资产为主。这类经营性资产本身具有商业风险，加上法律制度、税收制度等都处于不断变革中，因此高净值人士私人财富的安全性面临各种问题。同时，由于一代人刚刚完成了财富积累，还不存在成熟的、可供大部分高净值人士借鉴的传承方式，目前中国法治的现状无法提供稳定、安全、完善的法律工具解决传承问题。所以我国高净值人士的私人财富安全问题的解决必然会经过一个复杂而逐步清晰的发展过程。

我国高净值人士的私人财富安全需要从现实环境出发，跟随法治发展的脚步去实现。当下，高净值人士企业资产主要是以家庭方式拥有的个人资产和以公司形式存在的经营性资产，这两者分别受《婚姻法》《继承法》和《公司法》的调整。前半部分我们通过实例和分析来介绍我国高净值人士所面临的各类财富安全问题，并通过介绍一些常用的法律工具来普及高净值人士财富安全问题的解决方案。后半部分我们通过对《婚姻法》《继承法》和《公司法》基本知识的介绍，让大家了解在法律层面，私人财富的法律风险在哪里，知道哪些法律问题是高净值人士需要特别关注的。这些与高净值人士的私人财富安全相关的知识，是我们与高净值人士深入沟通的有效内容，也能真正帮助他们。

第三部分

税商篇

财富管理视角下的企业主税务筹划全景解析

　　改革开放以来，中国产生了一批企业家，他们在财富的积累方面具备比一般人更高的智慧。受个体的能力、努力程度等诸多因素的影响，个人财富积累的过程不尽相同。2018 年 11 月 20 日，胡润研究院发布的《2018 胡润财富报告》显示，除港澳台之外，中国内地（大陆）拥有 600 万资产的富裕家庭数量已经达到 387 万，比上年增加 25 万，增长率达 7%，其中拥有 600 万可投资资产的富裕家庭数量达到 136.5 万；拥有千万资产的高净值家庭数量达到 161 万，比上年增加 14 万，增长率达 10%，其中拥有千万可投资资产的高净值家庭数量达到 82 万；拥有亿元资产的超高净值家庭数量达到 11 万，比上年增加 1.1 万，增长率达 11%，其中拥有亿元可投资资产的超高净值家庭数量达到 6.5 万；拥有 3 000 万美元的国际超高净值家庭数量达到 7.4 万，比上年增加 0.9 万，增长率达 14%，其中拥有 3 000 万美元可投资资产的国际超高净值家庭数量达到 4.5 万。

　　《2018 胡润财富报告》表示："这 10 年是中国历史上个人财富积累最快的 10 年，高净值家庭数量从 10 年前的 82.5 万增长到 201 万，预计 5 年后将再增长 50% 左右，达到 285 万，10 年后将增长至 410 万。"

　　创富不易，守富更难。他们有了财富，就要做财富管理。随着财富的增多，守富确实面临巨大的挑战，高净值人士稍有不慎，他们的财富便会招致灾难。引发财富缩水的七大风险为：公私资产混同、婚变冲击与隐患、投资决策失败、代持风险、缺乏税务筹划、忽视提早周全规划和防不胜防的风险。

税务风险是目前高净值人群面临的严峻风险之一。随着《海外账户税收遵从法案》、共同申报准则（CRS）、金税工程三期的实施以及大数据时代的来临，高净值人群拥有的全球资产越来越透明。2019 年是我国的税务元年，生效的新个人所得税法已全面实施，高净值客户的涉税事项逐渐增多，纳税人的数量也在不断增加，企业向着智能化、国际化发展的趋势愈加明显。而在这种趋势下，税收风险管理的难度系数也在加大，金融从业人员有必要了解国内外税收政策，正确掌握企业和个人的税务知识、相关的财税新政知识，以帮助提高企业的财税风控意识及法律防范能力，规避税收风险。金融从业人员正确认知高净值客户财富管理需求，把握挖掘需求的技巧，掌握客户税收需求分析法，并能有效运用在高净值客户的服务过程中和财富传承、资产配置、安全保障等方面，以防范风险、规避风险为主导，通过选择、组合传承工具，更有效地服务于高净值人群，为高净值人群在新财税下的财富管理提供合规、合理的引导和建议，帮助高净值人群实现家业长青、永续发展。

第11章　个人所得税概述

中国的个人所得税制

　　《中华人民共和国个人所得税法》（1980 年 9 月 10 日第五届全国人民代表大会第三次会议通过），根据 1993 年 10 月 31 日第八届全国人民代表大会常务委员会第四次会议《关于修改〈中华人民共和国个人所得税法〉的决定》第一次修正，根据 1999 年 8 月 30 日第九届全国人民代表大会常务委员会第十一次会议《关于修改〈中华人民共和国个人所得税法〉的决定》第二次修正，根据 2005 年 10 月 27 日第十届全国人民代表大会常务委员会第十八次会议《关于修改〈中华人民共和国个人所得税法〉的决定》第三次修正，根据 2007 年 6 月 29 日第十届全国人民代表大会常务委员会第二十八次会议《关于修改〈中华人民共和国个人所得税法〉的决定》第四次修正，根据 2007 年 12 月 29 日第十届全国人民代表大会常务委员会第三十一次会议《关于修改〈中华人民共和国个人所得税法〉的决定》第五次修正，根据 2011 年 6 月 30 日第十一届全国人民代表大会常务委员会第二十一次会议《关于修改〈中华人民共和国个人所得税法〉的决定》第六次修正，根据 2018 年 8 月 31 日第十三届全国人民代表大会常务委员会第五次会议《关于修改〈中华人民共和国个人所得税法〉的决定》第七次修正。

　　《中华人民共和国个人所得税法》是全国人民代表大会常务委员会批准的中国国家法律文件。原《中华人民共和国个人所得税法》于 2011 年 6 月 30 日公布，自 2011 年 9 月 1 日起施行。个人所得税法、个人所得税法实施条例（1994 年 1 月 28 日颁布）、税收征管法（2001 年 4 月 28 日颁布）以及由中国各级税务机关发布的有关个人所得税征管的规定，构成了现行中国个人所得税法的主体法律基础。

《全国人民代表大会常务委员会关于修改〈中华人民共和国个人所得税法〉的决定》已由中华人民共和国第十三届全国人民代表大会常务委员会第五次会议于 2018 年 8 月 31 日通过，新个人所得税法自 2019 年 1 月 1 日起施行。此次颁布的个人所得税法是 30 年来个人所得税制度的首次大改革，这对中国普通税收居民、外籍居民及高净值客户都会产生重大影响。税法的条款如下。

第一条　在中国境内有住所，或者无住所而一个纳税年度内在中国境内居住累计满一百八十三天的个人，为居民个人。居民个人从中国境内和境外取得的所得，依照本法规定缴纳个人所得税。

在中国境内无住所又不居住，或者无住所而一个纳税年度内在中国境内居住累计不满一百八十三天的个人，为非居民个人。非居民个人从中国境内取得的所得，依照本法规定缴纳个人所得税。纳税年度，自公历一月一日起至十二月三十一日止。

第二条　下列各项个人所得，应当缴纳个人所得税：

（一）工资、薪金所得；

（二）劳务报酬所得；

（三）稿酬所得；

（四）特许权使用费所得；

（五）经营所得；

（六）利息、股息、红利所得；

（七）财产租赁所得；

（八）财产转让所得；

（九）偶然所得。

居民个人取得前款第一项至第四项所得（以下称综合所得），按纳税年度合并计算个人所得税；非居民个人取得前款第一项至第四项所得，按月或者按次分项计算个人所得税。纳税人取得前款第五项至第九项所得，依照本法规定分别计算个人所得税。

第三条　个人所得税的税率：

（一）综合所得，适用百分之三至百分之四十五的超额累进税率；

（二）经营所得，适用百分之五至百分之三十五的超额累进税率；

（三）利息、股息、红利所得，财产租赁所得，财产转让所得和偶然所得，适用比例税率，税率为百分之二十。

第四条　下列各项个人所得，免征个人所得税：

（一）省级人民政府、国务院部委和中国人民解放军军以上单位，以及外国组织、国际组织颁发的科学、教育、技术、文化、卫生、体育、环境保护等方面的奖金；

（二）国债和国家发行的金融债券利息；

（三）按照国家统一规定发给的补贴、津贴；

（四）福利费、抚恤金、救济金；

（五）保险赔款；

（六）军人的转业费、复员费、退役金；

（七）按照国家统一规定发给干部、职工的安家费、退职费、基本养老金或者退休费、离休费、离休生活补助费；

（八）依照有关法律规定应予免税的各国驻华使馆、领事馆的外交代表、领事官员和其他人员的所得；

（九）中国政府参加的国际公约、签订的协议中规定免税的所得；

（十）国务院规定的其他免税所得。

前款第十项免税规定，由国务院全国人民代表大会常务委员会备案。

第五条　有下列情形之一的，可以减征个人所得税，具体幅度和期限，由省、自治区、直辖市人民政府规定，并报同级人民代表大会常务委员会备案：

（一）残疾、孤老人员和烈属的所得；

（二）因自然灾害遭受重大损失的。

国务院可以规定其他减税情形，报全国人民代表大会常务委员会备案。

第六条 应纳税所得额的计算：

（一）居民个人的综合所得，以每一纳税年度的收入额减除费用六万元以及专项扣除、专项附加扣除和依法确定的其他扣除后的余额，为应纳税所得额；

（二）非居民个人的工资、薪金所得，以每月收入额减除费用五千元后的余额为应纳税所得额；劳务报酬所得、稿酬所得、特许权使用费所得，以每次收入额为应纳税所得额；

（三）经营所得，以每一纳税年度的收入总额减除成本、费用以及损失后的余额，为应纳税所得额；

（四）财产租赁所得，每次收入不超过四千元的，减除费用八百元；四千元以上的，减除百分之二十的费用，其余额为应纳税所得额；

（五）财产转让所得，以转让财产的收入额减除财产原值和合理费用后的余额，为应纳税所得额；

（六）利息、股息、红利所得和偶然所得，以每次收入额为应纳税所得额。

劳务报酬所得、稿酬所得、特许权使用费所得以收入减除百分之二十的费用后的余额为收入额。稿酬所得的收入额减按百分之七十计算。

个人将其所得对教育、扶贫、济困等公益慈善事业进行捐赠，捐赠额未超过纳税人申报的应纳税所得额百分之三十的部分，可以从其应纳税所得额中扣除；国务院规定对公益慈善事业捐赠实行全额税前扣除的，从其规定。

本条第一款第一项规定的专项扣除，包括居民个人按照国家规定的范围和标准缴纳的基本养老保险、基本医疗保险、失业保险等社会保险费和住房公积金等；专项附加扣除，包括子女教育、继续教育、大病医疗、住房贷款利息或者住房租金、赡养老人等支出，具体范围、标准和实施步骤由国务院确定，并报全国人民代表大会常务委员会备案。

第七条　居民个人从中国境外取得的所得，可以从其应纳税额中抵免已在境外缴纳的个人所得税税额，但抵免额不得超过该纳税人境外所得依照本法规定计算的应纳税额。

第八条　有下列情形之一的，税务机关有权按照合理方法进行纳税调整：

（一）个人与其关联方之间的业务往来不符合独立交易原则而减少本人或者其关联方应纳税额，且无正当理由；

（二）居民个人控制的，或者居民个人和居民企业共同控制的设立在实际税负明显偏低的国家（地区）的企业，无合理经营需要，对应当归属于居民个人的利润不作分配或者减少分配；

（三）个人实施其他不具有合理商业目的的安排而获取不当税收利益。

税务机关依照前款规定作出纳税调整，需要补征税款的，应当补征税款，并依法加收利息。

第九条　个人所得税以所得人为纳税人，以支付所得的单位或者个人为扣缴义务人。

纳税人有中国公民身份号码的，以中国公民身份号码为纳税人识别号；纳税人没有中国公民身份号码的，由税务机关赋予其纳税人识别号。扣缴义务人扣缴税款时，纳税人应当向扣缴义务人提供纳税人识别号。

第十条　有下列情形之一的，纳税人应当依法办理纳税申报：

（一）取得综合所得需要办理汇算清缴；

（二）取得应税所得没有扣缴义务人；

（三）取得应税所得，扣缴义务人未扣缴税款；

（四）取得境外所得；

（五）因移居境外注销中国户籍；

（六）非居民个人在中国境内从两处以上取得工资、薪金所得；

（七）国务院规定的其他情形。

扣缴义务人应当按照国家规定办理全员全额扣缴申报，并向纳税人提供其个人所得和已扣缴税款等信息。

第十一条　居民个人取得综合所得，按年计算个人所得税；有扣缴义务人的，由扣缴义务人按月或者按次预扣预缴税款；需要办理汇算清缴的，应当在取得所得的次年三月一日至六月三十日内办理汇算清缴。预扣预缴办法由国务院税务主管部门制定。

居民个人向扣缴义务人提供专项附加扣除信息的，扣缴义务人按月预扣预缴税款时应当按照规定予以扣除，不得拒绝。

非居民个人取得工资、薪金所得，劳务报酬所得，稿酬所得和特许权使用费所得，有扣缴义务人的，由扣缴义务人按月或者按次代扣代缴税款，不办理汇算清缴。

第十二条　纳税人取得经营所得，按年计算个人所得税，由纳税人在月度或者季度终了后十五日内向税务机关报送纳税申报表，并预缴税款；在取得所得的次年三月三十一日前办理汇算清缴。

纳税人取得利息、股息、红利所得，财产租赁所得，财产转让所得和偶然所得，按月或者按次计算个人所得税，有扣缴义务人的，由扣缴义务人按月或者按次代扣代缴税款。

第十三条　纳税人取得应税所得没有扣缴义务人的，应当在取得所得的次月十五日内向税务机关报送纳税申报表，并缴纳税款。

纳税人取得应税所得，扣缴义务人未扣缴税款的，纳税人应当在取得所得的次年六月三十日前，缴纳税款；税务机关通知限期缴纳的，纳税人应当按照期限缴纳税款。

居民个人从中国境外取得所得的，应当在取得所得的次年三月一日至六月三十日内申报纳税。

非居民个人在中国境内从两处以上取得工资、薪金所得的，应当在取得所得的次月十五日内申报纳税。

纳税人因移居境外注销中国户籍的，应当在注销中国户籍前办理税款清算。

第十四条　扣缴义务人每月或者每次预扣、代扣的税款，应当在次月十五日内缴入国库，并向税务机关报送扣缴个人所得税申报表。

纳税人办理汇算清缴退税或者扣缴义务人为纳税人办理汇算清缴退税的，税务机关审核后，按照国库管理的有关规定办理退税。

第十五条　公安、人民银行、金融监督管理等相关部门应当协助税务机关确认纳税人的身份、金融账户信息。教育、卫生、医疗保障、民政、人力资源社会保障、住房城乡建设、公安、人民银行、金融监督管理等相关部门应当向税务机关提供纳税人子女教育、继续教育、大病医疗、住房贷款利息、住房租金、赡养老人等专项附加扣除信息。

个人转让不动产的，税务机关应当根据不动产登记等相关信息核验应缴的个人所得税，登记机构办理转移登记时，应当查验与该不动产转让相关的个人所得税的完税凭证。个人转让股权办理变更登记的，市场主体登记机关应当查验与该股权交易相关的个人所得税的完税凭证。

有关部门依法将纳税人、扣缴义务人遵守本法的情况纳入信用信息系统，并实施联合激励或者惩戒。

第十六条　各项所得的计算，以人民币为单位。所得为人民币以外的货币的，按照人民币汇率中间价折合成人民币缴纳税款。

第十七条　对扣缴义务人按照所扣缴的税款，付给百分之二的手续费。

第十八条　对储蓄存款利息所得开征、减征、停征个人所得税及其具体办法，由国务院规定，并报全国人民代表大会常务委员会备案。

第十九条　纳税人、扣缴义务人和税务机关及其工作人员违反本法规定的，依照《中华人民共和国税收征收管理法》和有关法律法规的规定追究法律责任。

第二十条 个人所得税的征收管理，依照本法和《中华人民共和国税收征收管理法》的规定执行。

第二十一条 国务院根据本法制定实施条例。

第二十二条 本法自公布之日起施行。

个人所得税

纳税居民和非纳税居民

个人所得税是调整征税机关与自然人（居民、非居民）之间在个人所得税的征纳与管理过程中所发生的社会关系的法律规范的总称。在中国境内有住所，或者无住所而一个纳税年度内在中国境内居住累计满 183 天的个人，为居民个人。居民个人从中国境内和境外取得的所得，依照本法规定缴纳个人所得税。在中国境内无住所又不居住，或者无住所而一个纳税年度内在中国境内居住累计不满 183 天的个人，为非居民个人。非居民个人从中国境内取得的所得，依照本法规定缴纳个人所得税。无住所个人一个纳税年度在中国境内累计居住满 183 天的，如果此前 6 年在中国境内每年累计居住天数都满 183 天而且没有任何一年单次离境超过 30 天，该纳税年度来源于中国境内、境外的所得应当缴纳个人所得税；如果此前 6 年的任一年在中国境内累计居住天数不满 183 天或者单次离境超过 30 天，该纳税年度来源于中国境外且由境外单位或者个人支付的所得，免缴个人所得税。

"此前 6 年"，是指该纳税年度的前 1 年至前 6 年的连续 6 个年度，"此前 6 年"的起始年度自 2019 年（含）以后年度开始计算。纳税年度，自公历 1 月 1 日起至 12 月 31 日止。

2018 年 8 月 31 日，关于修改个人所得税法的决定通过。起征点每月 5 000 元，2018 年 10 月 1 日起实施最新起征点和税率。2019 年 1 月 1 日，个税执行综合与分类征收的新税制模式。2019 年 1 月 1 日开始实施的新个人所得税法的不同点有：一是提出了"综合所得"的概念，实现了我国分类与综合相结合的税制模式，更好地体现了税收公平。新个税共有 9 个税目，分别为工资、薪金所得，劳务报酬所得，稿酬所得，特许权使用费所得，经营所得，利息、股息、红利所得，财产租赁所得，财产转让所得，偶然所得。这 9 个税目中的前 4 个统称为"综合所得"。二是统一经营所得的范围，将"个体工商户的生产、经营所得"调整为"经营所得"，不再保留"对企事业单位的承包经营、承租经营所得"，该项所得根据具体情况，分别并入综合所得或者经营所得。三是保留部分分类计征的税目，对经营所得，利息、股息、红利所得，财产租赁所得，财产转让所得，偶然所得以及其他所得，仍采用分类征税方式，按照规定分别计算个人所得税。

1. 工薪所得。

工薪所得，是指个人因任职或受雇而取得的工资、薪金、奖金、年终加薪、劳动分红、津贴、补贴以及与任职或受雇有关的其他所得。这就是说，个人取得的所得，只要是与任职、受雇有关，无论是通过其单位的资金开支渠道支付的，还是以现金、实物、有价证券等形式支付的，都是工薪所得项目的课税对象。

2. 劳务报酬所得。

劳务报酬所得，是指个人从事设计、装潢、安装、制图、化验、测试、医疗、法律、会计、咨询、讲学、新闻、广播、翻译、审稿书画、雕刻、影视、录音、录像、演出、表演、广告、展览、技术服务、介绍服务、经济服务、代办服务等工作以及其他劳务取得的所得。

3. 稿酬所得。

稿酬所得，是指个人因其作品以图书、报刊形式出版、发表而取得的所得。这里所说的"作品"，是指包括中外文字、图片、乐谱等能以图书、报刊形式出版、发表的作品；"个人作品"包括本人的著作、翻译的作品等。个人取得的遗作稿酬，应按稿酬所得项目计税。

4. 特许权使用费所得。

特许权使用费所得，是指个人提供专利权、著作权、商标权、非专利技术以及其他特许权的使用权取得的所得。提供著作权的使用权取得的所得，不包括稿酬所得。作者将自己文字作品手稿原件或复印件公开拍卖（竞价）取得的所得，应按特许权使用费所得项目计税。

纳税人取得的工资、薪金所得、劳务报酬所得，稿酬所得，特许权使用费所得这 4 种形式的收入，是需要综合计算缴纳税款，以每一纳税年度的这 4 项的收入额合计，即"综合所得"（如果只取得一项工资、薪金收入则综合所得就等于工资、薪金所得）减除费用 6 万元以及专项扣除、专项附加扣除和依法确定的其他扣除后的余额，作为应纳税所得额。

其中，劳务报酬所得、稿酬所得、特许权使用费所得，以减去 20% 的费用后的余额为收入额，同时，为鼓励创作，稿酬所得的收入额再减去 30%。

例如，王先生 2019 年取得工资收入 10 万元，同时取得劳务报酬收入 2 万元、稿酬收入 1 万元，则王先生 2019 年的综合所得 = 10 万元（工资）+2 万元 ×80%（劳务报酬所得）+ 1 万元 ×80% × 70%（稿酬所得）=12.16 万元。

综合所得（工资、薪金所得，劳务报酬所得，稿酬所得，特许权使用费所得）适用 7 级超额累进税率，按月计算应纳税所得额。该税率按个人月工资、薪金应税所得额划分级距，最高一级为 45%，最低一级为 3%，共 7 级，见表 11.1。

表 11.1　个人综合所得税税率表

级数	全年应纳税所得额（元）	2019 年税率（%）	2019 年前税率（%）
1	不超过 36 000	3	3，10
2	超过 36 000 至 144 000	10	10，20，25
3	超过 144 000 至 300 000	20	25
4	超过 300 000 至 420 000	25	25

（续表）

级数	全年应纳税所得额 （元）	2019 年税率 （％）	2019 年前税率 （％）
5	超过 420 000 至 600 000	30	30
6	超过 660 000 至 960 000	35	35
7	超过 960 000	45	45

注：①本表所称全年应纳税所得额是指依照新个税法第六条的规定，居民个人取得的
综合所得即以每一纳税年度收入额减除费用 6 万元以及专项扣除、专项附加扣
除和依法确定的其他扣除后的余额。在扣除基本减除费用标准和"三险一金"
等专项扣除外，新个税法还增加了专项附加扣除项目。新个税法规定：专项附
加扣除，包括子女教育、继续教育、大病医疗、住房贷款利息或者住房租金、
赡养老人等支出。
②非居民个人取得的工资、薪金所得，劳务报酬所得，稿酬所得和特许权使用费
所得，按月换算后计算应纳税额。

个人综合所得税计算公式

1. 工资、薪金收入（全额）＋劳务报酬收入×（1－20％）＋稿
酬收入×（1－20％）×70％＋特许权使用费收入×（1－20％）＝收
入额。

2. 收入额－6 万元－专项扣除－专项附加扣除－依法确定的其
他扣除＝应纳税所得额。

3. 应纳税所得额×税率－速算扣除数＝应纳税额。

经营所得税

个体工商户的生产、经营所得适用 5 级超额累进税率。按年计算、
分月预缴税款的个体工商户的生产、经营所得和对企事业单位的承包
经营、承租经营的全年应纳税所得额的级距，最低一级为 5％，最高
一级为 35％，共 5 级，见表 11.2。经营所得包括以下 4 个方面。

经工商行政管理部门批准开业并领取营业执照的城乡个体工商
户，从事工业、手工业、建筑业、交通运输业、商业、饮食业、服
务业、修理业及其他行业的生产、经营取得的所得。

个人经政府有关部门批准，取得营业执照，从事办学、医疗咨询以及其他有偿服务活动取得的所得。

个人从事个体工商业生产、经营取得的所得，即个人临时从事生产、经营活动取得的所得。

上述个体工商户和个人取得的生产、经营有关的各项应税所得。

对企事业单位的承包经营、承租经营所得，是指个人承包经营、承租经营以及转包、转租取得的所得，包括个人按月或者按次取得的工资、薪金性质的所得，个体工商户的生产、经营所得和对企业事业单位的承包经营、承租经营所得。

表 11. 2　经营所得税税率

级数	全年应纳税所得额（元）	2019 年税率（%）	2019 年前税率（%）
1	不超过 30 000	5	5，10
2	超过 30 000 至 90 000	10	20，30
3	超过 90 000 至 300 000	20	30，35
4	超过 300 000 至 500 000	30	35
5	超过 500 000	35	35

分类所得税

个人的利息、股息、红利所得，财产租赁所得，财产转让所得，偶然所得和其他所得，按次计算征收个人所得税，适用20%的税率。

利息、股息、红利所得，是指个人拥有债权、股权而取得的利息、股息、红利所得。利息是指个人的存款利息（我国2008年10月9日开始取消利息税）、贷款利息和购买各种债券的利息。股息，是指股票持有人根据股份制公司章程规定，凭股票定期从股份公司取得的投资利益。红利是公司（企业）分红所得，是股份公司或企业根据应分配的利润按股份分配超过股息部分的利润。股份制企业以股票形式向股东个人支付股息、红利（派发红股），应以派发的股票面额为收入额计税。

财产租赁所得，是指个人出租建筑物、土地使用权、机器设备、车船以及其他财产取得的所得。财产包括动产和不动产。

财产转让所得，是指个人转让有价证券、股权、建筑物、土地使用权、机器设备、车船以及其他自有财产给他人或单位而取得的所得，包括转让不动产和动产而取得的所得。

偶然所得，是指个人取得的所得是非经常性的，属于机遇性所得，包括得奖、中奖、中彩以及其他偶然性质的所得（含奖金、实物和有价证券）。个人购买社会福利有奖募捐奖券、中国体育彩票，一次中奖收入不超过 1 万元的，免征个人所得税，超过 1 万元的，应以全额按偶然所得项目计税。

此次个税法案是 30 年来个人所得税制度的首次大改革，对中国普通税收居民、外籍居民及高净值客户都会产生重大影响。高净值人士对整体财富规划，尤其是涉及海外架构的传承规划方案，都需要重新审视。

增加反避税条款

由居民个人控制，设立在实际税负明显偏低的国家或地区的企业，无合理经营需求，对应当归属居民个人的利润不分配或者减少分配的，税务机关有权按照合理方法进行纳税调整，视同该企业对居民个人进行了分配并征收个人所得税。

这意味着中国居民个人直接或间接拥有的用来投资的传统离岸公司都将成为"受控境外企业"。如果这些离岸公司将其利润每年对中国居民个人股东进行分配，那么个人居民将要缴纳个人所得税，包括个人间接转让公司股权、不动产，中国个人的跨境并购。

设立离岸公司，把利润留在海外的行为，预计也可能类比企业所得税法中有关受控境外企业的规则进行征税。

个人不按独立交易原则转让财产的行为，如零对价转让财产给海外受托人设立信托，税务机关有权按合理方法进行纳税整理。

其中，反避税条款里影响最大的是设立离岸信托，但目前税法的具体细则并不确定，不排除税务机关以交易重构的方式，对信托交易过程的税收处理进行重新定性和调整，从而造成巨大的税收征管影响。所以麦策金融认为，未来高净值客户在进行国内外传承架构规划的时候要有前瞻性。

离境清税

"离境申报"的规定是纳税人因移居境外注销中国户籍的，应当在注销中国户籍前办理税款清算。

目前，我们对税款清算有两种理解，如下：

第一种理解，中国籍个人在注销户籍前应当结算并清偿个人此前未完税的部分。

第二种理解，将其视为弃籍税。虽然现在此定义还不太明确，但可预测未来公安机关很有可能要求自然人首先取得税务机关出具的清税证明，才会为个人办理户籍注销。

个税筹划

此次税改后，高净值客户面临的实际有效税率将变高，一些税收不明晰的科目将逐渐覆盖和征收；税务合规的要求和不合规的风险后果都更为严格，未来会加强对个人税收的稽查；传统规划工具都将失效，对过去免税的项目，如房产税、资本利得，在未来可能会进行征税。合理的税务筹划是每一位高净值人士必须考虑的。

随着金税工程三期的逐步完善，传统规划方法，如高薪工资分多人报税，股东借款给员工发工资，公司收入进个人账户等行为显然是不合规的，必须避免运用。采取和选择合理的节税方法势在必行，核心员工薪资高，综合税率达到20%以上，我们可以将员工关系变更为合作关系，让员工设立个人独资企业或者工作室，与公司公对公合作。原来支付工资，如今支付服务费，个人公司给企业开服务费发票，将工资、薪金所得转换为经营所得。如果个独企业设立在税收洼地，核定征收，有些税收综合税率保持在3.5%以内。这样，个人可以少缴税，公司也不用承担个人部分社保。我们在规划的同时，需要衡量规划方式的利弊和风险，此方案不利之处是，因个人独立后与公司是合作关系，公司不能像对员工一样对其进行约束，两者将来可能变成竞争关系。

考虑利用税收政策，增加员工福利

补充养老金：根据财税〔2009〕27 号文件，企业为员工缴纳的补充养老金，不超过工资额 5% 的部分，企业可以在所得税前列支。财税〔2013〕103 号文件表明，企业为员工缴纳的补充养老金，不超过个人工资 4% 的部分可以在个人所得税前扣除。公司部分和个人部分，员工在退休后都可领取，领取时直接找对应税率，没有扣除项。若当前薪资很高，这种方法也是很合适的。

递延型商业养老保险：根据财税〔2018〕22 号文件，个人可以买商业养老保险，每月的 1 000 元和个人 6% 的工资额相比，较低者可以在个人所得税前扣除；领取时，按领取额的 10% 缴纳个税。员工当前综合个税税率大于 10% 时可用。

商业健康险：根据财税〔2017〕39 号文件，公司统一给员工买健康险，每年不超过 2 400 元（200 元/月）的部分可以税前扣除，如员工工资是 20 000 元，则可按 20 200 元给员工申报个税，商业健康险可税前扣除。

雇主责任险：国家税务总局 2018 年 52 号公告表明，雇主责任险可在企业所得税前列支。有些企业，特别是生产型企业和高风险企业，出现意外事件的概率较大，为降低风险，可购买雇主责任险，它属于财产型保险。被保险人是公司，意外保险人是员工。员工若出现意外，保险公司会对公司进行赔付。由于公司购买的财产型保险，与员工个人无关，不会涉及个人所得税。

合理解决税负高的难题，改变收入类型，将工资收入、劳务收入、提成奖金收入变为经营所得收入，从而享受国家给予的低税率扶持。

股权激励也是税务筹划的重要部分

股权激励是现代企业管理的一种重要方式，它是调整利益的一种重要手段和方法，是企业家激励投资人、职业经理人的利器。股权激励形式多种多样，但主要功能是一致的，即建立健全公司长效激励机制，吸引和留住优秀人才，有效地将股东、公司利益和核心员工个人利益结合在一起，实现企业的可持续发展。在股权激励中，低价让渡部分股权或收益权不是目的，目的是达到激励的效果。公司实施股权激励后，除了企业经营、市场等因素引发股价变化外，最受关注的是股权激励中个人所得税的处理，高额的个人所得税势必降低激励的效果，因此，公司应该充分关注其中涉税事项的处理。那么，股权激励过程中，纳税人面临哪些税务风险？他们要如何应对各种税务挑战呢？

目前，国际通行的股权激励模式主要有股票期权、业绩股票、虚拟股票、员工持股计划、账面价值增值权、管理层收购、股票增值权、限制性股票、延期支付等。

（1）股票期权。

股票期权是指公司授予激励对象的一种权利，激励对象可以在规定的时间内以事先确定的价格购买一定数量的本公司流通股票，也可以放弃这种权利。股票期权的行权有时间和数量限制，且需要激励对象自行为行权支付现金。目前，我国一些上市公司应用的虚拟股票期权是虚拟股票和股票期权的结合，即公司授予激励对象的是一种虚拟的股票认购权，激励对象行权后获得的是虚拟股票。

实施方式：公司向激励对象发放期权证书，承诺在一定期限内或一定条件达成时（如公司上市时）激励对象以较低价格购买股权。

（2）业绩股票。

业绩股票是指公司在年初确定一个较为合理的业绩目标，如果激励对象到年末时达到预定的目标，公司则授予其一定数量的股票或一定的奖励基金购买公司股票。业绩股票的流通变现通常有时间和数量限制。一种与业绩股票在操作和作用上类似的长期激励方式是业绩单位，它和业绩股票的区别在于业绩股票是授予股票，而业绩单位是授予现金。

（3）账面价值增值权。

账面价值增值权是公司直接拿每股净资产的增加值来激励激励对象。它不是真正意义上的股票，因此激励对象并不具有所有权、表决权和配股权，也没有股权转让时的所得税。

（4）员工持股计划。

员工持股计划是指公司内部员工个人出资认购本公司部分股份，并委托公司进行集中管理的股权激励方式。

实施方式：公司通过信托基金组织用计划实施免税的部分利润回购股东手中的股权，分配给员工；公司建立员工信托基金组织（如员工持股会）购买股东股权，按照员工持股计划向员工出售。

（5）虚拟股票。

虚拟股票指公司授予激励对象一种虚拟的股票，激励对象可据此享受分红权和股价升值收益，但没有所有权、表决权，也不能转让和出售。激励对象离开企业时，该虚拟股票自动失效。

公司与激励对象签订合约，约定授予数量、行权时间和条件，明确双方权利和义务，按年度给予分红。在一定时间和条件达成时，虚拟股票可转为真正的股票，激励对象可真正掌握所有权。

（6）股票增值权。

股票增值权是指公司授予激励对象的一种权利，如公司股价上涨，激励对象可以通过行权来获得相应数量的股权升值收益，且不用为行权付出现金，行权后可获得相应的现金或等值的公司股票。

实施方式：公司指定规定数量的股票给激励对象作为股票增值权的对象，如行权期内公司股价上升，激励对象可选择兑现权利，获得股价升值带来的收益，也可选择获得现金或兑换成相应金额的股票。

（7）限制性股票。

公司按照预先确定的条件授予激励对象一定数量的本公司股票，但激励对象不得随意处置股票，只有在规定的服务期限后或完成特定业绩目标时，才能出售股票获得收益。

（8）管理层收购。

管理层收购又称"经营层融资收购"，是指公司的管理层利用借贷所融资本购买本公司的股权，从而改变公司所有者结构、控制权结构和资产结构，实现持股经营，实现被激励者与公司利益、股东利益的完整统一。

实施方式：公司管理层和员工共同出资成立职工持股会或公司管理层出资（一般是信贷融资）成立新的公司作为收购主体，一次性或多次性收购原股东持有的公司股权，从而直接或间接成为公司的控股股东。一般管理层为获得收购资金，会以私人财产做抵押向投资公司或投资银行融资，收购成功后改用公司股权抵押。有时，投资公司也会成为股东。

（9）延期支付。

延期支付，也称延期支付计划，是公司为激励对象设计的一揽子收入计划，包括部分年度奖金、股权激励收入等不在当年发放，而是按当日公司股票市场价格折算成股票数量，存入公司为其单独设立的延期支付账户，在一定期限后再以公司股票形式或根据期满时股票市值以现金形式发放给激励对象。

股权激励模式比较见表11.3。

表11.3　股权激励模式比较

类型	常用工具	主要优点	主要不足
基于股权结算	股票期权	• 激励对象资金压力很小 • 与公司业绩捆绑度大 • 能享受到资本市场的溢价	• 受资本市场影响大，存在"潜水"风险，激励作用减弱 • 约束力度较小 • 缺少股东感
	限制性股票（折扣型）	• 授予对象拥有实质型股权，股东感更强，更易长期捆绑核心员工 • 受非业绩因素影响较小 • 约束力度较高 • 能享受到资本市场的溢价	• 激励对象需要支付一定数量的资金，有一定资金压力 • 对股权摊薄程度较大，不宜对大量群体使用
	业绩股票（奖励型）	• 与个人绩效紧密挂钩 • 不需要员工另外支付资金购买	• 一般力度较小，更多体现短期激励作用

（续表）

类型	常用工具	主要优点	主要不足
基于现金结算	股票增值权	• 不仅追求经营业绩，也注重每股价值增长 • 不会对股权造成稀释	• 公司将有可能大量现金流出，也不宜对大量群体使用 • 受资本市场影响大

股权转让类型及个人所得税

需要缴纳个人所得税的股权转让类型有：公司出售股权、公司回购股权、发行人首次公开发行新股、被投资企业股东将其持有的股份以公开发行的方式一并向投资者发售、投资者被司法或行政机关强制股权过户、投资者以股权对外投资或进行其他非货币性交易、投资者以股权抵偿债务以及其他股权转移行为。

税费计算

股权转让的应纳税所得额，是股权转让价减去股权计税成本和转让过程中的相关税费后的余额。股权计税成本是指自然人股东入股时向企业实际交付的出资金额或购买该股权时向该股权的转让人实际支付的股权转让金额。自然人股权转让个人所得税，按照"财产转让所得税"项目缴纳，适用 20% 的税率。

股权转让应纳税所得额 ＝ 股权转让价 － 股权计税成本 － 与股权转让相关的印花税等税费

股权转让个人所得税 ＝ 股权转让应纳税所得额 × 20%

自然人股东部分转让所持有股权的，转让股权的计税成本按转让比例确定。

转让股权的计税成本 ＝ 全部股权的计税成本 × 转让比例

如何缴纳股权转让个人所得税？自然人股东转让股权应当自完成股权转让的次月 7 日内到地方主管税务机关申报缴纳股权转让个人所得税。扣缴义务人应当在次月 7 日内向地方主管税务机关申报扣缴。

纳税人缴纳申报或扣缴义务人扣缴申报，应当提交以下材料：

1. 个人所得税申报表或扣缴个人所得税报告表。

2. 股权转让协议（合同）。

3. 股权转让股东会议决议。

4. 主管税务机关要求报送的其他材料。

股权激励的税务监管及税务优化

1. 股权激励的税务登记要求。

（1）税务合规性要求：境内企业在股权激励实施前应向主管税务机关报送有关资料。

（2）适用性要求：登记要求不仅适用于境内上市公司，也适用于境外上市公司的境内机构。

（3）实施前登记及后续的登记要求。

2. 个人所得税优惠计税方法与相关考虑。

（1）个人所得税优惠计税方法。

（2）税务登记合规与否。

（3）上市公司占控股企业的股份比例。

（4）股权激励设立的时点（公司上市之前或之后）。

3. 非上市公司股权各级段个人所得税纳税义务。

非上市公司股权各级段个人所得税纳税义务见表11.4。

表11.4 非上市公司股权各级段个人所得税纳税义务

类型	常用工具	授予时间 （行权时和解禁时）	转让取得股份 时所得
基于股权结算	股票期权	无 工资、薪金所得（税率3%~45%）	财产转让所得 （税率20%）
	限制性股票 （折扣型）	无 工资、薪金所得（税率3%~45%）	不适用

（续表）

类型	常用工具	授予时间 （行权时和解禁时）	转让取得股份 时所得
基于股权 结算	业绩股票 （奖励型）	无 工资、薪金所得（税率 3% ~ 45%）	不适用
基于现金 结算	股票增值权	无 工资、薪金所得（税率 3% ~ 45%）	财产转让所得 （税率 20%）

　　国家税务总局 2016 年 9 月发布的《关于完善股权激励和技术入股有关所得税政策的通知》（财税〔2016〕101 号），对非上市公司的实股型股权激励中被激励员工的个人所得税处理做了较为清晰的规定。

　　简单来说，非上市公司经营的不确定性更大，且员工取得股权时虽获得所得但并未获得现金，在满足一定条件的情况下，财税〔2016〕101 号文件将行权的纳税时点递延到转让股权时，且税率由原工薪对应的 3% ~ 45% 累进税率，调整为股权转让适用的 20% 税率。我们不知道从税法原理上这样的优惠待遇是否合适，但这项优惠政策确实更加有利于非上市公司实施股权激励。

　　上市公司股权激励的个人所得税的征税原则与非上市公司的基本一致，不同之处是，由于上市公司股票价格公开、透明，在计算各阶段应纳税所得额时，税法明确规定了其所适用的市场价格。更为重要的是，现行税法规定了在满足一定实体和程序要求的情况下，员工参与上市公司股权激励计划取得"工薪所得"性质的收益适用优惠的计税方法。因此，上市公司或境外上市公司的境内子公司在处理参与者的股权激励个人所得税事宜时，应重点关注如下要点：

　　根据《国家税务总局关于股权激励有关个人所得税问题的通知》（国税函〔2009〕461 号）的规定，股权激励的个人所得税优惠计算方法适用于上市公司和上市公司控股企业中被激励的员工，要求上市公司直接或间接占控股企业的股份比例最低为 30%。因此，境外上市公司针对其全球员工开展的股权激励计划，只要其对中国境内子公司的持股比例不低于30%，其员工的个人所得税就可享受个人所得税的优惠计税方法。此外，为适用优惠计税方法，境内实施股权激励计划的企业还应履行相应的资料报送义务。

上市公司股权激励的员工的个人所得税优惠计税方法，是指参与者就股票期权、股票增值权行权或限制性股票解禁所取得的收入，在按照"工薪所得"税目计算个人所得税时，可独立于当期其他工薪所得单独计算，并可以以应纳税所得额除以"规定月份数"后的商数确定所适用的税率。该"规定月份数"是指员工取得来自中国境内的股票期权形式的工薪所得的工作月份数，长于12个月的，按12个月计算。

案例 11.1

假设一名员工在上市公司工作 5 年，并于两年前参与该上市公司股票期权计划，被授予股票期权数量为 10 000 股，施权价为 25 元/股。现该员工根据股票期权计划的规定行权，行权当日收盘价为 50 元/股，那么：

其应纳税所得额 = （行权股票的每股市场价 - 员工取得该股票期权支付的每股施权价） × 股票数量 = （50 元/股 - 25 元/股） × 10 000 股 = 250 000 元。

不适用的优惠计税方法为：

该笔收入应直接计入当期"工薪所得"缴纳个人所得税。不考虑该参与者其他所得的话，该笔所得应缴纳的个人所得税 = （应纳税所得额 - 扣除标准） × 适用税率 - 速算扣除数 = （250 000 元 - 3 500 元） × 45% - 13 505 元 = 97 420 元。

适用的优惠计税方法为：

由于该员工取得股票期权形式的"工薪所得"的境内工作月份数超过了 12 个月，"规定月份数"为 12。因此，如该股票期权符合优惠计税方法的适用条件，则适用税率为 25%，速算扣除数为 1 005 元。因此，该员工应纳个人所得税 = （股票期权形式的工资薪金应纳税所得额/规定月份数 × 适用税率 - 速算扣除数） × 规定月份数 = （250 000 元/12 × 25% - 1 005 元） × 12 = 50 440 元。

> 由此可见，相较于直接将所得计入当期应纳税所得额的一般计税方法，若适用优惠计税方法可节税达 46 980 元（97 420 元 – 50 440元），可大大降低参与者的税务负担，提升股票期权的实际激励效果。

对一年多次行权的处理——适当的税务筹划

参与股权激励的参与者以在一个公历月份中取得的股票期权形式的工薪所得为一次，如果在一个纳税年度中多次取得股权激励形式的工薪所得，应将多次所得合并才适用优惠计税方法。换言之，参与者在一个纳税年度内多次行权，或集中在一个月度行权，其税负是一样的。

从另一个角度看，如果参与者取得的股票期权已达到可行权的状态，并可选择实际行权的时间，那么参与者可以通过合理的税务筹划，于不同纳税年度分别就部分期权行权，从而适用相对较低的税率，达到节税的效果。实施股权激励的企业可对参与者进行适当辅导，有助于参与者理解其行权的税务影响，实现激励利益的最大化。

非中国居民参与者的税务处理

对于实施股权激励的企业，尤其是境外上市公司而言，其非中国居民员工（如外籍派遣人员）的税务处理也是企业需要谨慎面对的税务问题。原则上，工薪所得以劳务发生地作为收入来源地确认标准。因此，如果非中国居民员工（如外籍派遣人员）在参与股权激励计划期间部分时间在中国境内受雇，那么应按照参与者在该期间的境内外工作月份数比例计算境内外所得，并可仅就其中属于在中国境内工作期间的所得征收个人所得税。另外，即使该参与者在中国境内期间并未实际行权，而在离开中国境内后于境外行权，理论上其所得仍应部分归因于其在中国的受雇行为，应在中国境内承担缴纳个人所得税的义务。但如果该工薪性质所得不是中国境内的企业或机构所负担的，可免于扣缴个人所得税。由于现行税法对非中国居民的股权激励所得并未规定具体计算方法，我们建议企业应与主管税务机关进行充分沟通，降低潜在的税务风险。

股权激励是一个复杂的系统方案，其操作模式可能存在较大差异，企业应该根据实际情况对是否适用优惠计税方法进行准确的评估，在确保税务合规的同时，力求实现参与者利益和股权激励效果的最大化。我们建议企业及时咨询税务顾问和税务律师。

适用优惠待遇的情况需要满足"一定条件"，分为适用于各类型股权激励的四大基本条件和分别适用于股票期权、限制性股票、股权奖励的个别条件。这些条件主要是对激励对象的范围、人数比例、持股期限和行业（仅适用于股权奖励）等方面的规定。

现行税法并没有针对非上市公司实施上述不同的激励形式规定个人所得税的税务处理办法，但根据个人所得税法以及《国家税务总局关于个人认购股票等有价证券而从雇主取得折扣或补贴收入有关征收个人所得税问题的通知》（国税发〔1998〕9号），我们归纳了如下税务处理要点，供读者参考：

- 个人取得的应纳税所得，包括现金与非现金形式的所得。因此，个人在股权激励计划中取得现金或非现金所得（如股权），就会产生个人所得税的纳税义务；个人未实际取得现金或非现金所得，而仅取得未来可能获得现金或非现金所得的权利（如仅被授予期权），并不产生个人所得税的纳税义务。
- 个人因任职或者受雇而取得的各种形式的所得，均应被认为是"工薪所得"。因此，个人在股权激励计划中从计划实施单位取得现金或非现金所得（如股权），原则上应按照"工薪所得"计入当期工薪所得，适用3%～45%的超额累进税率。
- 所得为非现金形式（如股权）的，应当按照双方确定的价值计算应纳税所得额；双方未确定股权价值或股权价值明显偏低的，主管税务机关可参照公允价值核定应纳税所得额。

- 被激励个人通过股权激励计划取得公司股权，未来转让股权时，其股权转让所得，按照"财产转让所得"税目，适用 20% 的税率。
- 对于被激励个人工薪性质的股权激励所得，实施股权激励计划的公司应履行个人所得税的代扣、代缴义务。

在实施股权激励时，实施企业应结合具体的激励方案，参考上述原则确定计划参与员工的个人所得税缴纳义务。

中国的个人所得税都是一个一个模块的，不是打通的。现在相关部门在酝酿改革，希望能够打通，因为其中有一些抵扣部分。个人也会有相互抵扣的情况，比如利息、股息要缴税，但是投资人投资的项目亏损了，损失是没有地方抵扣的。所以，在中国，个人所得税的筹划空间相对较小，首先它是独立的模块，无法打通，使得腾挪空间较小，筹划的方法很少。所以企业真正要做好，就要加入时空的维度，如企业通过设立公司或者把整个企业连在一起做统一的筹划，这样，腾挪空间较大，加入时空的维度后也能提前做预判。

股权激励中的外汇管理考虑

实施股权激励的境外上市公司的股票都是通过美元或者港元交易的，被激励者如果是中国人，那这些钱如何出去，如何回来，如何登记，谁可以买，谁不可以买，都是很复杂的问题，于是，国家出台了相关政策。

过去，由于外汇管理政策的限制，中国籍员工不被允许参与境外上市公司的股权激励计划。

2007 年，国家外汇管理局出台了实施细则，做出了以下规定：

- 中国籍个人可以参与境外上市公司的员工股票购买计划或者员工持股计划，但必须将该计划向外汇管理局进行登记并获得批准。

- 公司应当向外汇管理局申请开立一个境内专用外汇账户，用以从事因为购买/出售公司股票而产生的外汇支出/收入的所有交易。
- 公司须每年向外汇管理局申请购付汇额度。
- 首次备案登记以后，公司应当于每季度定期报送材料。

《国家外汇管理局关于境内个人参与境外上市公司股权激励计划外汇管理有关问题的通知》（汇发〔2012〕7号），相对于2007年相关法规有以下主要变化：

- 扩大了首次登记备案的适用范围。
- 由员工持股计划和员工股票购买计划扩展至大多数股权激励计划。
- 除员工外，董事、监事、独立劳务提供者、代表处员工也可参与境外上市公司股权激励计划。
- 港澳台及外籍个人也适用（出于方便计划运行的目的）。
- 标准化了首次登记备案所需文件。
- 加强了后续管理。
- 季度报告的时间和格式进行了标准化。
- 增补登记。
- 注销登记。
- 购付汇手续的审核由外管下放至银行。

第 12 章　中国企业税收体制

企业所得税是对中国境内企业在全球范围内的收入征收的一种税。

企业所得税税率为 25%（根据税收优惠政策，税率可为 0%～15%），增值税税率为 13%、9%、6%、3%、2%，附加税税率为 6%～12%，因地而异有城建税、教育费附加、当地教育费附加。关税税率因进口的商品不同而不同。

我国税目比较多，税务问题比较复杂。自 2017 年起，全国各企业全面启用金税工程三期报税系统，国家税务总局掌控着各企业和个人的核心税务数据。

金税工程三期是我国为了配合以增值税为主体的流转税制度而建立的高科技管理系统。1994—2001 年我国使用的管理系统为金税工程一期与金税工程二期（增值税、营业税），2005 年 9 月国务院审议通过金税工程三期项目建议书。2007 年 4 月发改委批准工程可研报告。2008 年 9 月发改委正式批准初步设计方案和投资概算，标志金税工程三期正式启动。2013 年金税工程三期开始陆续上线试运营并优化，到 2016 年 10 月已全面覆盖全国所有省市国税局、地税局，历时 10 年，耗费上百亿元。金税工程三期有三大动态数据库，即增值税发票数据库、企业所得税报表数据库（征管子系统或法人数据库）和个人所得税个人数据库，这些数据库整合在一个大系统中，国家税务总局已经掌控了企业和个人的核心税务数据。3 个数据库有内在的逻辑性和关联关系。金税工程三期对税务稽查有不小的影响，过去由国家税务总局定指标与方向，各省税务局自行稽查并向国家税务总局报告结果，现在在金税工程三期的大数据背景下，国家税务总局定指标与方向并通过金税工程三期统一选取名单后，由各省税务局稽查并向国家税务总局报告结果。目前，增值税、企业所得税和个人所得税有逻辑关系的，将被逐一实时采集、存储、查验，对比全要素信息。

通过金税工程三期预警评估系统，税务局可以对财务报表数据进行评估，分析企业的收入、费用、存货周转率、收入成本率和企业利润率等财务指标，进行数据信息和逻辑关系分析，通过评估同行业利润率水平（税务局的内部"秘密数据库"），筛选出可疑信息，进行预警评估，锁定稽查对象。如被选中进行税务稽查，企业需要积极应对，向税务局介绍指标异常的具体原因，争取税务局的理解与认可，避免扩大稽查范围。企业如没有专门的税务人员，建议聘请有经验的税务中介协助，确保企业的合法权益及纳税信用的优良等级。个人所得税的申报已经全面上线金税工程三期，个人所得税申报表样式将在全国各省统一，包括个人收入类型等申报内容在内的个人所得税申报规则也会得到进一步规范。按人管理、统一数据规则、数据集中处理等管理方式的改变，使得金税工程三期可以系统地取得以自然人为单位的收入数据，后台集中进行大数据分析，比较同行业类似个人收入的层次差异，甄别存在个人所得税风险的领域，为进一步稽查、追补税款提供了大数据支持。"五证合一"的实施，使得税务局可与工商部门、社保部门等政府部门进行交叉数据比对，这也为税务局进行大数据管理提供了更广泛的外部数据支持。

随着"营改增"（营业税改增值税）在全国范围内推行，个人所得税作为地方税务局主要税源之一，各地税务机关未来一定会加强征收管理。企业应结合中国员工及外籍员工的个人情况，重新评估员工薪酬、福利组成在税务上的合规性，进行个人所得税整体安排，按照金税工程三期下的个人所得税规则调整申报流程、积极准备资料等，确保个人所得税申报的合规性、及时性，最大限度地控制个人所得税代扣代缴的税务风险。金税工程三期真正重要的部分是大数据。税务机关根据数据库中的数据，可以从时间的维度、空间的维度和地域的维度分析比较。这些数据越来越多后，算法也会越来越精确，纵向可以对公司的历史数据进行比较，如成立到当前的公司的收入成本曲线，包括利润情况等；横向可以对市场数据、同业同地区的数据进行比较。数据库成为一个很大的"金矿"，甚至成为一个标准比较对象，税务局不用耗人力去审查，只要通过系统设置就能够清楚地标出哪些企业可能是税务高危企业，并能够对利用人工智能技术筛选出来的企业做大量的跟踪审查。所以，这其实是金税工程三期跟人工智能的结合在税务层面上的应用，这样的应用会影响纳税企业和纳税个人。

在金税工程三期以及互联网大数据的背景下，境内外个人及企业的资产和税务状况一目了然。

随着国家政策的逐步完善和互联网大数据的发展，有关税收的规定越来越严格。企业用简单的手段，以发票冲企业成本，让家人或朋友充当企业的员工领工资抵扣利润，或设立离岸空壳公司，把利润留在境外规避境内的税负，这些虚假方式已经行不通。另外，CRS 即将大规模实施，中国将跻身第二批实施 CRS 的国家和地区。对于高净值人士而言，在境外的资产将难以隐蔽，并且相关信息极有可能被各国的税务机关进行交换。在这样的新形势下，如何更好地管理个人资产、筹划纳税，就成了亟待解决的问题。企业必须严格遵守税法，研读税务政策和税务优惠政策，寻找税收筹划的空间。企业应在动态中做筹划，如在进行上市、并购、收购这些大的动作之前，除了税务，重点考虑财务管理、控制权、二代接班、企业资产配置等问题，这些都是关键问题。而税务筹划又涉及人口、传承工具的配置、公司架构设立和商业布局等。

新企业所得税法的重要内容——纳税人

企业纳税人——居民纳税人和非居民纳税人

个人分为居民纳税人和非居民纳税人，企业在概念上也是差不多的。在中国境内成立的企业就是中国居民纳税人，其在全球所得可能被征税。另外，依照境外的法律成立，但实际管理机构在中国境内的企业，也可能是中国居民纳税人。举个例子，一个在英属维尔京群岛成立的公司的唯一股东是中国人，董事也是中国人，公司没有实际业务。尽管公司是在英属维尔京群岛成立的，但实际管理机构在中国，这样的企业属于居民纳税人，其适合25%的税率。

非居民纳税人的企业，一种是依照境外法律成立且实际管理机构不在中国境内，但在中国境内设立机构、场所的，比如中国香港的公司设立的上海代表处；另一种是在中国境内未设立机构、场所，但有来源于中国境内所得的，比如企业在中国境内投资了一家公司，获得了股利，这部分股利收入就是来自中国境内的企业所得，须缴中国企业所得税，境外的其他收入无须缴中国企业所得税。所以，我们要区分企业是居民纳税人还是非居民纳税人。

当企业是非居民纳税人时，判断所得来源地比较重要。比如一家中国香港公司卖掉了内地公司的股权，这笔收入算不算内地所得呢？公司派人到内地提供一些咨询服务，所得算不算内地所得呢？这些都要根据项目的类型去考虑，如果项目公司做的是贸易服务，即在中国内地采购商品卖给美国客户或者在美国采购商品卖给中国内地客户，就要看交易的发生地。所谓交易发生地，就是签合同等材料发生的地点。从目前来看，中国香港的公司如果做跨境贸易，交易发生地都是在内地，就不需要交税。如果公司派人到内地进行检查、培训，因为人在内地，所以劳务发生地在内地，需要交税。转让财产所得，如果是转让不动产，比如房子，房子所在地就是来源地。如果是权益性投资，转让企业所在地就是来源地。如果中国香港公司转让了内地公司的股权，因为转让的是内地公司的股权，所以这笔收入要算来源地所得，要在中国境内交税。如果它直接转让企业地产，这笔收入算来源地所得。股息、红利所得要看分配股息、红利的企业所在地，如果中国香港企业收到中国香港公司的股息、红利，就与中国内地没关系。中国香港企业收到内地被投资企业的股息、红利，来源地是内地，就要在中国境内交税。所以，判断所得来源地是非常重要的。

新企业所得税法的重要内容——税率

企业所得税税率见表 12.1。

表 12.1 企业所得税税率

企业类别	税率（%）
一般企业	25
符合条件的小型微利企业（2019 年 1 月 1 日至 2021 年 12 月 31 日，应纳税所得额不超过 100 万元的部分，减按 25% 计入应纳税所得额，应纳税所得额超过 100 万元但不超过 300 万元的部分，减按 50% 计入应纳税所得额）	20
国家需要重点扶持的高新技术企业	15
非居民企业在中国境内未设立机构、场所的，或者虽设立机构、场所但取得的所得与其所设机构、场所没有实际联系的，应当就其来源于中国境内的所得缴纳企业所得税	10

国家需要重点扶持的高新技术企业，适用税率为 15%，条件为：

- 企业拥有核心自主知识产权。
- 企业对主要产品（服务）的核心技术拥有自主知识产权；产品（服务）属于《国家重点支持的高新技术领域》规定的范围；科技人员及研发人员占企业当年职工总数的比例分别为 30% 和 10%；近 3 个会计年度的研究开发费用总额占销售收入总额的比例需符合的条件是，近 1 年销售收入小于 5 000 万元的企业研究开发费用比例不低于 6%，近 1 年销售收入在 5 000 万元至 20 000 万元的企业研究开发费用比例不低于 4%，近 1 年销售收入在 20 000 万元以上的企业研究开发费用比例不低于 3%。其中，企业在中国境内发生的研究开发费用总额占全部研究开发费用总额的比例不低于 60%。企业注册成立时间不足 3 年的，按实际经营年限计算；高新技术产品（服务）收入占企业当年总收入的 60% 以上；符合《高新技术企业认定管理工作指引》的指标要求。

- 高新技术企业资格自颁发证书之日起有效期为 3 年，3 年以后需复审。

自 2019 年 4 月 1 日起，增值税的一般纳税人（以下简称纳税人）发生增值税应税销售行为，原适用 16% 税率的，税率调整为 13%；原适用 10% 税率的，税率调整为 9%。

增值税税率

1. 纳税人销售货物、劳务、有形动产租赁服务或者进口货物，除以下第 2 项、第 4 项、第 5 项另有规定外，税率为 13%。

2. 纳税人销售交通运输、邮政、基础电信、建筑、不动产租赁服务，销售不动产，转让土地使用权，销售或者进口下列货物，税率为 9%。

（1）粮食等农产品、食用植物油、食用盐。

（2）自来水、暖气、冷气、热水、煤气、石油液化气、天然气、二甲醚、沼气、居民用煤炭制品。

（3）图书、报纸、杂志、音像制品、电子出版物。

（4）饲料、化肥、农药、农机、农膜。

（5）国务院规定的其他货物。

3. 纳税人销售服务、无形资产，除第 1 项、第 2 项、第 5 项另有规定外，税率为 6%。

4. 纳税人出口货物，税率为零；但是，国务院另有规定的除外。

5. 境内单位和个人跨境销售国务院规定范围内的服务、无形资产，税率为零。

6. 小规模纳税人简易计税适用增值税征收率；另一般纳税人发生财政部和国家税务总局规定的特定应税行为，可以选择适用简易计税方法计税，但一经选择，36 个月内不得变更，适用增值税征收率。

（1）增值税征收率为 3% 和 5%。

（2）适用征收率 5% 的特殊情况。

主要有销售不动产，不动产租赁，转让土地使用权，提供劳务派遣服务、安全保护服务选择差额纳税的。

（3）两种特殊情况：个人出租住房，按照 5% 的征收率减按1.5% 计算应纳税额；销售自己使用过的固定资产、旧货，按照 3%征收率减按 2% 征收。

预提所得税税率

旧所得税法中预提所得税减按 10% 征收，新税法下预提所得税税率为 20%，实施条例规定减按 10% 征收。下列所得可以免征所得税：

- 外国政府向中国政府提供贷款而取得的利息所得。
- 国际金融组织向中国政府和居民企业提供优惠贷款而取得的利息所得。
- 经国务院批准的其他所得。

预提所得税，比如美国公司在中国投资一家公司，被投资公司给美国公司分红，分红的时候就需要向中国税务局预提 10% 的所得税。

新企业所得税法的重要内容——收入的确认

有关收入的确认时点，新税法的销售收入的权责发生制，是实质大于形式，而不是按照开票确认。

销售收入按权责发生制确认。股息、红利等权益性投资收益按照被投资方做出利润分配决定的日期确认收入的实现。当被投资方做出利益分配决定的时候就要确定收入，而不是在做处理的时候确定收入。利息、租金、特许权使用费、接受捐赠资产按合同约定的付利息日、合同约定的付租日、合同约定的付特许权使用费日、实际收到捐赠资产日确认收入，即主要按照合同约定的时间，而不是按照现金流出的时间。

分期收款按合同约定的付款日确认收入。非货币性交易所得按照公允价值确定收入额。企业发生非货币性资产交换，以及将货物、财产、劳务用于捐赠、偿债、赞助、集资、广告、职工福利或者利润分配等用途的，应当视同销售货物、转让财产或者提供劳务，但国务院财政、税务主管部门另有规定的除外。

企业所得税税务筹划是利用税法客观存在的政策空间来进行的，这些空间体现在不同的税种、不同的税收优惠政策、不同的纳税人身份及影响纳税数额的基本税制等要素上，因此企业应该以这些税法客观存在的空间为切入点。

从原则上说，税务筹划可以针对一切税种，但由于不同税种的性质不同，税务筹划的途径、方法及收益也不同。实际操作中，企业要选择对决策有重大影响的税种作为税务筹划的重点；选择税负弹性大的税种作为税务筹划的重点，税负弹性越大，税务筹划的潜力也越大。一般说来，税源大的税种，税负伸缩的弹性也大。因此，税务筹划自然要瞄准主要税种。另外，税负弹性还取决于税种的要素构成，主要包括税基、扣除项目、税率和税收优惠。税基越宽，税率越高，税负就越重；或者说税收扣除越大，税收优惠越多，税负就越轻。

税收优惠是税制设计中的一个重要因素，也是国家或地区一定时期贯彻税收政策的重要手段。国家为了实现税收调节功能，一般在税种设计时，都设有税收优惠条款，企业如果充分利用税收优惠条款，就可享受节税效益。因此，企业用好、用足税收优惠政策本身就是税务筹划的过程。企业选择税收优惠政策作为税务筹划突破口时，应注意两个问题：一是纳税人不得曲解税收优惠条款，滥用税收优惠，以欺骗手段骗取税收优惠；二是纳税人应充分了解税收优惠条款，并按规定程序进行申请，避免因程序不当而失去应有权益。

纳税人构成

按照我国税法规定，凡不属于某税种的纳税人，就不需缴纳该项税收。因此，企业进行税务筹划之前，首先要考虑能否避免成为某税种纳税人，从而从根本上解决减轻税收负担的问题。如在 1994 年开始实施的增值税和营业税暂行条例的情况下，企业宁愿选择作为营业税的纳税人而非增值税的纳税人，宁愿选择作为增值税一般纳税人而非增值税小规模纳税人。因为，营业税的总体税负比增值税总体税负轻，增值税一般纳税人的总体税负较增值税小规模纳税人的总体税负轻。当然，这不是绝对的，在实践中，企业要做全面综合的考虑，进行利弊分析。

企业应以影响应纳税额的基本因素为切入点，影响应纳税额的因素有两个，即计税依据和税率。计税依据越小，税率越低，应纳税额也越小。企业进行税务筹划，无非是从这两个因素入手，找到合理、合法的办法来降低应纳税额。如企业所得税计税依据为应纳税所得额，税法规定企业应纳税所得额 = 收入总额 − 允许扣除项目金额，具体计算过程又规定了复杂的纳税调增、纳税调减的项目，因此，企业进行税务筹划就有了一定的空间。

不同财务管理环节和阶段

企业的财务管理包括筹资管理、投资管理、资金运营管理和收益分配管理，每个管理过程都有税务筹划的工作可做。比如，按照税法规定，负债的利息作为所得税的扣除项目，享有所得税利益，而股息支付只能在企业税后利润中分配，因此，债务资本筹资就有节税优势。又如，企业通过融资租赁，可以迅速获得所需资产，保存企业的举债能力，而且支付的租金利息也可以按规定在所得税前扣除，减少纳税基数，更重要的是租入的固定资产可以计提折旧，进一步减少企业的纳税基数，因此，融资租赁的税收抵免作用极其显著。

投资管理阶段，企业选择投资地点时，可以选择在低税率地区，如在实施新企业所得税法以前，企业可以选择沿海开发区、高新技术开发区、国家鼓励的西部等地区，会享受到税收优惠；企业选择投资方式时，如果想投资一条生产线，全新购建还是收购一家几年账面亏损的企业呢？除考虑不同投资方式的实际效益的区别外，企业还应注意收购亏损企业可带来的所得税的降低；企业选择投资项目时，应了解国家鼓励的投资项目和国家限制的投资项目在税收支出上有很大的差异；企业选择组织形式时，应了解两税合并以前内资与中外合资、联营企业与合伙企业、分公司与子公司等不同的组织形式所适用的税率是不同的。

经营管理阶段，不同的固定资产折旧方法会对纳税有不同影响。不同的折旧方法，虽然应计提的折旧总额相等，但各期计提的折旧费用却相差很大，从而影响各期的利润及应纳税所得额；不同的存货计价方法的选择，一般来说，在物价持续下降时，企业采用先进先出法计算的成本较高，利润相对减少，反之，如能采用后进先出法，则可相对降低企业的所得税负担；采购时，采购对象是不是一般纳税人也有很大的影响。

税务筹划的方法很多，而且实践中也是多种方法结合起来使用。为了便于理解，这里只简单介绍税收优惠政策法、纳税期的递延法、转让定价筹划法、税法漏洞筹划法、会计处理方法筹划法等几种方法。

税收优惠政策是指税法对某些纳税人和征税对象给予鼓励和照顾的一种特殊规定。国家为了扶持某些特定产业、行业、地区、企业和产品的发展，或者对某些有实际困难的纳税人给予照顾，在税法中做出某些特殊规定，比如，免除其应缴的全部或部分税款，或者按照其缴纳税款的一定比例给予返还等，从而减轻其税收负担。

随着"一带一路"倡议的实施，我们观察到中国企业走出去的热情越来越高。中国企业家也开始静下心来仔细关注"走出去"的税务筹划，并将境外投资税务筹划作为战略之一，先行设计，并听取专家的意见。与此同时，另一个可喜的变化则是，中国各地的税务机关在"走出去"税务服务上也表现得更为积极主动，通过一系列举措，帮助"走出去"企业识别和管控境外的税务风险，与境外税务机关协商并解决税务争议，为"走出去"企业保驾护航。

在复杂多变的国际税务环境和各国不尽相同的税制下，中国的企业家开始意识到，在境外投资时，境外投资的法律形式选择、架构搭建、融资安排、商业模式等，都对母公司以及境外运营实体的税务状况产生重大影响，从而影响投资的收益。如何在境外投资之前制订有效的税务筹划方案，从而控制和规避税务风险并提升企业的全球运营效率是企业家要重点考虑的。后续内容中，我们分别就投资、运营以及退出 3 个主要阶段，从税务的专业角度重点阐述中国企业境外投资的税务筹划问题。

第13章　大数据时代——FATCA 和 CRS

在经济全球化的背景下，跨国集团活动日趋频繁，各国投资者和经营者取得所得的形式日益复杂，政府税收监管难度增大。为增加税收收入，打击纳税人利用海外账户偷逃税行为，美国国会于2010 年 3 月 18 日通过了 FATCA 法案，该法案将使得美国有能力在全球范围内收集纳税人的海外账户信息。该法案规定，若美国纳税人个人或机构持有的海外金融资产总价值达到一定标准，该纳税人将有义务向美国国税局进行资产申报，以便美国政府对本国的税务居民全球征税。2013 年，20 国集团（G20）领导人圣彼得堡峰会一致通过了全球范围的 CRS，经济合作与发展组织（OECD）受 20 国集团委托，于 2014 年 7 月发布了金融账户信息自动交换标准（AEOI），力图建立多边信息自动交换机制，以强化全球税务合作，共同打击海外逃税行为。

FATCA

FATCA 是美国《恢复就业鼓励雇佣法案》（Hiring Incentives to Restore Employment Act）的一部分。根据该法案，美国《国内税收法典》（Internal Revenue Code）A 部分添加了"第 4 章"（第 1471条～第 1474 条），相关法案于 2014 年 7 月 1 日正式启动，并于2014—2017 年分阶段实施。

同时，FATCA 要求全球金融机构与美国国税局签订合规协议，规定海外金融机构须建立合规机制，对其持有的账户信息展开尽职调查，辨别并定期提供其掌握的美国账户（包括自然人账户以及美国纳税人持有比例超过 10% 的非金融机构账户）信息。这些信息包括美国纳税人的姓名、地址、纳税识别号、账号、账户余额或价值以及账户总收入与总付款金额。

届时，未签订合规协议或已签订协议却未履行合规义务的海外金融机构会被认定为非合规海外金融机构，在合理时间内未披露信息的账户将被认定为拒绝合作账户，未披露信息的美国纳税人持有比例超过 10% 的非金融机构将被认定为未合规非金融机构。

作为惩罚，美国将对所有非合规海外金融机构、拒绝合作账户以及未合规非金融机构来源于美国的"可预提所得"按照 30% 税率征收预提所得税（通常来说，在签有双边税收协定的情况下，该类收入的预提所得税率最高不会超过 10%）。其中，FATCA 最有争议也最为关键的一点是，即使这些被扣缴人所在居民国与美国签订了双边税收协定，美国仍会对其采用 30% 的预提所得税率。

对拒绝合作账户以及未合规非金融机构来说，如果其最终能向美国国税局披露相应信息并说明身份，那么其仍将可以享受协定待遇并申请退回此前被额外预提的税款。但是对于非合规海外金融机构来说，除非其最终达到合规要求，否则美国将不会退还相应税款。

2014 年 7 月 1 日开始，与美国国税局签订协议的外国金融机构开始识别美国纳税人的金融账户，并于 2015 年 3 月 31 日前填报 8966 表格并报告美国纳税人的海外金融账户信息。之后，从 2017 年 1 月 1 日开始，对于不遵守 FATCA 的外国金融机构，其来源于美国的包括股息、利息在内的收入，将会被美国国税局强加 30% 的预提所得税作为惩罚。就在 2017 年 1 月 3 日和 4 日，美国国税局又连续发布新的通知，修订了新的外国金融机构协议（FFIA）。FATCA 是美国对多国实施的一国法案，需要其他多国金融机构或国税局向美国国税局提供美国纳税居民在其他国家金融资产的情况。

FATCA 的信息交换包括两种合作模式。一种是缔约国的金融机构直接向美国国税局报告美国纳税人的账户信息。缔约国应当保证其金融机构与美国签订合作协议。另一种是由缔约国政府承诺向其金融机构搜集信息，并自动移交给美国国税局。这里又分单边和双边交换模式。中国政府与美国国税局于 2014 年 6 月 26 日签订政府间替代性正式协议（Inter-Governmental Agreement，简称 IGA），中国境内的金融机构仅须向中国的国税局主管部门报送须报送的账户信息（无须直接向美国国税局报送信息），并由中国的国税局主管部门与美国的国税局主管部门进行信息交换。中美之间签署过双边税收协定，这个协定也含有双边信息交换的条款。顾名思义，中国政府同样可以从美国国税局主管部门获取中国纳税居民在美国的金融资产情况。两国税务部门合作进入新纪元。

CRS

随着经济全球化的发展，越来越多的海外投资行为为投资者带来了可观收益，同时离岸逃税也成为某种趋势，并且这种趋势愈演愈烈，在全球范围内对国家和地区造成税收损失。相关国家和地区在全球合作对抗逃税方面渐渐达成共识，并逐步采取实际行动来应对全球逃税现象。制定 CRS 不失为一种简单有效且成本较低的方式。经济合作与发展组织历来致力于各种形式的信息交换，其自 2009 年以来在信息交换和透明化方面更是取得长足进步。2013 年 4 月 19 日，20 国集团财政部长与央行行长签署信息自动交换新标准。2013 年 5 月 22 日，欧洲理事会也一致同意努力将自动交换信息扩大至欧盟甚至全球范围。2014 年 2 月，20 国集团财政部长与央行行长认可 CRS 作为涉税信息自动交换标准的一部分。受 20 国集团委托，2014 年 7 月，经济合作与发展组织发布了《金融账户涉税信息自动交换标准》（以下简称《标准》），得到当年 20 国集团布里斯班峰会的核准，为各国加强国际税收合作、打击跨境逃税避税行为提供了强有力的工具。在 20 国集团的大力推动下，现已有 100 多个国家或地区承诺实施《标准》，96 个国家或地区签署实施《标准》的《多边主管当局间协议》（MCAA）或者《双边主管当局协议》（BCAA）。

CRS 作为国际反避税领域很重要的统一报告标准，就如同当年中国的会计准则与国际会计准则趋同一样，只有同样的标准，成员国之间的信息交换与识别才有可能实现，不论是反避税还是反洗钱，才能落地执行。

CRS 要求信息报送方根据《多边主管当局间协议》、《双边主管当局间协议》或《主管当局间协议》（CAA）的约定向对方报送相关信息，并要求报送方对相关信息做尽职调查。CRS 关于报送信息内容有以下几个基本要求：

1. 金融机构必须报送的基本信息包括自然人姓名、住址、税收居民国、纳税识别号、出生地和日期，法人名称、住所地、税收居民国、纳税识别号以及实际控制人姓名、住址、税收居民国、纳税识别号、出生地和日期。

2. 金融机构名称、识别号码。

3. 金融账号或性质类似账号。

4. 金融账户余额或价值。

5. 利息、红利、源于资产所得、金融资产出售或赎回收入的总额以及相应的货币单位。

6. 例外情况不需报送。

2014 年 9 月，经国务院批准，我国在 20 国集团财政部长和央行行长会议上承诺将实施《标准》，首次对外交换信息的时间为 2018 年 9 月。

2015 年 7 月，《多边税收征管互助公约》（Multilateral Convention on Mutual Administrative Assistance in Tax Matters）由第十二届全国人大常委会第十五次会议批准，已于 2016 年 2 月在我国生效，为实施《标准》奠定了多边法律基础。

2015 年 12 月，经国务院批准，国家税务总局签署了《金融账户涉税信息自动交换多边主管当局间协议》（Multilateral Competent Authority Agreement on Automatic Exchange of Financial Account Information），为我国与其他国家（地区）相互交换金融账户涉税信息提供了操作层面的多边法律工具。

2016 年 10 月，国家税务总局就《非居民金融账户涉税信息尽职调查管理办法（征求意见稿）》公开征求意见。

2017 年 5 月 9 日，《非居民金融账户涉税信息尽职调查管理办法》正式发布。

2017 年 7 月 1 日，金融机构开始对新开设的个人和机构账户开展尽职调查。

2017 年 12 月 31 日前，金融机构完成对存量个人高净值账户（截至 2017 年 6 月 30 日总余额超过 100 万美元的金融账户）的尽职调查。

2018 年 5 月 31 日前，金融机构报送信息。

2018 年 9 月，国家税务总局与其他国家（地区）税务主管部门第一次交换信息。

2018 年 12 月 31 日前，金融机构完成对存量个人低净值账户和全部存量机构账户的尽职调查。

CRS 对哪些人群有影响

第 1 类：已经移民的中国人

根据 CRS 内容，若已移民的中国人在中国境内隐藏金融资产，很有可能被披露给移民国，同时极有可能面临补缴税款及被处罚金的情况，甚至承担刑事责任。

第 2 类：海外有金融资产配置的人群

CRS 规定，只要是中国人（不管是否移民），在境外有存款账户、托管账户、现金价值保单、年金合同、证券账户、期货账户、持有金融机构的股权/债权权益等金融资产，这些金融资产存放的国家或地区，会将持有人所持有的金融资产情况披露给中国税务局。

第 3 类：在海外持有壳公司投资理财的人群

中国人在境外税收非常优惠的地区设立公司，并通过公司在银行等金融机构开户持有资产，或通过公司账户进行理财或消费，这类公司将可能被认定为"消极非金融机构"（壳公司）。CRS 规定，公司实际控制人及公司两方面拥有的金融资产均要披露，利用壳公司的名义来避税将变得更加困难。

高净值客户最为典型的做法是在英属维尔京群岛或开曼群岛设立离岸控股公司，通过公司在各家金融机构开户，持有境外的基金、股票等，这些资产在 2017 年后均需要披露。

第 4 类：在海外藏钱的境内公务员

如果公务员或国家工作人员（没有移民），在境外存放了大量钱财且没有按国家规定申报，他们将涉及巨额财产来源不明罪。

我国刑法规定，国家工作人员在境外的存款，应当依照国家规定申报。数额较大、隐瞒不报的，处两年以下有期徒刑或者拘役；情节较轻的，由其所在单位或者上级主管机关酌情给予行政处分。

第 5 类：在境外已购买大额人寿保单的人群

近年来，为应对人民币贬值，许多高净值客户通过各种途径配置美元资产。而购买境外保单，比如中国香港保单、美国保单等，是常见的做法。

第 6 类：已设立境外家族信托的人群

中国首批富人几乎都在境外设立了家族信托，他们最喜欢设立家族信托的国家和地区有英属维尔京群岛、库克群岛、耿西岛、新加坡、中国香港、新西兰、开曼群岛等，这些国家和地区都在实施 CRS。

CRS 规定，已设立的家族信托的相关信息也要披露，包括家族信托的委托人（即财产授予人）、保护人、受托人（通常是信托机构）、受益人。

第 7 类：在境外设立公司从事国际贸易的人群

高净值人士已逐步开始将境外业务作为自身财富管理核心规划

的一个重要组成部分，这也是 CRS 引起广泛关注的重要原因。CRS 有关信息交换的内容，本身并不包括境外贸易公司的金融账户信息，但是很多做国际贸易的企业选择的运营模式是在境内设立实体公司做出口生意，同时在离岸税收优惠地设立另一家公司，这家公司担任境外贸易的境外收款职能，这样，大量外汇收入直接进入境外公司账户中，享受免税优惠。

但是，境内外同时实施 CRS，会要求这一人群披露在境外开设的个人金融账户资产，中国税务局稽查时会很容易发现这些钱并不是从境内换汇出境的。

中国企业所得税法第四十五条规定，由居民企业，或者由居民企业和中国居民控制的设立在实际税负明显低于本法第四条第一款规定税率水平的国家（地区）的企业，并非由于合理的经营需要而对利润不分配或者减少分配的，上述利润中应归属于该居民企业的部分，应当计入该居民企业的当期收入。

另外，中国税务总局针对居民企业与非居民企业的相关公告与通知等，将中国公民在境外设立的部分企业视为中国税务居民企业，它们应向中国政府缴纳 25% 的企业所得税。

高净值人士财富管理核心规划如图 13.1 所示。

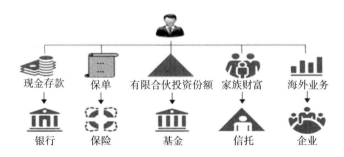

图 13.1　高净值人士财富管理核心规划

税务居民身份识别

评估 CRS 对一个人的影响程度，判断其是税务居民还是非税务居民是一个重要前提。各金融机构尽职调查时，个人税务居民必须声明身份。

这可能会涉及两类不同的人群：第一类人群，比如中国税务居民，他们有全球纳税义务；第二类人群，比如中国香港的非税务居民，同时是另一个国家的税务居民，但他们所在的国家有可能像中国香港一样没有全球纳税义务。例如某人是新加坡的税务居民或者巴拿马的税务居民，由于这些国家是没有全球纳税义务的，即使其境外账户的资料被交换回新加坡或巴拿马的税务局，新加坡或巴拿马的税务局也不会向其征税。

CRS 的适用人群，一是有境外金融账户的中国税收居民，即在中国境外拥有任一金融资产，如存款、托管、现金值保险合约、年金合约、金融机构的股权/债权权益等，其账户都有可能被视为当地的非居民金融账户，账户信息会被用来与中国税务局进行信息交换。二是金融资产在中国境内的非中国税收居民，其在中国境内的金融账户将被视为中国的"非居民账户"，账户信息将会被收集、报送，交换给税收居民所在国。

2018 年 9 月，中国将 CRS 下的金融账户涉税信息进行第一次自动交换。中国政府收到中国税务人在全球 100 多个国家的金融账户信息。

在经济全球化的背景下，同一项跨境经济活动产生的所得应由哪个国家征税，涉及国家间的税收管辖权问题。判定税收居民身份是国家行使税收管辖权的重要前提之一，也是纳税人享受有关国家相互签订的国际税收协定待遇的重要条件。在 CRS 体系下，国籍不一定是判定税收居民身份的标准，当前所居住国家反而是判定标准。在信息交换的具体国家，个人税收居民身份所在地至关重要，因为税收居民身份所在地将决定税务信息向哪个国家的税务机关提供。

中国纳税居民定义

1. 从中国个人所得税法的角度，纳税居民是指在中国境内有住所或者无住所而在中国境内居住满 1 年的个人。

2. 作为纳税居民，中国公民应就其来源于中国境内和境外的所得，向中国政府履行全面纳税义务。除工薪所得外，中国纳税居民的全球纳税义务还表现在其来源于境内外的非工薪所得，均应缴纳个人所得税，其中包含劳务报酬所得，利息、股息、红利所得，财产转让所得等。

3. 对于在中国境内无住所而在境内居住满 1 年但不满 5 年的个人，目前国内税法对其个人所得税的处理较为宽松，其境外的个人所得无须在中国履行全球纳税义务。

非中国纳税居民定义

1. 非纳税居民是指在中国境内无住所、不居住或无住所而在中国境内居住不满 1 年的个人。

2. 非纳税居民承担有限纳税义务，一般仅就其来源于中国境内的所得向中国政府缴纳个人所得税。

中国纳税居民在境外的个人金融资产或企业金融账户信息通过 CRS 和 FATCA 被交换给中国政府。

FATCA 与 CRS 的区别

FATCA 和 CRS 都是打击纳税人利用境外账户偷税逃税行为的法案和准则，具体有什么区别呢？

1. 信息交换模式不同。

在 FATCA 下，美国和金融机构交换；在 CRS 下，国家和国家交换。

2. 对象不同。

FATCA 主要影响的是在美国境外有账户的美国人、美国跨国公司及缔约国境外金融机构。若缔约国与美国签订 FATCA，并选择双边模式，就要对等交换信息。由于 FATCA 是美国国内的法律，要求外国金融机构履行美国法案下的合规义务，它们将面临跨国间的法律障碍。CRS 影响的是 100 多个签约国的非税收居民，影响范围更为广泛。有些人根据 FATCA 是不需要上报财务账户的，但是在 CRS 下，就需要上报。

3. 交换标准不同。

FATCA 只针对余额超过 5 万美元的个人账户，以及不同限制的公司账户。CRS 没有最低金额限度，存量账户、个人低净值账户按照账户持有人的地址确定税收居民身份。同一家金融机构及其关联机构账户加总余额超过 600 万美元、个人高净值账户加总余额超过 600 万美元的，则根据记录检索和客户经理程序来识别税收居民身份。CRS 是统一报告准则，它对金融机构的尽职调查与报告义务做了统一规定，承诺实施 CRS 的国家和地区执行单一标准，使得程序简化、高效，且大大降低了管理成本。FATCA 作为美国国内的法案，其执行必须通过美国逐一与其他各国签协议才能实施。而且，不同的协议执行标准未必一致。

4. 金融机构分类范畴不同。

FATCA 或者 CRS 对于实体的分类十分重要，因为它关系到实体在 FATCA 或 CRS 规定下是否需要承担合规义务以及承担何种合规义务的问题。任何实体，如果不属于金融机构的范畴，则应分类为非金融机构或者 FATCA 规定下的非金融外国机构。非金融机构本身并没有 FATCA 或者 CRS 规定的合规义务。

非金融机构根据业务类型，又可以进一步分为积极非金融机构和消极非金融机构。与积极非金融机构不同，消极非金融机构并没有一个明确的概念和细分类别，而是一个默认的类别。原则上，如果一个非金融机构不属于积极非金融机构，其就应被归为消极非金融机构。

需要注意的是，与美国 FATCA 的双边信息交换机制不同，CRS 是全球性的信息交换。为了防止个人通过在 CRS 非参与国设立投资机构而不合理避税，CRS 特别增加了消极非金融机构一类，即在 CRS 非参与国的投资机构。

作为非金融机构，消极非金融机构本身没有 FATCA 或者 CRS 规定的合规义务，不存在识别金融账户并搜集和申报金融账户信息的问题。但是如果消极非金融机构持有另外一家金融机构的金融账户，该金融机构不仅需要识别该消极非金融机构的税收居民身份，同时需要"穿透"该消极非金融机构，识别出实际控制人，看其是否属于需要申报信息的机构。

截至2018年7月1日，CRS对第一批交换国家资金的影响为：瑞典追回税收33亿欧元，澳洲追回税收45.9亿澳币，法国追回税收18.5亿欧元，欧洲总计产生额外税收850亿欧元。

2017年开曼成为经济合作与发展组织的税基侵蚀框架成员以来，推出了一系列法案。2018年年底，开曼发布《2018年国际税务合作（经济实质）法》，该法自2019年1月起实施，2月开曼发布了《地理移动活动的经济实质指南》，对开曼经济实质法相关规定进一步明确。

法案指出，开曼实体应该是从事相关活动的实体，而相关活动必须满足经济实质测试。

相关实体

相关实体包括开曼可豁免公司、开曼有限责任公司和注册的外国公司，不包括投资基金和直接或间接从事投资的实体、非开曼税务身份的实体、开曼本地运营公司、开曼可豁免的有限合伙和信托。

相关活动

所有相关实体应该每年对在上一个金融年度是否从事相关活动进行申报。相关活动包括基金管理、银行业务、保险业务、融资租赁业务、分销和服务中心业务、总部业务、知识产权业务、运输业务和控股公司业务。

经济实质测试

经济实质测试，简单说是要求相关实体在核心创收收入、管理方式、运营开销、办公场地及雇员数量和资质方面"恰当"、"合理"。法案针对每一个相关活动，都有具体的经济实质要求的内容。

之前，比较常用且会受到该细则影响的主要是境外红筹架构、控股公司、离岸信托架构等。首先，信托架构不受开曼经济实质法影响。其次，纯粹的持股公司也相对简单，仅需要满足简化的经济实质测试，通过当地的代理公司即可完成。最后，红筹架构中在开曼注册的上市公司有可能受到开曼经济实质法的影响。

建议

1. 根据细则，建议实体在运营开销、办公场地、雇员数量等方面满足经济实质测试的要求。

2. 结合自身业务特点及战略布局，重新规划海外控股公司的设立地安排。自 FATCA 和 CRS 在全球加强反避税监管以来，"避税天堂"已经越来越成为各国税局的关注对象。

3. 对已经搭建的红筹架构如不便更改，可以结合实际运营地和税务环境等因素综合考虑，为上市实体设计其他税务居民身份。

随着个人收入和财产信息系统的推进，大数据、互联网、云计算的运用使资产透明化时代来临。FATCA 和 CRS 的实施对拥有境外资产的境内高净值人士影响至深。随着时代的变化，大数据正在潜移默化地影响着每个人的生活，同时也有助于提升企业税收部门的信息采集能力。随着境内实名制的开展、金税工程三期税务系统的推广，中国税收居民的境内外资产以及税务信息将会越来越透明化。税收透明时代的到来，对每个人而言都有不寻常的意义。税收的透明化意味着个人收入所得和个人持有资产的透明时代将不再遥远。个人收入的透明化，将很快使所得税改革中的综合所得税体制在此基础上出台。资产透明化也将使得资产持有阶段的税种，如房地产税和遗产税（赠与税），具有被推行的依据与被夯实的基础。以前隐匿个人收入与资产灰色规划的时代即将终结。基于数据实效性的考虑，及时掌握涉税信息，以一个动态化的形式明确企业的生产和经营情况，做出实时分析和反应，这显示了税务机关办事和处理事情效率的提高。在一定程度上，这也能缓解因纳税人数量增加，或者跨国经营而带来的信息采集困难，提高数据的利用水平。这在绩效考核中也发挥着积极的作用，基于数据处理和税收工作之间的联系，部分企业会将同一个业务流程进行对比，针对每一个业务节点的相关工作，确定衡量数据处理能力的指标，提高税务管理的效率，具体是通过风险应对来反映绩效考核的成绩。网络信息化时代，大数据分析和税收风险管理都是不可缺少的手段，信息收集是前提条件，风险分析是关键点，相关部门在分析识别的过程中，必须建立相应的风险指标体系，确保数据不会发生任何异常问题。我们通过多项税务手段，将中国税收征管信息系统和各项数据对比分析，预测和分析最佳的税后管理方案，并支持企业做出最合适的决策方案，加快创新服务的步伐，发展和开拓新的税源增长点，以此来促进企业在市场经济上的全面发展。

如今，开展合规的税务筹划和避免遭受反避税调查的税收筹划，比任何时候都要紧迫和重要。

第14章　企业主及家庭角度——移民及海外投资

企业主及家庭角度——移民

人口配置，是指家族中的成员应该拥有什么国籍以及税务居民身份。纳税义务某种程度上是与税务居民身份有关的，也就是说拥有国籍并不代表你必须纳该国的税。无论是 CRS 还是 FATCA，尽职调查首先要确认账户拥有者是哪国的税务居民，其次确认其国籍，所以身份直接影响资产的保全。2012 年 5 月 18 日脸书（Facebook）在纽约上市，28 岁的首席执行官扎克伯格（Zuckerberg）身价暴涨至 50 亿美元左右，但他也为此支付了 17 亿美元的资本利得税。为了逃避高额的资本利得税，公司联合创始人爱德华多·萨维林（Eduardo Saverin）选择放弃美国国籍，成为新加坡居民，因为新加坡政府虽然对在该国的所得征税，却不征收获得自海外的收入的利得税。萨维林放弃美国国籍，可以为以后在股市上的收益避开缴纳资本利得税。美国税务专家认为，从税务角度来看，他在公司 IPO 以前宣布放弃美国国籍是一个非常聪明的做法。

随着越来越多的高净值人士移民海外，境外投资增多，各国不尽相同的税制和复杂多变的国际税务，对高净值人群移民后的资产或境外投资可能产生重大影响。如何在移民前、境外投资前进行有效的税务筹划从而规避税务风险，是高净值人群必须考虑的问题。金融从业人员必须提高自身的税务专业知识水平，熟悉主要的移民国家，如美国、澳大利亚、加拿大、英国、新加坡的核心税务信息，正确认识高净值人群的财富管理需求，能够有效运用税务专业知识为高净值人群服务，为高净值人群的财富进行合理配置与规划。

选择移民国家是移民规划的第一步，高净值人群要对各国的基本税法有所了解，才能选择适合自己和家庭生活的国家。为什么了解税务如此重要？移民人士中的高净值人士居多，那么移民对他们现有的资产有什么影响？增长的资产又可能产生怎样的税负？这些都需要了解。目前，比较热门的移民国家包括美国、澳大利亚、加拿大、英国、新加坡等，以下是关于这些国家的税务情况的简单介绍，大家可以从中了解这些国家的税务与中国税务的区别。

纳税居民和个人所得税

每个国家都要对纳税居民进行判定，表 14.1 为一些国家的纳税居民判定。

表 14.1 一些国家的纳税居民判定

国家	纳税居民判定	基本情况	税率
美国	1. 美国公民 2. 美国绿卡持有者 3. 虽未持有绿卡，但满足实质居留测试（本年居留天数达到或超过 183 天；或本年居留天数超过 31 天，且过去连续 3 年居留天数之和达到或超过 183 天）的外国定居者	1. 综合课征制，以家庭为单位。报税身份一般包括单身报税、已婚夫妻联合报税、已婚夫妻分开报税、一家之主报税和抚养子女的寡妇/鳏夫报税 5 种类型 2. 对纳税居民的收入全球课税，征税项目包括工资、薪金、佣金、酬金、附加福利、小费、股票购买选择权等。如果部分收入已经在其他国家缴过税，那么已经缴税的金额可以直接从所得税表中的应付税额中扣除。此外，对于海外收入，每人每年皆有一定额度的免税额 3. 非纳税居民仅就来源于美国的收入纳税	1. 实行累进税率制，税率每年随物价水平的不同进行调整，以避免通货膨胀加重税负 2. 个人所得税分为联邦税、州税以及地方税。2018 年联邦税税率最低为 10%，最高为 37%，共有 10%、12%、22%、24%、32%、35% 和 37% 等 7 个等级

（续表）

国家	纳税居民判定	基本情况	税率
英国	凡一个征税年度内在英国居住满 6 个月者为英国纳税居民，否则为非纳税居民	1. 采用综合课征模式，以个人为申报单位 2. 对纳税居民的收入实施全球课税 3. 非居民纳税人仅就来源于英国境内的收入纳税；境外收入，只有在带入或汇往英国时才需要纳税	1. 实行累进税率制 2. 税率分为20%、40%与45%三档 3. 每一个英国纳税居民，包括儿童，都有免税额。2018 年度和 2019 年度的免税额为每人11 850英镑
加拿大	1. 居住超过 183 天者 2. 家人居住在加拿大 3. 与加拿大仍有频繁社会交往的加国居民，例如拥有房产、银行账户、汽车等	1. 采用综合课征模式，以个人为申报单位 2. 纳税居民需就其全球收入在加拿大纳税 3. 非纳税居民仅就来源于加拿大境内的收入纳税	1. 实行累进税率制 2. 2018 年联邦一级的个人所得税税率最高为33% 3. 省级税率为11.5% ~25.75%
澳大利亚	1. 在澳大利亚境内有固定住所的个人，除非该人在澳大利亚以外地区也有长期住所 2. 纳税年度内停留半年以上（至少183天），除非该人通常居住于澳大利亚以外，且不打算在澳大利亚居住 3. 享受澳大利亚联邦公务员退休金的"合法雇员" 4. 公民和国籍身份不是个人所得税的判定依据	1. 采用综合课征模式，以个人为申报单位 2. 纳税居民必须就其全球收入纳税，境外收入有一定的免税额 3. 非纳税居民只就来源于澳大利亚的收入纳税 4. 临时纳税居民的境外所得在澳大利亚免缴个人所得税	1. 实行累进税率制，最高一级税率为45% 2. 居民纳税人2018 年有18 200澳元的免征额 3. 年收入超过18 万澳元的居民纳税人，需另外缴纳 2% 的"临时预算修复税"

（续表）

国家	纳税居民判定	基本情况	税率
新加坡	1. 新加坡人 2. 在新加坡定居并成为新加坡永久居民 3. 上一年度在新加坡居留或工作 183 天以上（含 183 天）的外籍人士（公司董事除外）	1. 采用综合课征模式，以个人为申报单位 2. 纳税居民个人必须就其在新加坡赚取或来源于新加坡的收入纳税，但取得的海外收入无须纳税 3. 非纳税居民个人在一个公历年度内在新加坡受雇累计不超过 60 天，可免缴个人所得税，但在新加坡担任董事、演艺人员或者进修实习的非纳税居民个人除外	1. 实行累进税率制 2. 居民纳税人扣除个人所得税减免之外，个人所得税税率保持在 2% 至 22% 之间 3. 非居民纳税人的个人所得税税率为 15%

美国税收

1. 美国纳税居民判定。

一般来说，根据美国《国内税收法典》，所有美国公民和美国居民都被视为美国纳税居民。

非美国公民（外籍个人），需依据"绿卡标准"或者"实际停留天数标准"来判定是否为外籍纳税居民。美国居民标准通常基于公历年度计算。

根据美国移民法，如果外籍个人在一个公历年度内的任何时间里是美国的合法永久居民，该个人即满足绿卡标准。这里的"合法永久居民"是指，由美国公民与移民服务局（USCIS）（或者该组织前身）特许以移民身份永久居住在美国的个人。一般来说，当个人拿到美国公民与移民服务局发放的外国人注册卡（即"绿卡"）时，便取得了美国的永久居住权。除非存在双重纳税居民身份的特殊情况，只要个人的合法永久居民身份未被美国公民与移民服务局撤销或依法判定未放弃，那么该个人将一直被视为美国纳税居民。绿卡过期并不一定代表美国纳税居民身份的终结。

如果外籍个人在美国停留的时间同时满足以下两个条件，则被视为符合本标准。

（1）本公历年度内在美停留不少于 31 天。

（2）根据计算公式，本公历年度和过去两个公历年度加起来的 3 年在美停留不少于 183 天。本年度在美停留的全部天数，加上前一年度在美停留天数的 1/3，加上再前一年度在美停留天数的 1/6。

美国纳税人识别号包括个人使用的社会保险号以及个人或实体使用的雇主身份号码。另外，对于应该拥有美国纳税人识别号，但是没有取得或没有资格取得社会保险号的个人，将会获得个人纳税人识别号。

纳税人必须在提交给美国国内收入局的所有纳税申报表及其他文件上注明其纳税人识别号。当他人在提交给国内收入局的申报表或其他文件上需要使用纳税人识别号时，纳税人必须向他人提供其纳税人识别号。

社会保险号是由美国社会保障总署（Social Security Administration）颁发。

另外，我们可以通过网址 https：//194. cbp. dhs. gov 查询自己在美国的居留时间。美国是全球征税国，你一旦成为美国纳税居民，要将自己的全球所有收入和所得按照美国的税法申报，且可能要纳税。违反美国税法者，若被美国国税局查实可能会进入美国国税局黑名单，美国海关系统可能会显示，其他互联网系统也会显示。美国国税局权利较大，可以直接逮捕人。所以，大家必须重视美国的税法。

每年的 4 月 15 日是美国纳税居民提交联邦税与州税申报表的截止日。

若无法于 4 月 15 日前报税者，可申请延期 6 个月申报（至 10 月 15 日），若要取得自动延长 6 个月的报税时间，必须在报税截止日前提交 4868 表。纳税人必须在 4 月 15 日前将该缴的税准时申报给美国国税局，否则会被课以逾期税款的利息并加计滞纳金，换句话说，延期申报并不会展延缴税的截止日。

2. 美国个人所得税。

美国的个人所得税是针对美国纳税居民的全球所得征收的，包括全球的工资、利息、赡养费或抚养费、不动产租金、合伙人收入、个人退休账户配息、各类补助金或年金等。在计算收入所得的时候，有一些抵扣项目，有标准扣除和分项扣除，纳税人可视自己的情况任选一种。

每位纳税人皆须决定适用于自己情况的报税身份，选对报税身份很重要，因为这会决定纳税人的标准扣抵额、需补缴的税额与所有退税款。报税身份分为以下 5 种。

单身：在年度最后一天未婚或依离婚判决或分居抚养费判决而与配偶合法分居，且不符合其他报税身份资格。

夫妻合并：与配偶皆同意以联合申报的方式报税。在联合报税表上申报夫妻两人的合并收入，并扣除两人的合并可允许支出。即使夫妻其中一人无收入或扣除项，夫妻仍可以使用夫妻联合报税身份。

夫妻分开：夫妻若想各自支付税额，或按此方式算出来的税额比联合报税的少，则选择此身份报税较有利。若配偶不愿意联合报税，纳税人则必须选择此身份报税，除非符合一家之主身份。

一家之主：若符合以下所有资格要求，则能以一家之主身份报税。在年度最后一天为未婚（或被视为未婚），且在该年度支付一半以上的持家费用；一位合格个人与纳税人同住家中超过该年度半年以上（暂时离开不在此限，如就学）时间，若合格个人为奉养的父母，则父母无须符合同住要求。

抚养子女的寡妇/鳏夫：配偶身故的当年是纳税人可以与身故配偶联合报税的最后一个税务年度（如配偶在 2018 年身故，则可使用已婚夫妻联合报税作为 2018 年的报税身份）。配偶身故后的下两年，可使用抚养子女的寡妇/鳏夫作为报税身份。如配偶在 2018 年身故，且自己一直未再婚，则可在 2019 年和 2020 年的税务年度使用此报税身份。各报税身份的报税门槛见表 14.2。

表 14.2　各报税身份的报税门槛

65 岁以下报税门槛	
单身	12 000 美元
已婚合并申报	24 000 美元
已婚分开申报	有收入必须申报
一家之主	18 000 美元
寡妇/鳏夫	24 000 美元
65 岁（含）以上报税门槛	
单身	13 600 美元
已婚合并申报	26 600 美元
已婚分开申报	有收入必须申报
一家之主	19 600 美元
寡妇/鳏夫	25 300 美元

（1）美国个人所得税税率。2018 年美国个人、夫妻所得及税率见表 14.3。2018 年加州个人和夫妻所得及税率见表 14.4。

表 14.3　2018 年美国个人、夫妻所得及税率

税率（%）	个人所得（美元）	夫妻合并所得（美元）	一家之主所得（美元）
10	+9 525	+19 050	+13 600
12	9 526 +	19 051 +	13 601 +
22	38 701 +	77 401 +	51 801 +
24	82 501 +	165 001 +	82 501 +
32	157 501 +	315 001 +	157 501 +
35	200 001 +	400 001 +	200 001 +
37	500 001 +	600 001 +	500 001 +

表 14.4　2018 年加州个人和夫妻所得及税率

税率 （%）	个人所得 （美元）	夫妻所得 （美元）
1	0 +	0 +
2	8 015 +	16 030 +
4	19 001 +	38 002 +
6	29 989 +	59 978 +
8	41 629 +	83 258 +
9.3	52 612 +	105 224 +
10.3	268 750 +	537 500 +
11.3	322 499 +	644 998 +
12.3	537 498 +	1 074 996 +

（2）美国个人所得税额如何计算。

美国个人所得税申报分为两大步骤：第一，先将个人总收入减去个人的调整项目，剩余金额是个人调整后总收入（Adjusted Gross Income，简称 AGI）；第二，将个人调整后收入减去个人所得扣除额后，剩余金额是纳税所得，再根据税率级距，算出应纳的所得税金额。

个人所得扣除分为标准扣除与分项扣除两种方式。

标准扣除：对纳税人规定一个标准扣除额，标准扣除在不同的申报方式下数额不同，并且每年会随物价波动有所变化。

分项扣除：特殊扣除项目包括符合条件的医疗费用、已缴纳的州及地方所得税和财产税、符合条件的住房抵押贷款利息、投资利息、符合条件的慈善捐赠、偶然和盗窃损失以及杂项费用。

美国对纳税人特殊扣除项目的设定，在一定程度上减轻了纳税人的经济压力。因为美国是全球征税，根据美国与各国的税务双边协议，美国纳税居民一般不会被双重征税。

（3）美国个人所得税种类。

美国个人所得税包括联邦税、州税和地方税，联邦税税率全国一致，但州和地方税税率各地不同。

3. 遗产税和继承税。

遗产税是一个国家或地区对死者留下的遗产征收的税，以被继承人去世后所留下的财产为征税对象，向遗产继承人和受遗赠人征收。

事实上，遗产税是将遗产税和赠与税合并征收。遗产税是政府赋予公民继承遗产的法律权利。继承人如果要继承遗产，必须先按被继承人死亡时这笔遗产的市场价格向政府交税，完税后才有权继承遗产。政府征收遗产税的目的是通过对遗产赠与部分财产的调节，防止贫富悬殊。目前，世界上大多数国家和地区都开征了遗产税。

人过世后，生前的所有财产，包括物业、股票、公司、共同基金、退休账户、银行账户、收藏品等，经过法庭认证程序精算财产总值，若超过一定数额，该超额部分需缴纳遗产税，而不用交遗产税的部分为遗产免税额。

2019 年美国国务局个人所得税法规定，每个人一年最多可以给他人赠与价值少于/等于 15 000 美元的财物，这是所谓的年度赠与豁免额，不需要缴纳赠与税，部分需提交报税表 709。

你可以每年为超过赠与额的部分交赠与税，也可以累积起来以后再交。因为美国税法有一条规定，每人一生总共有 1 140 万美元的生前赠与额，每年年底超过赠与豁免额的部分相加，如果你一生的赠与额没有达到 1 140 万美元，你就没有赠与税。如果超过了，你则要交赠与税，最高税率为 40%。

美国的赠与税和遗产税是一对双胞胎税，被继承人生前赠与财产要交赠与税，身故后被继承财产要交遗产税，两者为同一税率。在美国，资产转移除了出售，无外乎生前的赠与和身故后的继承。

美国通过税改法案后，2019 年个人遗产免税额是 1 140 万美元，夫妻遗产免税额是 2 280 万美元。而在征收遗产税方面，美国公民和永久居民的全球资产都会被计算在内。你不管住在哪里，只要身份是公民或永久居民，全球所有财产都要交税。如果是非永久居民，只有在美国的财产才要交税。美国公民享有遗产免税额和年度赠与豁免额；而持有绿卡人士在报税年度逗留美国超过 31 天，且过去两年在美逗留 180 天，才符合豁免资格。

如果去世的一方是持有绿卡人士，健在的一方是公民，则去世一方依然拥有无限婚姻扣减，可以全部转给健在的公民配偶，不用马上交遗产税。

如果去世的一方是公民，健在的一方是持有绿卡人士，则公民一方名下的财产在扣除遗产免税额后必须马上交遗产税。

如果既不是持有绿卡人士，也不是公民，而是非永久居民，其在美国又有不少财产，一旦过世，其在美国的财产只有 6 万元的遗产免税额，超过的部分要交遗产税。

人去世后，所有资产会被冻结。经过认证，遗产超过终身免税额的部分，必须申报和缴纳遗产税，最高税率为 40%。若祖父母把遗产留给孙子女，因为有一代不缴遗产税，美国会加收隔代赠与税，税率为 50%。美国赠与税和遗产税税率见表 14.5。

表 14.5　美国赠与税和遗产税税率

遗产税/赠与税税率（%）	应税资产（美元）
18	+ 10 000
20	10 001 +
22	20 001 +
24	40 001 +
26	60 001 +
28	80 001 +
30	100 001 +
32	150 001 +
34	250 001 +
37	500 001 +
39	750 001 +
40	1 000 001 +

在年度赠与豁免方面，如果夫妻双方都是公民，则每年互相赠与没有限额，如果配偶不是公民，只是绿卡持有者或没有绿卡，法律规定公民只可以赠与非公民配偶每年最多 155 000 美元，超过的部分要交赠与税。

对于非美国纳税居民，美国税法有不同的规定。这里对非纳税居民的界定不同于个人所得税法关于非纳税居民的界定。这里是关于"住所"的界定，主要考虑此人是否以美国作为主要居住地，旅行的时间和次数，以及是否有定居美国的意愿等。

4. 美国房产相关的税负。

美国的房产在购入、持有、售出或传承时会产生税负。

购房时的很多费用是一次性费用，一般有交易税（1‰至3‰）、过户费（2 000 至 4 000 美元，费用为估算，下同）、产权费（2 000 至 4 000 美元）、产权保险费（2 000 至 5 000 美元）。

上述各项加在一起，以总价 100 万美元的房产来估算，大约 1%。

在买房的时候，买方是不用付给代理人佣金的。因为卖方在卖房的时候，卖房的佣金会平分给双方的代理人。

主要住宅的售卖可以享受 25 万美元（单身纳税人）至 50 万美元（夫妻纳税人）的免税额。简单来说，你的房子卖出时若增值了，只要满足以下几个条件便可以免交增值税：是你的"主要住宅"，持有房屋 5 年，在卖房的前 5 年内至少有 2 年住在这里。

自住房的房地产税和贷款利息可以抵所得税，贷款利息抵所得税仅限两套自住房。

交易税由州政府决定，其算法为房价×交易税率。

美国的房产类别分为以下几种：

（1）个人主要住宅。自己住或 1 年出租不超过 15 天的住宅，是自住房。

（2）第二套房。美国国税局认为每个人可以合理拥有两套房，只要自住，或出租不超过 15 天，并且自住超过 14 天，那么这 15 天以内的租金收入，美国国税局不会收税，这套房子顺理成章属于自住房。若不满足上述条件，你需要将租金上报到 Sch E（个人税表 E），而相关贷款利息、房产税等抵扣需要分成 Sch E 出租和 Sch A（个人税表 A）自住两部分。

（3）假日出租房。假如你已经有两套房子，第三套或以上的，你不可能分身住很多天，于是美国国税局默认你会租出去，或者度假时住。只要租期超过 14 天，并且你自住天数少于 14 天或租期的 10%，那么这套住宅就属于出租房。和之前对出租房的处理方式一致，所有租金收入和支出都须报到 Sch E 上。

（4）出租房。纯粹的出租房，不需要通过出租日 14 天的测试，只要个人自住不超过 14 天，则所有收入、支出须报到 Sch E 上。

出租时，收入需要交个人所得税，按照前述个人所得税相关税率与计算方法计算。出售时，卖方要缴资本利得税，它的算法是买卖价格差 × 税率，一般持有 1 年以上的税率为 15%。

所有与房产相关的必要的和合理的费用都可以抵税，如地产税、保险费、管理费、贷款利息等都可以抵租金收入。

折旧费按照年限换算，住宅折旧 27.5 年，商业地产是 39 年。假如一套房子是 275 万美元，那么每年的折旧费是 10 万美元。这里需要注意的是预扣税，预扣税是针对出租收入而言的，中美之间有条约，税率是 10%。如果第一年没有净利润，第二年报税时可以申请将第一年的预扣税退回来。

（5）投资的房产或地产。投资的房产或地产是指既不出租也不自住，纯粹等着升值的投资房产或地产，例如继承的名人古宅，或即将升值的地皮等。这类支出属于投资而非运营，所有房产税、地税也只能报到 Sch A 上抵扣。这里需要注意的是，相关利息抵扣只有低于投资收入的部分能放到 Sch A 上抵扣，其他投资支出要填入 Sch A 上进行杂项抵扣，并受限于 2% 净收入的要求。

房产赠与与继承也会产生税负。假如父母赠房产给子女，子女拿到房产的税基就是赠与人的税基，或购买时的价格，出租的房产为经过折旧后的税基。假如子女继承房产，则房产的税基为继承日的市场价格，多年持有房产的增值部分可免缴资本利得税。

举例说明，王女士有一套出租房产，购买价为 40 万美元，多年折旧总额 15 万美元，王女士的房产税基为 25 万美元。如果她赠与子女，子女拥有房产的税基则是王女士的税基 25 万美元。如果子女以 50 万美元卖出，则 25 万美元的部分要缴个人所得税，25 万美元×20% = 5 万美元。这种情况，子女须缴 5 万美元的个人所得税。如果子女在王女士去世后继承房产，若当时的市场价为 50 万美元，子女继承房产的税基为 50 万美元，子女以市场价卖出，则不需要交个人所得税，这里就省下了 5 万美元的税款。这个税基的概念也适用于证券与股票。

非美国纳税公民卖房有一定的规则，关于外国人卖房时的收入有税法，即《外国人投资房地产税法》（Foreign Investment in Real Property Tax Act）。其规定外国人在卖房时的增值收入并非税率比较低的长期资金增值，而是普通收入，要按税率计算税金。

此外，外国人也面临预缴税的问题，税法规定，假如卖房者是外国人，而该物业不是自住且售价超过 30 万元，买方或其公证代理便有责任，在卖房款项上扣除预缴税，然后交给美国国税局。扣除的金额是卖房款的 10%。卖房后，不论是否有资金增值，也不论资金增值多少，买方都要扣除预缴税。

除了联邦国税局的扣税要求外，州政府也有可能要求扣除预缴税。加利福尼亚州税务局规定，要扣除售价的 3.3%，这也是买方和公证代理的责任。

这两者都是预缴税，假如真正的税款比预缴金额低，可以在报税时要求将多付的税金取回。

美国非纳税居民每人每年有 1.5 万美元免赠与税的额度，可是他们仅有 6 万美元遗产税免税额，且不能在生前预先赠与。所以，外国人将在美国的资产做赠与是有困难的。外国人要将在美国的房产免税赠送给子女，需要先成立公司，将房产放入公司，然后将公司股票做赠与，因为股票属于无形资产，没有赠与税。

美国非纳税居民假如去世，产业一样要通过法庭认证，才能由受益人继承，除非该外国人生前已经成立信托。换句话说，美国非纳税居民假如在美国用个人的身份投资房产，应该由律师在其生前设立信托，避免将来需要认证。

若非美国遗产税纳税居民离世，房产由其子女继承，则只享有 6 万美元的免税额，超出部分根据离世时的房产价值，按 26% ~ 40% 税率交遗产税，其中超出 100 万美元部分按 40% 的税率纳税。

遗产赠与税是外国投资者在美国购房的一个"税务陷阱"，不同于个人所得税，不管所投资房产有无增值，房产价值的近 40% 将会无偿赠送给美国政府，这可能是每个投资者都不希望看到的。

美国的遗产税和赠与税并不少，如果你打算在美国买房，并有将房子留给子女的想法，信托是最好的方式，有权益保障，同时以信托方式过户给子女，还可以大幅减少遗产税和赠与税。除此之外，最省税的方法是写子女的名字，但未成年人没有签字权，必须代为办理。写的如果是父母两人的名字，继承会比赠与少缴税。

若外国人出售房产，且持有期未超过 1 年，其增值收益与其他普通收入一起，按个人所得税累进税率计算税额。若持有期超过 1 年，则房产会被视为长期持有资产，允许使用不高于 15% 的资本利得税税率计算。我们之前提过，外国人出售房产时，美国国税局会先扣除售价的 10%，待到出售次年纳税人提交 1 040NR 表时计算，多退少补。

如果你想出售房产，又担心增值后要交税，你可以将房产直接送人，这种转移房产的方式是赠与。美国的赠与和遗产税务是同一个体系。非美国纳税公民在美国的资产，能享受的终身赠与税/遗产税免税额远低于美国纳税公民。所以，你若在美国转移资产，特别需要规划，要运用公司或信托形式合理避税。对于前往美国定居或者投资且拥有海外房产的朋友，要注意美国政府会将你的全球收入纳入美国缴税范围。若你的海外房产升值不少，那么建议你在成为美国纳税公民前卖掉海外净增值的房产，或者赠与父母，父母卖后变现再赠与回来，这样可避免缴纳房产增值部分的资本利得税。例如，投资者在 20 年前以成本 10 万美元购入中国房产，2015 年成为美国纳税公民，房产市值 100 万美元，那么，当他卖掉房产时，90 万美元全部要交资本利得税。但如果他在 2014 年赠与父母，父母以市值卖掉房产，再将 100 万元现金赠与投资者，那么他不用缴任何税。

假如有客户想把房产转给儿子，可是他和儿子都没有钱缴税，怎么办？举例来说，30 年前以 10 万美元购入房产，房主去世时，房产作为遗产传给子女，若房产在其去世的时候市价为 100 万美元，该房产的成本则自动匹配市值 100 万美元。子女住满两年后出售房产，获得 120 万美元，增值的 20 万美元要缴税。当然，也有见缝插针的例子，父亲重病即将去世，儿子将 10 万美元成本、市值 100 万美元的房产赠与父亲，半年后，父亲去世，儿子继承房产，成本自动变为 100 万美元，这时儿子立马卖掉房产，任何税都不用缴。美国国税局后来做了补充，规定短期内赠与赠回，房产的最终税务状态不会改变（儿子依旧是房主），这种情况不再适用继承的优惠政策。

父母在美国买房，通常有以下 3 种做法。

（1）只写子女的名字。

父母在美国买房，直接写子女名字，就不牵涉遗产税和赠与税的问题，自然就避了税。但在美国，18 岁以下的未成年人无权签署任何法律文书，只能由父母或监护人代为办理，手续十分麻烦，通常需要通过美国专业律师来操作。

（2）只写父母的名字。

父母在美国买房，只写父母的名字，是打算赠与子女或过世后再传给子女。这种方式相对常见，但继承要比赠与缴税少，原因我们在后面会详述。在这里举例说明继承的问题，比如现在以父母名义买了 100 万美元的房产，30 年后父母去世由子女继承。当子女想要卖房产时，要缴的资本利得税，以父母去世那天的房产价值作为基数。假设去世那天的房产价值 150 万美元，后又以 150 万美元的价格卖掉房产，则收益为零，不需要交任何税。

（3）同时写父母和子女的名字。

父母在美国买房，同时写父母和子女的名字，是联合持有物业，父母去世后，子女继承房产的权利要高于其他任何亲属或债权人。比如100万美元的房产，房契上有子女的名字，在美国就被认为赠与子女一半产权，子女的计税基数为100万美元的一半，即50万美元。30年后父母去世，属于父母的一半由子女继承，假设当时房产价值变成150万美元，那么继承这部分的计税基数为父母去世当天房屋价值的一半，即75万美元。再加上原先子女受赠一半的计税基数50万美元，总计税基数为125万美元。如果这时以150万美元的价格卖房产，资本利得是150万美元 – 125万美元 = 25万美元，卖方需要为这25万美元缴税。所以就可以得出，联合产权增加了孩子的纳税负担。

此外，联合产权方式还有以下一些风险和负担：

- 如果未来某天急需用钱，需要卖房产，而子女不同意，父母是没有任何办法的。
- 如果子女先去世，那么就变成子女的合法继承人与父母共同持有房产，这个合法继承人不见得是父母希望的人选。
- 如果孩子申请破产，尽管父母拥有一半产权，房产仍可能被强制卖出。
- 如果房价超过2.6万美元，父母须申报联邦赠与税。

所以，这是最不推荐的一种方式。

父母买房时，写了父母的名字，要把房产留给子女，有3种方式：一是赠与，直接送；二是继承，过世后再给子女；三是信托，这对父母来说有保障。由于美国的赠与税和继承税在某种程度上已经结合在一起，所以我们将两种方式结合起来说。

（1）赠与与继承。

赠与与继承这两种方式很容易区别，赠与就是父母在世时把房产给子女，而继承是父母过世后再将房产给子女。美国税法对赠与税的认定属于认资产不认身份，简单来说，无论你是否为合法居留身份，无论是持有绿卡者还是公民，哪怕你从未踏入美国领土，但只要以个人名义在美国持有房产，就涉及赠与税和遗产税。每个美国公民一生的遗产税和赠与税的抵税总额是 1 140 万美元，父母两个人加在一起就有 2 280 万美元的额度。但如果父母是非美国纳税居民，每个人只有 6 万美元的免税额，加在一起仅 12 万美元。

如果是继承的方式，子女就要看父母生前的赠与税免税额有没有余额，如果有，就可以用余额来抵部分遗产税。对父母来说，赠与和继承没有区别，但对子女来说，差别就很大。如果子女要把房产卖掉，需要交个人所得税，具体算法要看父母是以哪种方式把房产转给子女的。举例来说，如果父母是花 10 万美元买的房产，以赠与的方式给子女，子女以 100 万美元的价格卖给他人，那么所得收益就是 90 万美元，这 90 万美元收益需要报税。如果是继承的方式，如前所述，按父母去世时的房产价值来算，如果为 80 万美元，那么子女就需要就 20 万美元的收益报税。按 30% 的税率计算，就省下了 21 万美元的税。所以，相比之下，继承的方式更省钱。

（2）信托。

信托方式有很多种，这里指办理合格个人住宅信托，属于结构性财富管理，涉及节税环节的结构。简单来说，信托是父母将房产交给委托人管理，受益人为子女。如果父母直接给子女，那么大资产的税额自然不少，如果交给委托人，委托人会将资产分解，一部分一部分地给子女，那么小资产的税额相对少，这属于变相降低遗产税和赠与税的成本。同时，信托允许父母按自己预先设定的时间期限居住，这样一来，如果父母居住，过户时征收的赠与税可以大大减少。根据父母计划的居住时间的长短，赠与房产的计税价格可以低至房产当前市价的 25%，房产过户之后的一切增值对子女来说都是免税的。

事实上，以上方式各有利弊，如果房产价值不是太高，又想达到最佳省税效果，继承的方式是最省时省力省税的；如果房产价值非常大，信托的方式可以选择。

英国税收

根据旅居英国时间的长短，纳税人分为两种：英国居民和非英国居民。

英国对居民的征税范围是全球收入。

英国对非居民的征税范围是在英国境内取得的收入。

如何判定一个人是英国纳税居民还是非纳税居民呢？

首先，如果在一个纳税年（如4月6日到下一年的4月5日）里，你在英国的时间总计多于或等于183天，你就是英国纳税居民。

其次，如果你去过英国，在前3个纳税年里任何一年是纳税居民，那么本年度你在英国的天数如果总计少于16天（不包括16天），就是非纳税居民。比如对于2016年/2017年来说，前3年是2015年、2014年、2013和2016年、2015年、2014年，你要看自己在这3年里是不是至少有1年是纳税居民。

最后，如果在前3个纳税年里你都不是纳税居民，假如你第一次去英国，那么本年度你在英国的时间如果少于46天（不包括46天），那一定是非纳税居民。

以上3点简单易算，但是如果你在英国的时间是介于以上天数之间，即多于16或46天但少于183天，那么你有可能是纳税居民，也有可能是非纳税居民，要看其他相关因素，比如家庭、住所、工作、过去两年在英国的天数、在其他国家的居留情况等。

从个人所得税的角度，每一个英国纳税居民包括儿童，都有个人免税额。从2016年和2017年的纳税年度开始，英国的免税额，不论年龄，统一为一个额度（在这之前，老年人的免税额会比年轻人的多一点儿）。2016年的免税额是每人1.1万英镑，即年收入超过1.1万英镑的部分才会被征税。盲人有额外2290英镑的免税额，而且可以转给配偶，如果自己的收入不足以使用所有的免税额。

如果纳税人调整后的净收益（即税前年收入减去养老金、慈善捐赠的收益）超过10万英镑，个人免税额会根据收入相应减少，超过10万英镑的部分的一半会从个人免税额中减掉，直到达到12.2

万英镑，就完全没有免税额。

比如调整后的净收益是 11 万英镑，减去 10 万英镑是 1 万英镑，一半是 5 000 英镑，1.1 万英镑减去 5 000 英镑，免税额只剩下 6 000 英镑。

如果是非英国居民，有的人有个人免税额，有的人没有，不能一概而论。英国公民及其他欧盟成员国的公民，是有个人免税额的，不论他们住在哪里。其他国家或地区的公民，要看英国与公民所在国家或地区的《免双重征税协定》（Double Taxation Agreement）的具体规定。比如，根据中英两国的协定，不是英国纳税居民的中国公民是有个人免税额的，前提是在那个纳税年里，其既是中国公民，又是中国居民。但英美协定中，美国公民是没有的。

对于英联邦成员国的公民来说，在 2010 年 4 月 5 日之前，不管他们居住在哪里，都有英国的个人免税额，但是从 2010 年 4 月 6 日起，规定有所改变，可以通过《免双重征税协定》来确认他们是否有个人免税额。

当然还有其他情况，比如你受雇于或者曾经受雇于英国王室，你就有英国的个人免税额；或者你是马恩岛或者海峡群岛的居民，就有个人免税额。

以上说的是非英国纳税居民的情况。

夫妻（或同性伴侣）中任何一方超过 83 岁，可以有已婚夫妻免税额，根据收入，从 8 355 到 3 220 英镑不等，乘以 10% 作为税收减免额，从其中一方的应缴税中减去 836 到 322 英镑。这个税收减免额给哪一方呢？2005 年 12 月 5 日之前结婚的，给丈夫；之后结婚的，给收入高的那一方。

我们知道英国的个人所得税是夫妻各缴各的，各有各的个人免税额。但是从 2015 年/2016 年开始，夫妻之间可以转让 10% 的免税额，即婚姻免税额，2015 年是 1 060 英镑，2016 年是 1 100英镑，乘以 20% 作为税收减免额，在得到婚姻免税额的那一方的应缴税中抵扣。

夫妻之间转让免税额，需要符合以下条件。

（1）注册结婚或者注册成为同性伴侣后，免税额可以在结婚当年申请，而且不要求双方一定住在一起（已婚夫妻免税额的获得要求住在一起）。

（2）双方都不是高纳税人或者额外纳税人，即最多按20%那档缴税。要转让免税额的那一方总收入要少于个人免税额，即1.1万英镑。

（3）不能同时申请已婚夫妻免税额和婚姻免税额，两者只能选择一个。通常有资格拿到已婚夫妻免税额就不必申请婚姻免税额，因为已婚夫妻免税额有更高的额度。

（4）申请期限是4年，比如2016年的婚姻免税额，可以在2020年4月5日前申请。一旦申请转让，每年都会如此，直到你申请不再转让或者不再符合条件。

案例 14.1

比如2016年/2017年，妻子只有租金净收入6 000英镑，丈夫的总收入是工资4万英镑，妻子可以申请把自己免税额的10%转给丈夫（1 100英镑），自己剩下11 000英镑－1 100英镑＝9 900英镑的免税额，但仍能覆盖她的总收入6 000英镑，可以不用交税。

但丈夫的个人免税额并没有增加，仍是1.1万英镑。4万英镑－1.1万英镑＝2.9万英镑，乘以20%（必须是基本税率纳税人）是5 800英镑，但这时会有税收减免1 100英镑×20%＝220英镑，丈夫只要缴税5 800英镑－220英镑＝5 580英镑。

按照判例法，纳税意义上的英国居民一般指以下三大类。

第一，在一个纳税年度内，在英国居住6个月以上的人。

第二，在英国有可能居住的住房，且不在国外从事全日制工作的人。

第三，虽然不符合上述两项条件，但习惯或实际逗留在英国的人。

除了居民以外，英国还有普通居民的概念。年复一年地居住在英国的人是英国普通居民，大部分居住在英国的人既是居民又是普通居民。按照上述第三条确定的居民同时也是普通居民。那些在英国拥有住房的人，若住房是习惯住房，则其既是居民又是普通居民。但在某种情况下两者有所区别。如果你常住在国外，一年内在英国居留 183 天以上，则视为居民而不视为普通居民；如果常住在英国，某一年去国外工作或度长假，不在英国落足，则视为普通居民而不视为居民；在英国购买或长期租住房屋仅供度假用，偶尔居住的人，则是居民而非普通居民。纯粹的居民和既是居民又是普通居民的人在海外所得的纳税责任上稍有不同。如果纳税人仅是居民而非普通居民，其海外所得中的受雇工薪所得、投资所得（包括银行和房屋协会的存款利息、股息、证券利息、租金所得），只就其汇入英国的部分承担纳税责任，即按汇入原则纳税；如果纳税人既是居民又是普通居民，且不是英国永久居民，只有从非居民雇主那里取得的受雇工薪才能按汇入原则纳税，其他海外所得要全额申报纳税（某些项目可以扣除）。

在英国法律中，永久居民的概念对所得税而言只有极有限的意义。对于原来是英国的永久居民，后移民国外，又返回成为居民或普通居民，有海外所得的，或原来为外国永久居民，现在在英国定居，有海外所得的，就涉及永久居民的认定问题，以便确定哪些所得能按汇入原则纳税，哪些不能。因为判例法对这一问题的规定相当模糊，并且前后不一致。大多数判例主张，如果父母为英国永久居民，儿女特别声明才能放弃，否则自然为英国永久居民，不论现在居住何处、是何国籍；移民、结婚等情况，当事人要通过法律程序特别声明，才能放弃或成为英国永久居民。实际生活中，人们极少用到永久居民的规则。在绝大多数情况下，居民身份确认后就可以完成纳税人性质及纳税责任的认定工作。总之，在英国的税法中，被确定为居民者可能是非普通居民。虽然有上述原则性的分类规定，但现实生活中的情况错综复杂，有些情况通过原则难以明确地加以规范，这就需要对原则进行诠释、推理、具体化，以便能用于各种具体情况。在英国，此项工作历来是由法院来完成的。

1. 英国遗产税。

英国是最早征收遗产税的国家之一，不像美国的起征点那么高，英国遗产税已经伸向中产阶级的腰包。英国遗产税的起征点低得多，为32.5万英镑，夫妻二人的起征点为65万英镑，超过部分的税率均为40%。配偶之间可以转移免税额，但若不是英国人，免税额仅为5.5万英镑。并且，英国政府在2015年夏季宣布，将遗产税扩展至所有英国住宅物业。自2017年4月6日起，不论物业的持有方式，遗产税适用于所有英国住宅物业。受影响的包括持有英国住宅物业而股东为非英国籍人士的离岸公司及离岸信托。无论该住宅物业是用作商业出租，还是供家人留英时暂住，均须缴纳遗产税。

英国也是全球征税的国家。对于非纳税居民来说，英国以外的资产不纳入遗产税范畴，只有处于英国的资产才要缴税。许多在英国置业的外国人，都会通过税务计划来合理避税。根据最新政策变动，英国在2017年把遗产税免征额度提升到50万英镑，已婚夫妻加起来的免征额度能达到100万英镑，这无疑会在相当程度上减轻英国中产阶级的负担。

中国香港早在2006年就取消了遗产税，中国内地从2004年开始讨论征收遗产税。英国遗产税已征收了超过100年，虽然取消遗产税的声音一直未断。现在英国遗产税仍然有40%的税率，而从2000年起，遗产税的起点就没有增长过，维持在32.5万英镑。英国房价近年"突飞猛进"，这几年遗产税的税收应该在上升。但如有正确及预先的计划，遗产税是可以减至最低甚至避免的。例如配偶之间赠与的遗产是不征税的，但这是以结婚证书或同性伴侣注册为准的；同居的伴侣在遗产税上是没有法定身份的。另外，英国每年还会给赠与子女配置免税额。

如果某人赠与财产之后超过7年才去世，则其所赠与的财产免税，如果赠后7年之内去世，则部分财产要缴纳遗产税。当然，成立基金的做法可以避免缴纳遗产税。基金其实是将本身的财产转让给一家公司管理，名为基金，实由基金管理人全权负责财产的管理、收入及支出，与打理一家公司类似。但所得到的收益将由基金成立人规定用途或分配给指定的受益人。因为基金是不会死亡的，所以没有遗产税。但相应地，在基金的相关法律中有很多不同的限制，确保当事人并不是用基金躲避遗产税而是个人仍然拥有财产及控制权。基金要有专业的基金管理人员，他们被称为信托人，他们要有真实的自主权进行处理及管理财产。信托人一般是专业人士且有酬劳，而基金的收入也要纳税，虽然税率没有遗产税税率40%那么高，但基金所有的费用加起来也是一笔不小的数目。所以，英国基金成立的门槛一般超过400万英镑才划算，否则成立基金的费用、每年的管理费及要缴纳的税可能比一次性缴纳遗产税还要多。

2. 英国房产相关的税负。

英国作为世界上最早开始征收房产税的国家，有比较完备和成熟的房产税制度。其房产税有以下几个部分：印花税、增值税、市政物业税、个人所得税和资本利得税。以下是英国房产投资过程中主要涉及的5种税费。

（1）印花税。

在英国购买房产，买方在成交时必须向税务局缴纳印花税，买卖交易才能最终获政府认可。根据2012年3月21日英国财政部公布的最新税率，印花税的具体征收标准如下：房产总价值低于12.5万英镑（含12.5万）的，不需要缴纳印花税；房产总价值在12.5万至25万英镑之间的，印花税为成交价格的2%；房产总价值在25万至92.5万英镑之间的，印花税为成交价格的5%；房产总价值在92.5万至150万英镑之间的，印花税为成交价格的10%；房产总价值在150万英镑以上的，印花税为成交价格的12%；第二套房产或投资性房产，税率会更高。

（2）增值税。

增值税是指英国对所提供的商品或服务产生的增值部分征收的税。在购房过程中，几乎所有提供服务的律师、会计师都需要缴纳增值税。提供服务的律师事务所将根据具体的服务事项，在房产成交前提供具体的费用和税款清单。

（3）市政物业税。

在英国，所有的房产每年都要向所在地方政府缴纳市政物业税，用来支付地方政府提供公共服务设施和服务的费用，如图书馆、学校、交通、垃圾回收等。根据物业总价的不同，市政物业税的额度也不同。通常情况下，英国的市政物业税额每年在900至3 000英镑之间。这里需要提醒英国房产投资者，在很多情况下，可以申请减免市政物业税。比如，房客全部为全日制学生，可以向政府申请免缴市政物业税。大多数出租房的市政物业税由房客承担，如果房产没有被出租，且英国并不是房主的主要居住地，房主可以申请减免市政物业税。只有一个成年人居住的房产也可以申请减免市政物业税。

（4）个人所得税。

按照英国的税法，无论是英国常住人口，还是海外投资者，其在英国的房产租赁收入，都需要缴纳个人所得税。通常情况下，房主或代理机构先收取房租，等英国财政年度结束的时候补缴1年所应缴纳的税款。按照规定，房主可以用正当的房产支出来抵销部分税金。如果房主在购买房产时向银行申请了抵押贷款，那么付给银行的抵押贷款的利息部分（不含本金），就可以抵销部分应税金额。另外，所有房产的装修、维修等维护成本也可以用来抵销部分税金。对于海外投资者，房主用于管理房产的往来交通费用，同样能抵销税金。另外，英国的个人收入还有一定的免税额度，个人所得税税率按照层级递增。对于中国投资者而言，按照中英两国政府签订的税收协定，明确任何来自英国的财产的收益，如果已经在英国缴税，在中国将享受免税优惠，避免重复纳税。

2018年英国个税的起征点为年薪11 850英镑（一个月987英镑，约8 400人民币），先扣除对配偶的生活费、对孩子的抚养费、慈善捐款等多项费用，再计算纳税额。这样计算，一个月赚1万多元人民币的英国人，就不用缴税了。2018年英国所得税税率见表14.6。

表 14.6　2018 年英国所得税税率

税率（%）	个人所得（英镑）
0	+11 850
20	11 851 +
40	46 351 +
45	150 001 +

（5）资本利得税。

资本利得税是对资本商品，如股票、债券、房产、土地或土地使用权等，在出售或交易时取得的收益部分征收的税。英国资本利得税征税的税率有 18% 和 28% 两种。英国房产买卖的资本利得税只针对投资租赁房。出售自住房所获得的收益，不必缴纳资本利得税。资本利得税根据个人的收入情况有不同的征收标准，个人所得税税率为 20% 的，资本利得税税率为 18%；若个人所得税税率为 40% 或以上的，资本利得税税率为 28%。

在英国的非英籍房产所有人出租房产，获得的收入须缴纳个人所得税。房客或代表房东的房屋中介须保留 20% 的租金作为上缴税收。房主也可以先收取房租，等财政年度末的时候补缴 1 年所欠税款。大多数外籍房主会选择后者作为交税方式。

加拿大税收

加拿大是高福利、高税收国家，个人所得税税率也是相对高的。并非仅加拿大公民才需要缴纳个人所得税，按照加拿大税法规定，任何一位 1 年内在加拿大境内住满 183 天的成年人，都有缴纳个人所得税的义务。

加拿大个人所得税按年结算，每年 1 月 1 日至 12 月 31 日为一个税务年度，第二年 4 月 30 日前必须完成报税。报税表格由纳税人自己或委托财务顾问等填写，并随附各项报税资料，如工资收入单据（T4）、养老金收入单据（T4A－OAS）、退休金收入单据（T4A－P）、就业保险金收入单据（T4E）、利息和股息收入单据（T5）、国库券收入单据（T5008）、信托收入单据（T3）等。个人所得税申报以个人为单位，即使夫妻、子女也需分别报税，加拿大个人所得税采取累进制，收入越高，税率越高。

加拿大是联邦制国家，个人所得税分联邦和省两级征收，联邦个人所得税的税率是全国统一的，最新的税率见表14.7。

表 14.7　加拿大所得税税率

税率（%）	个人所得（加元）
15	+47 630
20.5	47 631 +
26	95 260 +
29	147 668 +
33	210 372 +

除联邦所得税外，各省还征收省所得税，其计算方法有两种，一种是在联邦税率基础上叠加一个固定的省税率，如阿尔伯塔省规定省所得税税率为10%，即各档所得税均须在联邦税率基础上加征10%的省税，大多数省都采用这种方法；另一种则是单独制定一套省税率，如爱德华王子岛省，规定年收入低于和等于31 984加元、高于31 984加元低于和等于63 969加元、高于63 969加元低于和等于127 938加元者，其省所得税税率分别为9.8%、13.8%和16.7%。采用单独分档税率的，划分的累进档数各不相同，最多的不列颠哥伦比亚省有5档，最少的几个省仅有3档。各省税率也不同，除采用固定税率的阿尔伯塔省外，位于高纬度的努纳武特地区税率最低，最高档税率仅11.5%（年收入123 184加元以上），而税率最高的萨斯喀彻温省，最高税率高达15%（年收入111 814加元以上）。

工薪收入是从就业公司、商业及物业中赚得的薪水收入和自雇人士的佣金收入等。另外，退休金、失业金、救济金、养老金、就业保险福利、津贴都要计入应纳税的个人收入。除工资收入，还有投资的收入，其中包括证券买卖所得、当年的银行利息、房屋出租收入和应纳税的资产增值收入等。

那么，哪些个人的收入不计入应纳税收入，不需要纳税呢？

出售自住的物业而获得的收入不需要纳税。购买彩票获得的或者娱乐性质的赌博赢得的钱不需要纳税。死亡或者伤残的保险赔偿金不需要计入个人收入，不需要纳税。加拿大儿童的牛奶金不需要纳税（每个月 100 元的育儿津贴要纳税）。罢工的补助收入不需要纳税。全职学生的奖学金不需要纳税。礼物不需要纳税。另外，加拿大没有遗产税，所以遗产收入不需要纳税。

另外，很多加拿大人都认为加拿大是按照家庭报税的，其实这并不正确，在加拿大夫妻双方的收入是分开报的，但是他们之间可以互相分享免税额。比如一个家庭妻子没有收入，那么丈夫除了使用自己的免税额之外，还可以使用妻子的免税额，也就是丈夫享有 1.2 069 加元 ×2 ≈ 2.4 万加元的免税额。但是他们的税阶是分开计算的，例如丈夫收入 8 万加元，妻子收入 4 万加元，那么他们各自按照自己的税率交税。所以两个同样收入的家庭，夫妻收入相当会比只有一个人有收入少纳不少税。

1. 加拿大资本利得税。

加拿大与美国不同，没有遗产税，但当某人去世后，其财产转交需要缴纳资本增值税。这项税是以资本利得的概念来征收，也就是说，只有当这些财产的赠与或继承出现了资本收益的时候，才需要纳税。例如，一个人去世了，他名下两套物业，其中一套可以免交增值税，另外一套则需要按规定缴纳增值税后，受益人才可以继承。假如，此人当初购买第二套房子的费用是 50 万加元，他去世时房子增值到 150 万加元，则须按 50 万加元（50%）的增值计算增值税。

如果资产的继承人是过世者的配偶，就不需要计算继承部分的资本增值税。而配偶日后再处置这份资产时，产生的收益就需要计算资本利得税。

关于资产转交，在加拿大还有另一项有特色的税费——遗嘱认证费。立遗嘱的人若要其遗嘱在过世后对处理资产拥有法律效力，就应提前向当地政府缴纳该笔认证费，进行认证与公证。

一般来说，遗产在 2.5 万加元以上才缴纳遗嘱认证费，2.5 万至 5 万加元的部分，每 1 000 加元缴纳 6 加元认证费，5 万加元以上资产部分，每 1 000 元缴纳 14 加元认证费。100 万加元需要缴纳 1.4 万加元认证费，200 万加元缴纳 2.8 万加元认证费。

2. 加拿大房产相关的税负。

每个国家的房产税都不一样，对于海外置业者来说，了解投资热门国家的房产税制度是非常重要的，下面我们来看看加拿大房产税的具体情况。

加拿大所得税税法将房产买卖的所得或利润分为 3 个类别：生意收入，100% 算进收入纳税；资本增值，50% 算进收入纳税（另 50% 免税）；主要住所增值，100% 免税。

我们可以看出，同一交易的不同税务待遇可能会产生天壤之别的结果。了解这些不同税务待遇及结果，我们会明白在一些税务纠纷里，税务局往往断定纳税人的房产买卖所得属于生意收入，而纳税人则坚持认为是资本增值或主要住所增值。

明白上述 3 类税务待遇的意义，不仅可以判断税务局查税时的立场，而且对正在筹划投资房产及选择投资项目的人具有重要的指导意义。为说明这一点，现假设某个纳税人正筹划投资房产，准备在以下两个项目中选择一个。

选择一：一块空地，两年后卖出可赚 100 万美元。

选择二：可用于出租的房产，两年后卖出可赚 80 万美元（房租收入大约等于出租费用）。

我们进一步判断，选择一的交易所得肯定不能算资本增值，只能算生意收入，而选择二的交易所得属于资本增值。考虑到 40% 的个人所得税税率，该纳税人纳税后的收入如下。

选择一：100 万美元 - 100 万美元 × 40% = 60 万美元。

选择二：80 万美元 - 80 万美元 × 50% × 40% = 64 万美元。

由此可见，投资房产不仅要看项目本身能赚多少钱，还要考虑投资项目的税务待遇。说到这里，有些人会想，如果我们不以房产公司的名义去做房产买卖，那么交易所得就可以不算生意收入。这显然对那些专门或公开做房产生意的人来说不公平。因此，根据税法精神，任何个人、商家、组织等（即使其主要业务不是有关房产的）买卖房产都有可能被视为生意运作，从中的得利可以算生意收入，哪怕只是做一笔买卖。

这里需要说明的是，有关区分生意收入和资本增值的税务规则，适用于任何类别的纳税人，既适用于个人，也适用于有限公司。

当然，我们在房产领域要弄清什么是生意收入，什么是资本增值，这不是一件容易的事。加拿大税法只为两者提供了有关概念及规则，但并没有为两者给予明确的定义。不过，经过多年的司法实践，加拿大法院系统为区分两者确立了一套完整的鉴别标准。如果有人想了解这方面的税务规则，可查阅加拿大税务法庭的有关案例。

澳大利亚税收

1. 澳大利亚个人所得税。

（1）纳税条件。

有些非居民，如果在澳大利亚境内有收入，也需要申报。澳大利亚税法有关居民与非居民的界定与公民身份、国籍等没有关系。也就是说，具有居民身份或公民身份的个人并不会被认为是澳大利亚税法所界定的居民，不具备居留权或公民身份的个人也不代表没有被认定为纳税义务人的可能。

澳大利亚税法界定的居民需要符合以下条件之一：纳税人在澳大利亚境内 1 个纳税年度内居留 183 天以上，参与澳大利亚的老年金计划。

不过，在此值得一提的是，澳大利亚国税局在评估个人是否为税法所认定的居民时，除考虑上述住所所在地及居留天数因素外，还会考虑包括个人主要事业所在地、是否有在澳大利亚长久居住的意愿等其他因素。

比如，留学生在澳大利亚留学期间是居民，游客一年内居留超过 183 天也是居民，有永居权并打算入境长期居留的是居民，父母短期旅游探亲一般为非居民，除非正在申请入籍。

需要指出的是，澳大利亚的居民和非居民都要纳税，但有差异。对于居民而言，需纳税的所得收入来源于澳大利亚境内外，有免征额；对于非居民而言，需纳税的所得收入只限于澳大利亚境内的，无免征额。

（2）个人需要申报的收入项目。

经营事业所得：若收入源自个人经营的事业、信托基金或与人合伙经营的事业，该所得须与个人其他收入一并申报。

资本利得：凡变卖动产和不动产所得，不论盈亏均须申报。若有盈余，须在发生年度与其他所得一并申报；若有亏损，可将其移至往后财务年度与新资本利得盈余相冲销。例外的是，个人居住的自用住宅交易可被豁免于资本利得的计算，因为根据澳大利亚税法，这是非营利性的。

个人薪资所得：薪水、工资、加班费及红利等均须申报。由雇主所提供的低利贷款等各项员工福利则无须申报，不过雇主须针对上述所提供的福利交福利税。

投资所得：银行存款利息、股票、股利、租赁所得、权利金收入等均须申报。

其他所得：养老金、退休年金、助学金、失业金、救济金等各项政府津贴均须申报。

2018 年澳大利亚居民和非居民所得税税率见表 14.8。

表 14.8　2018 年澳大利亚居民和非居民所得税税率

税率（%）	居民所得（澳元）
0	+18 200
19	18 201 +
33	37 001 +
37	90 001 +
45	180 001 +

（续表）

税率（%）	非居民所得（澳元）
33	＋90 000
37	90 001 ＋
45	180 001 ＋

（3）应缴纳税款。

在扣除免税额及可应用的宽减额后，纳税人按当年政府所公布的个人所得累进税率计算个人所得税。

假如不报税，税务局可能会出具罚单，进行相应罚款。假如计算后，纳税人无须补税，通常不会被罚款。

值得注意的是，出现以下情况，纳税人很可能被罚款：多于一个纳税年度未报税、报税的记录不良好、未按规定要求申报。

2. 澳大利亚资本利得税。

澳大利亚无遗产税，对遗产和赠与会征收少量资本利得税。

了解过澳大利亚置业的朋友都知道，澳大利亚已经在全国范围内取消了遗产税。以前澳大利亚也征收过遗产税，但未能有效调节贫富差距，所以澳大利亚联邦政府于1979年取消了遗产税，州政府也于1992年全部取消遗产税。

没有了遗产税和赠与税的澳大利亚，成为各国投资者置业和富人居住的首选目的地之一。澳大利亚法律规定，房产拥有者享用土地和房屋永久产权，在没有购房人的同意下，房屋是不能拆除的，土地也无权收走。同时，房产继承者也可以根据购房人的需求进行买卖。不过，在澳大利亚置业要交资本利得税。举个例子来说，如果你从长辈手中继承了一套房产，并希望出售该房产，那么房产出售所获得的收益要缴税，有些州的税率高达45%。当然，没有遗产税的好处还是凸现出来了，如果继承房产后不出售，就不需要交资本利得税。

3. 澳大利亚房产相关的税负。

每一笔房产买卖都必须向政府缴纳印花税，每个州均有自主权利来规定具体的税率。印花税在房产转让过户时由买方一次性支付。印花税以房产买卖合同签订的时间作为法律适用的参照时间，并以房产合同价格或房产市场价值（取两者价值高的数额）作为税基标准。印花税的计算采取固定比例和差额比例两种方法。

举例说明，如果土地价值为 1.5 万美元，则应交的印花税为15 000美元×1.4% =210 美元。简单来说，现房应交印花税通常为房产价值的 5%~5.5%。

印花税以转让的房产总价值作为税基，所谓房产总价即土地价格和房产总价值的总和。这就是为什么在维多利亚州购买期房比买成品房在印花税上要节省很多。房屋价格越高，印花税可节省的数额越多。

自 2015 年 7 月 1 日起，维多利亚州州政府对所有海外投资者征收房产售价 3% 的额外印花税。自 2016 年 7 月 1 日起，该州政府再次将海外人士额外印花税税率提高至 7%。

在与房产相关的所有费用中，印花税可以说是"大哥大"了，不仅金额大，而且有政府支持。如果投资者在过户时不能将印花税一次性付清，那么这笔钱就要转成私人贷款，被强制在一定时期内还清，所以投资者在进行买房预算的时候，一定要把印花税列在第一项，这是一笔数目不小的开支（依据房价而定）。

（1）持有房产过程中产生的税负。

如为自住房产，且房主以其作为主要居住房并实际居住其中，则无须缴纳土地税。如为一处或多处投资房、空置的土地和郊区空地、度假屋以及靠近市中心地段不在豁免范围内的农业用地，则要缴纳土地税。澳大利亚州政府以每年 12 月 31 日的房产价值为基数征收土地税，且每年征收。如果一个房主名下拥有多处房产，则以其全部拥有的房产总价值计算土地税。如果同一房产有一人以上的所有人，则每个所有人按其所有权份额分别计算各自的土地税。具体征收税率，我们可登录各州相关网站查询。

（2）出售房产过程中产生的税负。

房产增值税是指对房产卖出价和成本价差额征收的税。如所有人在购买房产后一直自住且房产从未产生过任何收入的则无须缴纳房产增值税。如持有房产 12 个月以上，所有人应以增值部分价值的 50% 作为应缴纳税额。海外人士增值税优惠根据税务居民身份时间另外计算。作为投资房，其增值部分可相抵扣的费用，如保险、土地税、区政府城市建设管理费、银行利息和房产维护费等一切因投资该房产而产生的费用，按其净增值部分缴纳。但这些费用在申报个人所得税过程中已经抵扣的，则不可以在增值税申报时重复抵扣。

澳大利亚于 1979 年取消了遗产税。继承人只需在买卖继承的房产时参照有关房产增值税、印花税等相关规定缴纳相应税费。非澳大利亚居民及海外投资者只可以购买澳大利亚新开发的居住房产（工业和商业地产无此限制），澳大利亚规定新居住房产项目的 50% 可以出售给海外投资者，并获得澳大利亚对外投资管理局批文。没有澳大利亚居民身份的人，不能购买当地的二手房产。海外人士可以向银行申请房产评估价的 70% 的贷款。

新加坡税收

1. 新加坡个人所得税。

如果你在纳税年度的前一年，在新加坡境内居住（合理的临时离境除外）或者工作（作为公司董事的情况除外）超过 183 天，你属于"税收居民"身份，需要交税。如果你在纳税年度的前一年，在新加坡境内居住超过 61 天，但不满 183 天，需要按照"非税收居民"的税收规定，按 15%～22% 不等的税率缴纳个人所得税。183 天指的是你在新加坡就业期间，逗留在新加坡的天数，包括周末和公共假日。你在就职期间，因合理理由到新加坡，如海外度假或出差，也算在逗留时间内。2017 年新加坡所得税税率见表 14.9。

表 14.9　2017 年新加坡所得税税率

税率（%）	居民所得（新币）
0	一档 20 000
2	二档 10 000
—	一档 30 000
3.5	二档 10 000
—	一档 40 000
7	二档 40 000
—	一档 80 000
11.5	二档 40 000
—	一档 120 000
15	二档 40 000
—	一档 160 000
18	二档 40 000
—	一档 200 000
19	二档 40 000
—	一档 240 000
19.5	二档 40 000
—	一档 280 000
20	二档 40 000
—	一档 320 000
22	320 001 +

　　新加坡实行累进税率制，它是公认的世界上税率最低的国家之一。在扣除个人所得税减免额之外，个人所得税税率保持在 0 至 22% 之间。作为货物、服务和资金流动的自由港，新加坡没有外汇管制和资本增值税，没有遗产税，公司利得税目前最高税率只有 17%，且实行区域征税制度（即海外收益不征税）。据新加坡税务局的统计，在新加坡的 540 多万人口中，超过 80% 的人的税金占总收

入的 0~2%。

在新加坡收到来源于新加坡境外的收入无须缴税，同时免缴资本利得税和房产税。凡在新加坡居住或履行职务达 183 天的，即成为新加坡纳税居民。纳税居民应就其发生在或来源于新加坡的所得缴所得税。如果非纳税居民在一个公历年度内在新加坡受雇累计不超过 60 天，可免缴个人所得税，但在新加坡是董事、演艺人员以及在新加坡进修实习的非居民个人除外。非纳税居民只对其在新加坡境内赚取的收入缴所得税，税率为 15%，或根据居民所得税税率缴税，以较高者为准，但不得申请个人所得税减免。

非纳税居民所得税的范围包括就业所得、营业所得、股息、利息、退休金、租金、特许权使用费、保险赔偿收入、财产所得等。免税所得有退休金、抚恤金、个人间的赠送品等。

2. 新加坡资本利得税。

没有遗产税和赠与税的新加坡，当人去世后，财产转交需要缴纳资本利得税。

3. 新加坡房产相关的税负。

新加坡的房产买卖收益不需要缴纳资本利得税，但是房产交易时的印花税是必须要缴的。新加坡人购买第一套住宅要缴纳的印花税税率为 3%，购买第二套居住房产要缴纳的印花税税率为 10%，购买第三套或更多套居住房产要缴纳的印花税税率为 13%。新加坡永久居民购买第一套居住房产要缴纳的印花税税率为 8%，购买第二套或者更多套居住房产要缴纳的印花税税率为 13%。外国人购买新加坡居住房产的印花税税率均为 18%。7% 的消费税税率只适用于商业地产交易，新加坡居住房产交易在一般情况下不涉及消费税。

新加坡财产税征收标的为不动产，包括土地与房产，按当年价值的某一比例征收。所谓当年价值，是对该财产在 1 年内预期可获得的租金而言，所有人自行使用的临时建筑构造和经核准的发展方案，可享受 1 年 6 新元和 12% 税率的优惠。自 1996 年 7 月 1 日起，所有财产按单一税率12%缴税，自用住宅则按4%的优惠税率缴税。自1991年4月1日起，空置住宅进行建筑工程，可获得退税优待，为期2年，工程完工后，住宅须为所有人自行使用。自1995年3月起，供开发的土地在开发期间免纳财产税，免税期可长达5年。所有住宅均按当年价值缴10%的附加捐，但房产所有人若为新加坡公民、永久居民或在新加坡登记并营业的公司则可免缴。如果住宅是6楼以上的公寓建筑时，所有人不论何种身份均可免缴附加捐。新加坡的房产税是按照房产的年价值来计算的，房产年价值是以年租金衡量的，计算方法是年租金减去物业管理、家具以及维修的费用。多年来，自住房产的房产税率是4%，其他类型的房产税率是10%，而对于小户型的房主，政府会在4%基础上再进行折扣。例如，年价值6 900新加坡元的自住房产，政府在4%的基础上进行折扣，房主实际缴的一般不是276新元，而是82新元。2013年10月，新加坡议会对房产税（修正）法案进行了修改，自2014年1月起，年价值最高的1%的高端住宅的房主，未来要为自住房产支付更高的房产税，其余9%的自住房产，房主要纳的房产税反而更低。

移民税务筹划

我们前面介绍了美国所得税、赠与税及遗产税，建议有移民意愿的人士一定要先思考以下财产规划问题。

1. 以何人名义作为主申请人取得美国绿卡。

2. 移民前取得美国绿卡的主申请人及其共同取得人名下的资产、所得及美国境外所得的税纳税情况如何。

3. 如何规划资产，使主申请人及其共同申请人在移民后缴纳较少的税且合理。

4. 如果日后有放弃美国国籍或绿卡的想法，如何不缴纳冤枉税。

总之，移民前规划非常重要，有移民倾向的人应对税务、法律、理财全方位考虑，对资产进行梳理，将银行存款、房产租金、理财收入按照美国税法做估算，把应税收入变成不应税收入，把应税资产变成不应税资产。如果生活重心仍在中国境内，建议资产留在境内。即使是非美人士，美国境内的资产也可能被征税。尤其是将来可能发生大额资产的跨境转移，有移民意愿的人士应避免高额税负，要充分利用各种金融工具，特别是保险、保险金信托，做好资产传承，规避跨境税务。美国所得税、赠与税及遗产税等相关问题，每个家庭的情况不一，有移民倾向的人士应根据自己的具体情况找专业税务师商讨。在这里，我们就一些普遍情况做分析。

情况一：收入低、资产少的配偶做主申请人。如果只有妻子带孩子申请移民，丈夫在美国以外的资产，就不会有美国税务风险。同时，妻子名下的资产要在移民前做好规划，避免不必要的资产披露，包括公司股权，若拥有 10% 以上股权，就必须向美国国税局申报。那么，有可能的话，妻子要把一些资产在去美国之前转移到父母或丈夫名下。父母必须立遗嘱，因为法律保护父母代持资产的传承行为。

案例 14.2

崔女士 40 岁，独生女，为主申请人，她为了儿子的学业，一人带儿子移民美国，丈夫留在国内打理家业。崔女士原本拥有家族企业 70% 的股权和金融资产，为了避免不必要的美国税负，崔女士把股权转让给了母亲，母亲作为被投保人购买了人寿保险，崔女士是受益人。另外，母亲做投保人，为崔女士买了一份年金险。这样的规划不仅规避了崔女士在美国申报资产时披露企业股权，以后继承母亲的遗产时，崔女士不会有任何税负，而且母亲购买的寿险，崔女士取得收益时也不会有任何税负。至于年金险，崔女士 60 岁以后只有在领取生存金时可能会就增值部分的所得而被征税。这种配置合理地降低了崔女士的税负，又做好了资产的传承规划。若全部资产放在丈夫名下，可能会产生其他风险。所以，崔女士选择以最小的风险、最低的税负让自己的母亲代持资产，而这些资产以后还是能合理回到崔女士手中。

情况二：准备移民者在移民前考虑资产处置与差异。在中国境内的房产或股票，其利润在美国可能需要交至少15%的联邦资本利得税与各州州税。基于中国的税务逐渐完善，今后税收存在不确定性，有多套房产的人士可根据自身资产情况选择部分涨幅较大的房产变现，把有形或固定资产转变成无形资产。

案例 14.3

李先生50岁左右，他在上海和一些二、三线城市拥有20多套房产，这些房产在前20年或10年增值非常快。他在移民前选择将二、三线城市的房产出售变现，收益3 000万元，与成为美国纳税居民时出售相比省了近15%的税款。接着，他将部分资金转化成无形资产，如人寿保险。李先生有两个孩子，他做好了进一步的传承准备。李先生用卖房所赚的部分资金1 000万元购买了中国境内的人寿保险，保额有2~3倍杠杆。此规划使李先生的资产由重资产转型为轻资产，不仅节省了房产买卖上的利得税，也为以后可能产生的遗产税提前做了准备。

情况三：准备移民者要善用非美国纳税居民的境外赠与方式。因为赠与税是赠与人缴纳，非美国纳税居民境外赠与美国纳税居民无限额，每年超过10万美元以上，受赠人要申报3 520表，无须纳税。

必须提醒大家，美国政府对境外资金汇入美国境内的管控较严，即使受赠方不用纳税，请注意赠与频率和资金量的合理性，否则容易被美国国税局关注。投资移民的是高净值人士，有资产的属于富人，所以这些人不可能随意享受美国政府的福利，因为这是对低收入人群的补助。我们建议移民人士入境后，就自己名下的资产如实申报，千万不可用简单粗暴的方式逃税。在大数据时代，资产信息逐渐透明，加上美国严格执行FATCA，移民人士的境外资产须自动申报。

案例 14.4

　　李先生 65 岁，妻子 61 岁，他们都是中国籍公民。李先生是中国某上市公司股东。李先生的女儿在美国定居，持有美国护照，并育有一女，也是美国公民。李先生考虑到女儿和外孙女未来会长期生活在国外，每年准备了相应资金支持女儿和外孙女的生活，同时考虑女儿今后的婚姻规划，李先生选择通过"保险金＋信托"的方式将财富分别传承给女儿和外孙女。

　　李先生作为投保人和被保人购买年金产品，同时李先生又是信托的委托人，委托信托公司管理自己的保险金，将女儿和外孙女作为信托的受益人，搭建了不可撤销的信托架构。若干年后，李先生逐步将年金、生存金放进信托，信托公司按照李先生意愿将信托资产分配给女儿和外孙女。李先生考虑女儿的婚姻规划，即便女儿与女婿今后婚姻发生变化，女婿也分不走信托中的资产。因为李先生设立的是不可撤销信托，信托资产和委托人分离，不再是委托人的资产，因此李先生信托中的资产可以规避遗产税。信托中的资产有司法豁免权，免于债权人或官司的追讨。"保险金＋信托"是双层保护伞，由于其功能强大，近几年深受高净值人士青睐。

　　如果移民者有这个意识，遗产税很容易规避，如案例 14.4 中所提到的用年金、不可撤销信托等工具，很容易就规避了。企业家最大的财产是股权，真正值钱的也是股权，这要如何规避缴税呢？设立信托或者其他安排都可以，移民者要使用金融工具趁早规划。

企业主及家庭角度——海外投资

投资海外房产

　　随着中国房地产的发展，国内一部分人积累了相当的财富，开始进行分散性投资，他们一般有 30%～50% 的流动资金或者将投资预算分配到非人民币的资产上，他们的收入增长方式和理财观念有所更新。各国出台了相关的购房移民政策，如在英国购买 30 万美元的住宅，投资者可获得英国海外领土护照；在塞浦路斯购买 30 万欧元的住宅，投资者可以获得永久居住权。海外资产配置成为国内高净值人群关注的投资热点。无论移民还是不移民，海外房产一直以来受到中国投资者的青睐。因为移民和留学这种连带目的的海外购房，已经成了投资者的习惯。近年来，海外置业人数呈现持续上升趋势，平安证券 2016 年发布的报告显示，国内超高净值人群中，60% 在海外配有资产。随着对海外资产配置的关注，投资者在海外购房过程中的税负、费用，出售房产时的资本利得税，以及房产税和遗产税等概念逐渐进入大家的视野。据统计，全球共有 114 个国家和地区开征遗产税，经济合作与发展组织的成员国中，更是有 91% 的国家开征遗产税，几乎所有国家都有资本利得税。

了解主要投资目的地国家的房产税负和费用的概况是我们海外投资时不可忽视的一步。主要国家购房过程中的税负情况见表 14.10。

表 14.10　主要国家购房过程中的税负情况

	购入时	持有时	售出时
美国	1. 印花税：2%～40% 2. 预缴所得税：购房款的 10%，买方预缴给税务机关，最后抵扣房款，实质为资本利得税	1. 房产税：估价 × 税率（由州政府决定） 2. 个人所得税：出租收入需要缴个人所得税，按照前述个人所得税相关税率与计算方法计算	1. 资本利得税：买卖价格差 × 税率（分为长期持有与短期持有，目前持有 1 年以上的税率为 15%） 2. 交易税：房价 × 税率（由州政府决定）

（续表）

	购入时	持有时	售出时
英国	印花税：首次购房，根据成交价格分为 2%（12.5 万~25 万英镑）、5%（25 万~92.5 万英镑）、10%（92.5 万~150 万英镑）与 12%（超过 150 万英镑）4 级税率；第二套房产或投资性房产，税率会更高	1. 市政物业税：分级比例税率，政府根据每年的年度预算计算不同级别的税率，每年在 900 至 3 000 英镑 2. 个人所得税：房地产租赁收入需要缴纳个人所得税；如果购买房产时向银行申请了抵押贷款，相关利息可以免于缴税 3. 对于海外投资者，用于房产管理的交通费也能够抵销税金	1. 出售自住房时所获得的收益，不必缴纳资本利得税 2. 资本利得税是针对投资租赁房，在出售或交易时取得的收益部分征收的税金。英国资本利得税的税率有 18% 和 28% 两种。当个人所得税税率为 20% 时，资本利得税税率为 18%；当个人所得税税率为 40% 或以上，资本利得税税率为 28%
加拿大	1. 商品及服务税：如果购买的是第一套房产，需要缴纳商品及服务税，税率为房屋售价的 5%。如果购买的是二手房，则无须缴纳商品及服务税 2. 土地转让税：税率为 2%~5% 3. 非居民投机税：非居民购买房产需要预缴 15% 的非居民投机税	房产税	1. 资本利得税：增值部分的 50%，但首套自住房免税 2. 非加拿大居民预缴房价与股价的 25%
澳大利亚	印花税：最高税率为 7%，不同州不一样	—	资本利得税：税率一般为 25%~30%，与房产用途、持有人身份、时间、机构以及受益对象有关

（续表）

	购入时	持有时	售出时
新加坡	印花税：本国国民税率为 3%，海外投资者税率为 3%＋15%	—	—

投资国外股票和债券

投资美国金融资产，会有资本利得税，但非纳税居民投资美国股票，不用缴纳资本利得税。根据中国享有美国政府所得税减免的优惠条件，中国投资者如果填好 W8 表，确认外籍纳税人的身份，就可以享受这项所得税的优惠，当然这里指的只是美国股票的资本利得税。投资不同国家股票和债券的税负见表 14.11。

表 14.11　投资不同国家股票和债券的税负

国家	股息、利息	转让股票、债券
美国	预提所得税：股息 10%，利息 10%	无资本利得税
英国	预提所得税：股息 0%，利息 10%	资本利得税税率：10%
加拿大	预提所得税：股息 10%，利息 10%	—
澳大利亚	预提所得税：股息 10%，利息 10%	—
新加坡	预提所得税：股息 10%，利息 10%	无资本利得税

如果投资者投资股票或者债券，有股息或红利，美国通常要征收 30% 的税。但是因为美国和中国签订了协定，有税务优惠，只征 10% 的税。要注意的是新加坡也和美国签署了这项协定，所以税率也是 10%。

此外，还有利息税。如果投资者直接持有美国债券，不管是美国的国债、地方政府的债券，还是一般公司的债权，都不需要缴纳利息税。但是，如果投资者是通过债券基金或者 ETF 来持有美国债券，那么该基金或者 ETF 派发的利息是被美国政府认为是股利、股息的，必须按照前面所说的股息税的税率缴税。

由此可见，非美国纳税居民投资美国股票和美国债券的税务问题是比较简单的。如果投资者在开户的时候向经济证券商提交了W8表，该投资者的券商就会自动替其处理好扣税和缴税的问题，不用自己操心。所以中国投资者投资美国的股票要比美国公民更有优势，美国投资者投资股票要缴纳资本利得税，而中国投资者投资美国股票是不需要缴纳资本利得税的。

我们要注意，W8表每两年要更新一次，否则美国国税局会暂扣30%的税，直到投资者能证明自己仍然是非美国纳税居民的身份。

结语

前面，我们针对高净值人士的个人税负，如个税、股权激励税务、移民税务做了概念性的整合。税务知识非常专业而复杂，税法和税收政策随时都可能因形势或市场的变化而发生变化。大数据时代的到来，推动了我国税收信息化的发展。从1994年起，我国相继进行了报税系统金税工程一期、二期、三期的建设。截至2017年，金税工程三期全面上线，我国的税务体制也发生了巨大的变化。一是营改增，地方政府最大的税种被增值税合并。二是税收征管系统的完善与电子化，增值税等税种完全实施税控开票。尤其是金税工程三期的实施，它可以完成全部税收、非税收入、社保等的征缴，掌握了绝大多数税收信息，消除了信息不对称的问题。税务系统信息化建设经过20多年的发展，各个系统都积累了大量的税务数据，这些历史数据、业务数据及税务申报数据，既可能是税务系统的宝贵资源，也可能是沉重负担。各种数据挖掘技术在涉税信息采集、税源分类分级管理、纳税评估和稽查选案中被大量应用。另外，在CRS、FATCA下，随着时代的需求和国际反洗钱、反避税行动在各国的推进，整体税务筹划和税收规定越来越严格。金融从业者既要有敏锐的嗅觉，又要有快速学习的能力，不断掌握更新的税务、财务、法律、风控等专业知识，更好地为高净值人群的财富管理服务。

第四部分

企商篇

企业生命周期视角下的企业主财富管理全景解析

　　"企商"是指前端业务人员对企业主在企业发展不同阶段的财富状态和财富管理需求的理解水平。对企业主思考的问题、企业主担忧的问题、企业主自身的问题等有深度的理解是我们前端业务人员必须具备的专业素养。这个"商"是四商中最考验功力的，因为企商是综合能力的体现，不仅要懂税务、法律和投资的知识，还要了解企业在不同发展阶段的问题及企业主在不同发展阶段的家庭情况。企业主群体是高净值人群的绝对主体，他们的财富管理复杂程度最高。前端业务人员若能做好这个群体的业务，其他客户群体的业务就不在话下了，毫无疑问，这样的业务人员是业界高手。所以"企商"是整个"四商一法"体系中最核心的部分。这部分内容需要我们了解和学习企业主在企业发展的不同阶段所面临的财富管理问题与如何应对，需要我们研究企业主在企业发展中所面临的综合问题，是有关财富方面的问题，这也是与我们的业务直接相关的。我们很多金融营销人员虽然或多或少有企业主客户，但不敢和他们交流，害怕碰壁后客户不理我们，以后就没有机会了。我们都知道企业主有很大的潜力可以挖掘，但是自己缺乏专业能力和跟有钱人打交道的底气，这就需要提高自己的企商。

　　这个世界上最大的风险之一就是创办企业，但是为什么还有这么多人去做，因为风险大收益高。从各家商业银行和财富管理机构这些年出的报告中可以看到，私人银行的客户60%以上都是企业主或企业主家庭，如图四.1所示。我们说的对企业主的了解包括对他的企业和家庭的了解，而企业主更关心企业，毕竟家庭能财务自由是因为企业的巨大回报。所以，我们前端业务人员需要懂得企业的相关知识，要对企业主在企业发展过程中碰到的问题与挑战有所理解。这样，我们与企业主客户交流的时候，会有更多共同语言。为什么多数前端业务人员跟企业主交流得不够好，因为除了金融产品外，我们不懂与企业相关的知识。企业主若对金融产品不感兴趣，我们就无法继续交流。

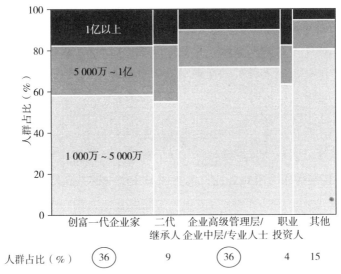

图四·1　2019 年中国高净值人群构成按职业及资产规模划分
资料来源：招商银行与贝恩公司联合发布的《2019 中国私人财富报告》。

40 年来，中国的企业主都忙于赚钱，财富的积累几乎是他们唯一关注的。而欧美等发达国家的财富积累已经有数百年甚至上千年之久，高净值人群早就意识到财富积累到一定程度后所带来的问题不比财富积累过程中少。中国的富人在与金融机构打交道的时候关心的主要是投资收益，而欧美的富人更理解财富转移和传承的重要性。之所以有这样的差异，是因为我们还在积累财富的原始阶段，而这个阶段已接近尾声了。我们从最近的私人银行的报告中看到，多数高净值人士对金融机构的服务需求从投资收益跨越到了财富传承，如图四·2 所示。由此可见，财富管理的黄金时代已经来临，需求的多样化将给金融服务机构和个人带来巨大的想象空间，但同时也对金融服务机构从业人员（特别是直接与客户打交道的前端人员）提出了更高的专业要求。原来单纯的以收益为核心的产品销售模式将在这个市场中没有生存空间，而以解决客户在巨额财富积累后产生的问题和帮助客户达到财富安排的目标为中心的顾问式专业营销模式将是制胜法宝。2009—2019 年中国高净值人群风险偏好对比如图四.3 所示。

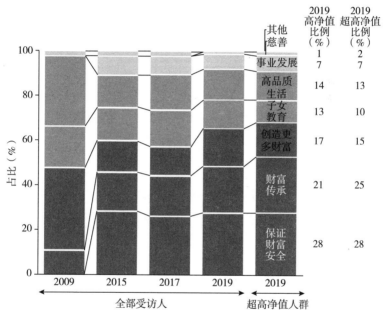

图四.2　2009—2019 年中国高净值人群财富目标对比

资料来源：招商银行与贝恩公司联合发布的《2019 中国私人财富报告》。

我们对企业主的理解首先从他们的企业开始，而我们主要关心的是企业主的财富状况，所以我们根据企业赚钱的能力对企业进行分层，也就是以净利润来划分。我们经常听说某个企业主有过亿的身价，其实是一年收入过亿，而收入过亿不代表企业的价值过亿，这是普通老百姓常有的误区，收入过亿的同时可能亏损上千万。持续的净利润才是企业主身价的来源。上市公司股票的价格通常用"市盈率"（P/E）这个词来界定，市盈率就是净利润的倍数，即市

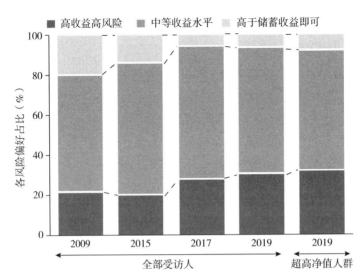

图四 . 3 2009—2019 年中国高净值人群风险偏好对比

资料来源：招商银行与贝恩公司联合发布的《2019 中国私人财富报告》。

场给出的定价。通常来讲，公司上市以前，投资者会以 5 到 10 倍的市盈率出价，比如 1 000 万的净利润，公司就值 1 亿，若用 10 倍市盈率计算。为什么值 1 亿呢？因为投资者出了 1 亿，每年挣 1 000 万，10 年就可收回 1 亿，若这个公司每年还能净赚 1 000 万，那就可以卖 1 亿，这样 10 年后就能拿回 2 亿，翻一倍，年回报率超过 7%。所以，公司值多少钱，主要看市盈率，企业主的身价要看企业的赚钱能力，收入和资产等其他数据都不是公司价值最重要的体现。当然，在现在的互联网时代，我们经常看到很多互联网公司亏得厉害，却值上亿美元，为什么？如果以市盈率来计算，没有盈利就是零，零的多少倍数都是零，那这个理论是不是就不对了？其实道理没变，只是投资者认为这些互联网公司因为有很大的流量或者有技术，将来能赚大钱。显而易见，投资者计算的是未来的净利润再乘以倍数，这叫预期市盈率。尽管今天没有赚钱，但根据净利润看到了它赚钱的能力，有多大的赚钱能力就会给出多大的估值，估值就是企业主的身价。所以，我们在给企业主分层的时候，是按照净利润划分的，一是企业主到底有没有真金白银，二是企业到底值多少钱，这才是企业主的具体身价。

　　我们对企业总共分了 5 个发展阶段，第一个是创立阶段，企业尚未产生收入和利润；第二个是微型阶段，企业的净利润在 200 万元以下；第三个是小型阶段，企业的净利润在 200 万至 2 000 万元之间；第四个是中型阶段，企业的净利润在 2 000 万至 1 亿元之间；第五个是大型阶段，企业的净利润在 1 亿元以上。表四.1 是企业在不同发展阶段的利润规模。

表四.1　企业在不同发展阶段的利润规模

发展阶段	净利润规模（元）
创立阶段	—
微型阶段	净利润 200 万以下
小型阶段	净利润 200 万 ~ 2 000 万
中型阶段	净利润 2 000 万 ~ 1 亿
大型阶段	净利润 1 亿以上

第15章 创立阶段

　　尽管在创立阶段，企业尚未正式运营，未获得任何回报，也不是金融产品理想的销售对象，但是当客户或准客户在创业时，如果我们可以给他们一些专业帮助，他们将来有钱了自然可能找我们打理，我们和客户应该是共同成长的关系。现在很多保险公司的优秀个险业务人员积累了不少成功的企业主客户，他们都是在企业主创业的时候去主动接触，所以，对创业者的了解其实是积累企业主客户的基础之一。在企业主的创业阶段与他们谈保险是事倍功半的，甚至是浪费时间，因为企业主创业阶段的关注点完全不在这方面，而且资源也有限。这个时候尽管销售不了保险，但我们应该多与他们交流，如果我们能在专业上给予他们帮助，当企业主创业成功后，自然会有保险需求且有能力做保险安排，这样的企业主将会是最好的客户。

　　尽管我们谈企商是围绕财富问题展开，但是我们每天遇到的客户并不都是已经赚到钱的，这些企业主会处在企业的不同发展阶段，我们应该具备在企业不同发展阶段给予企业主帮助的能力。比如原来在企业打工的职业经理人客户或准客户，辞职创业，如果我们懂创业相关的知识，与他们就有交流的话题，甚至在某些方面还能给出建设性的意见，这样就能做到与非常有潜在价值的客户的关系维护。那么什么知识是我们应该掌握的呢？企业的注册形式和不同企业形式的利弊是我们应该知道的。

　　创业者在创立企业的时候，碰到的最主要问题是选择什么企业形式和法律主体，这对于多数创业者来说是比较陌生的。而创业者欠缺的这些知识正是我们前端业务人员应该具备的，也是对创业者非常有价值的。创业者在创立企业的时候，绝大多数是不具备条件雇佣或咨询律师等专业人士的，他们只能凭经验来选择，而凭经验做的选择往往是错误的，甚至将来会付出很大代价。所以这个时候，我们不仅要与创业者交流，还要能提供一些有价值的意见，那么我们在未来成功的企业主心中将无可取代。下面我们来谈谈各类企业的形式。

主要企业形式

企业分为公司、合伙企业和个人独资企业 3 种形式。但个人独资企业要承担无限责任，现在几乎无人采取这种形式，我们就不在这里介绍了。公司又分为有限责任公司和股份有限公司，合伙企业又分为普通合伙和有限合伙，如图 15.1 所示。那么，一个创业者应该选择什么企业形式？是公司制还是合伙制呢？我们认为重要考虑的因素有两个：一是责任，二是税务问题。

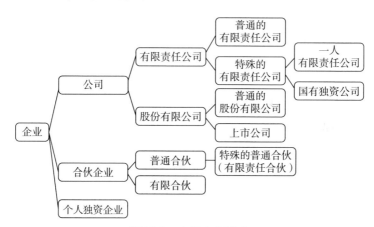

图 15.1　主要企业形式

第一个是责任的不同，分为无限责任和有限责任。创业者为创业准备了 100 万元，如果这 100 万元赔了也就算了，但是如果创业失败了还欠别人 1 000 万元，导致其要将家里的房子卖了还债，遇到这种情况，还有多少人会创业呢？毫无疑问，大多数人第一反应是选择有限责任，也就是以出资额为限，不管是欠了钱还是破产都不会牵连其他资产。但这个世界上是没有免费的午餐的，你要付出相应的代价才能获得有限责任的好处。这就涉及第二个因素，有限责任公司会有更高的税负成本。企业主如果选择有限责任的公司制，就要缴25%的公司所得税，而选择合伙制就不需要缴这个税，净收益除去个人所得税后就是个人税后收入了，但合伙企业的合伙人要承担无限责任。这些是在选择企业形式时要重点考量的。税负的问题确实重要，可以和责任风险相提并论，特别在中国税费负担还是不轻的。现在创立企业的企业主为了避免缴沉重的企业所得税便选择合伙企业的形式，以承担无限责任为代价。因为合伙企业承担了无限责任，像个人一样责任无限，所以就应该缴个人所得税而免缴企业所得税。

所以，创办企业到底采取公司制还是合伙制就要看企业的运营情况。如果是以经营业务并规模化获得回报的，风险相对大且不可控，责任是否有限可能是最大的风险。如果是以个人专业服务能力为主来获得回报的，那么风险相对较小也相对可控，这种情况下，无限责任并不可怕，而少缴税多收益是最重要的考量。还有一种情况是单纯地投资其他企业，而设立的投资主体，没有具体经营业务，这显然应该选择合伙制。下面我们就公司制和合伙制做具体的介绍和解析。

公司制

公司制结构如图15.2所示。公司最高的决策层就是股东大会，股东大会指定董事会，由董事会聘用经营管理层。在现实中，当公司处

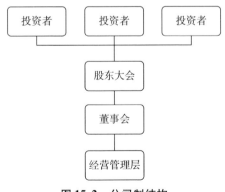

图15.2 公司制结构

于未上市或未引进外部投资者的私有阶段时，由实际控制人说了算，很少有真正的股东大会。公司一旦引进了投资者或者上市了，外部或公众股东就会有明确的权利诉求，公司的制度一般会比较规范。

合伙制

合伙制有两类，一类是普通合伙，一类是有限合伙。普通合伙企业的合伙人承担无限责任，提供专业服务，如律师事务所、会计师事务所等。因为大家都是专业人士，凭各自专业能力服务客户，一旦发生问题，责任共担。当然，也是因为大家都凭专业能力工作，风险不高，所以会倾向承担无限责任以获得最大收益。

有限合伙企业中的有限合伙人以出资额为限承担责任。多数私募基金公司会选择有限合伙的形式，由投资专业背景的创立者做普通合伙人，承担无限责任。比如，我是一名专业投资经理，现在想用我的投资能力帮人投资赚钱，这就需要募资，假设每个投资者5 000万元。投资者相信我有能力帮他们赚钱，觉得给我5 000万元可能很快能变1亿元，所以愿意给我钱。但投资者因为不参与企业经营一定不想承担额外风险，出资额是他们能接受的损失极限，否则他们不会给我钱投资公司。所以，我只能请他们做有限合伙人，责任以投资额为限。同时，投资者也一定会要求我承担无限责任来防范可能出现的经营和道德风险。理论上，因为我承担了无限责任，就会比较谨慎。结果就是我必须成为合伙企业的普通合伙人，承担无限责任，让投资者安心，这样才能募到钱。我作为专业投资经理可以先成立有限责任的投资管理公司，然后以这家投资管理公司作为合伙企业的普通合伙人，这样，我的风险还是可控的。还有一种情况，几个人看上了一个项目或公司想投资，但如果个人入股，投融资双方都会觉得以后比较麻烦，比如签字、决策等。那么，这几个人就可以先成立一家企业，让这家企业成为被投资公司的股东。这家企业显然没有经营业务，也就几乎没有经营风险，所以通常会采用合伙制，这样就可以免缴企业所得税。由此可见，什么类型的业务就应该选择什么类型的法律主体，选择对了会长久获益。合伙制结构如图15.3所示。

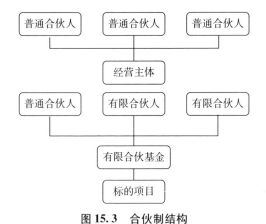

图15.3 合伙制结构

个人独资企业

现在很少有人自己一个人开公司，因为在一个知识与资源型的社会，一个人单打独斗的成功概率是很低的。并且在规避风险的考虑下，就算一个人能够开公司也尽量不要这么做。为什么呢？因为如果是一人有限责任公司，而不是无限责任的个人独资企业，公司和家庭之间是很难财产隔离的。当你欠债或者破产的时候，你要主动举证说明公司跟家庭不是一体的，如果没有充足的证据，家庭就被殃及了。超过一人的有限责任公司正好相反，债权人有责任举证你的公司和家庭在财务和资产上是无界限的、一体的，公司没钱还贷，家庭应该还。所以，无论从现实角度还是从规避风险角度出发，绝大多数公司不会只有一个股东。

一旦要和他人合股做生意，选择和谁合股就很重要了，其中一个原因是双方会有连带责任。比如股东甲占51%并已出资，而股东乙占49%还尚未全额出资。假设注册资本金1 000万元，那么股东甲实缴了510万元，股东乙缴了100万元，还有390万元资本金属于认缴状态。但股东甲以公司经营需要的名义借款私用而欠了2 000万元，公司还不上，债主自然会起诉公司。法庭首先会要求股东乙把尚未实缴的390万元资本金缴了还债。另外，公司所有的重要决策以及所有的工商变更都需要全体股东签字。尽管并不是股东不签字就没办法，因为公司控制人只要绝对控股还是能强制执行的，但要经过严格的程序，可能耗时数年，所以是很麻烦的。这也就是为什么我们将普通有限责任公司称为"人合"公司，它是把人绑在一起做生意，和什么人绑在一起就很重要了。根据以上情况，出资者的责任如图 15.4 所示。

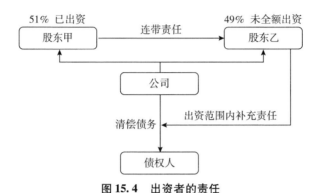

图 15.4　出资者的责任

公司制度的基本概念

现代公司制度的优势

现代公司制度的核心要素如图 15.5 所示。

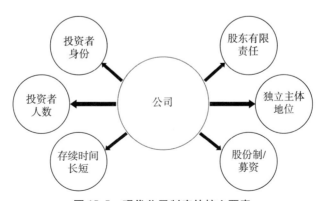

图 15.5　现代公司制度的核心要素

独立法人

公司制度的最大价值就在于其是独立的主体，也是法律的主体，有了人格性。个人代表公司所做的事情就是公司的事情，一切责任都由公司承担，跟个人无关，除非个人有损害公司利益之嫌。

公司可以将责任风险隔离在家庭之外，因为公司有独立法人的性质，是法律上的人，具有民事权利能力、民事行为能力，独立享有民事权利，独立承担民事责任。我们现在的独立法人分为企业法人、机关法人、事业法人和社团法人。每个有民事行为能力的自然人都可以成为公司的股东，同样法人也可以做股东。比如我想创立一家公司，我的朋友要入股，但他不以自然人入股，而是以他已经持股的公司入股，这就是自然人股东与法人股东的结合。独立法人的类别和定义如图15.6所示。

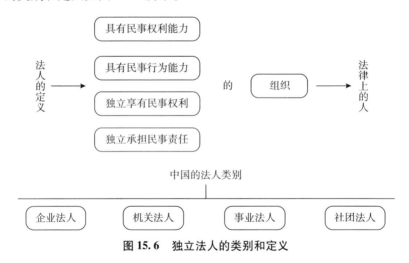

图 15.6　独立法人的类别和定义

公司的独立法人地位

公司是独立的，那么老板说了还算吗？当然算。企业法人的独立只是财产的独立、行为的独立、责任的独立。但经营中大股东是可以控制企业的，而企业也需要人来控制经营才能搞好。所以，《企业法》明确界定了股东大会、董事会、管理层等各自的职责和权力。

公司的独立法人地位如图 15.7 所示。

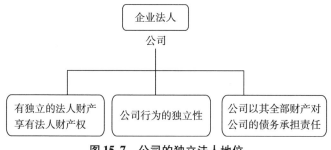

图 15.7　公司的独立法人地位

有限责任

我们明白有限责任公司的债务风险是"封顶"的，那么这个"顶"在哪里呢？公司以其全部财产对公司的债务承担责任，有限责任公司的股东是以其认缴的出资额为限对公司承担责任。简单来讲，以认缴多少注册资本金为界限，若没有缴，一旦发生债务问题就需要补足。所以，开公司到底注册多少资本金就显得很重要了。

注册资本金与认缴资本

任何一个老板、创业者开公司都要考虑出多少钱，怎么出，有多大风险。注册资本金以前都必须在很短的时间内实缴，需要打到公司账上。我们以前经常会听到公司挪用注册资本金或者企业主虚假注册资本金的新闻，这些是没有遵守注册资本金的实缴制的行为。那么，企业主为什么这么看重营业执照上的注册资本金是多少呢？因为注册资本金可以体现公司的实力，一个只有 50 万元注册资本金的公司就是小公司，而有 5 000 万元注册资本金的公司可能就实力雄厚，这家公司的人做业务谈生意自然有优势。更重要的是，很多行业的项目投标有注册资本金的门槛，比如没有 1 000 万元的注册资本金就没资格投某个工程的标。有些标的还给注册资本金高的竞标者加分。所以，企业主千方百计地提高注册资本金，即使自己没有这么多钱，也要跟他人借钱注资，在账上过一下就还，这被称为虚假注资。如果想掩盖这一行为，以后慢慢还，就很容易变成挪用注册资本金，因为公司没有真实的经营支出，钱款出处就成疑了。这些都是违反《公司法》的。

注册资本金现在可以认缴了，也就是说，在工商登记时的注册资本金一项中填一个数字，不仅短时间内不用缴，在公司整个存续期内都可以不缴。各位可以想象一下，是不是所有开办企业的人都会把注册资本金往高了写？他们可能只有50万元却注册了500万元的公司，因为高资本金既显示实力又方便做生意，何乐而不为？但我们前面就讲过，这个世界没有免费的午餐。如果未来企业经营不成功，公司砸锅卖铁后还可能欠了500万元的债。本来注册资本金是50万元，已经缴了，债主也就自认倒霉。但营业执照上是500万元注册资本金，还有450万元没缴，那企业主就要把注册资本金补上替公司还债。这就等于硬生生将一个有限责任公司变成无限责任公司了。

法定代表人

工商营业执照上有一栏很醒目——法定代表人，简称为"法人代表"。公司的实际控制人一般会担任法人代表。

人选要求：公司法定代表人依照公司章程的规定，由董事长、执行董事或者经理担任，并依法登记。

职责与权限：法定代表人代表公司行使民事权利、履行民事义务。

行为效力：法人章程或者法人权力机构对法定代表人代表权的限制，不得对抗善意相对人。

行为后果：法定代表人的所有行为的法律后果均由公司承担。

民事责任：因法定代表人故意或过失而给公司造成损失，可能须对该损失予以赔偿；若有损害公司利益的行为，法定代表人应承担责任。

行政责任：采用欺骗手段取得法定代表人资格的，由企业登记机关责令改正，处1万元以上10万元以下的罚款。

刑事责任：针对某些罪行，相关部门除了对单位进行处罚外，还可能追究"直接负责的主管人员和其他直接责任人"的刑事责任。

限制措施：法院、税务机关等可以限制法定代表人出入境。

法人代表（经常被简称为"法人"，实际是法人的代表）就是代表公司行使民事权利、履行民事义务的负责人，其所有行为的法律后果都由公司承担。但是，如果法人代表不从公司利益出发，为私利而损害公司利益，同样要承担个人作为法人代表的民事责任和法律责任。法人代表不要求是股东，但是民营企业的多数法人代表是大股东。控制人不做法人代表，原因可能有很多。但有一点是显而易见的，一个既无权又没章的法人代表基本是"顶雷"的角色。因为法人代表是公司行为的第一责任人，公司对外的签字不是法人代表签就是法人代表授权他人签，出了问题，法人代表承担首要责任。所以，担任法人代表是件非常严肃的事，法人代表需要非常谨慎地处理相关问题。

公司的主要结构

公司的主要结构如图 15.8 所示。在公司的经营结构中，股东会是公司的最高决策机构，董事和监事是由其选举产生的。有关重大事项，董事会是需要报批股东会的。但在现实中，重大事项基本都由实际

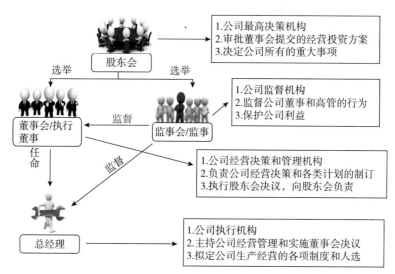

图 15.8 公司的主要结构

控制人说了算，只有当外部投资者进入公司后，在投资条款中会明确对实际控制人的诸多限制，或者公司上市后，相关流程会比较规范。董事会任命经营管理层，当然也可以罢免经营管理层。

公司章程

公司章程法律上来讲是很严肃的，它是公司的"宪法"。但实际上，如果没有外来投资者，现实中的章程多数情况下就是摆设。公司章程通常在有财务投资者或者战略投资者进入公司后，变得比较重要，因为新的股东需要用章程来约束原来的核心股东。当然，企业主也不应忽视公司章程的制定。尽管企业主对企业有绝对的掌控权，但是在股权的转让和继承发生时，章程如何设定可能会有较大的影响，这个我们在后面的章节中会进一步阐述。

控股公司结构

随着公司的发展和更多业务机会的出现，如果在原公司中不断吸收股东，无论从操作层面还是利益分配上都会不便甚至有诸多障碍，这时候，控股公司自然就会出现了。比如公司有多项业务，每项业务都能发展成一定规模，而且也比较独立，所需要的资源和专业技术都不同，或者这些业务都需要资金去发展，这就需要不同的股东，成立独立的公司来运营。但所有新的公司的控股股东都是原公司，这样，原公司变成了控股公司，或者可称母公司。控股公司结构如图15.9所示。

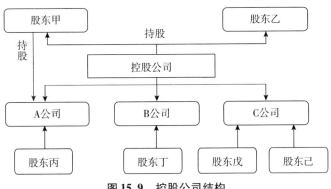

图15.9　控股公司结构

有限公司 + 有限合伙（股权投资）

当公司发展很好，项目就有可能被投资基金看上。基金管理公司一般的做法是针对这个项目成立一家投资管理公司，是有限责任公司。然后从一般投资者那里去募集所需资金，募集到了后就组建一家有限合伙企业。投资管理公司做普通合伙人，承担无限责任，投资者做有限合伙人，承担以出资额为上限的有限责任。尽管投资管理公司承担了无限责任，但对于母基金来讲，风险还是有限的，因为投资管理公司本身是有限责任公司，最终不会追溯到上一层的基金管理公司。有限公司 + 有限合伙（股权投资）结构如图 15.10 所示。

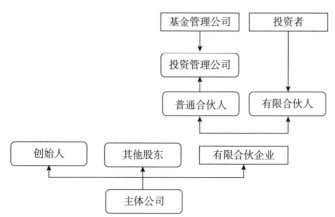

图 15.10　有限公司 + 有限合伙（股权投资）结构

退出机制

几乎所有人办企业最重要的目标之一都是获得财务回报，显然，退出企业获得回报的机制是企业主必须关心的。而这种退出，除了主动获利，企业主更需要知道的是人生中发生了一些状况时被动的股权安排。这些状况主要有 3 种：犯罪、离婚和继承。

就犯罪来讲，如果企业章程没有明确规定，股权是不可以被剥夺的。比如我持有某企业 50% 的股权，如果该股权是夫妻共同财产，离婚时配偶就会分得一半，也就是 25% 的股权。具体处置方式无非是两种。一种是将 25% 的股权转移到配偶名下，配偶成为股东。这样的后果是我有可能丧失控股权。尽管其他股东有优先购买权，但如果在价格上无共识，或者其他股东无意也无能力执行优先购买权，就无法阻拦离婚股东的配偶成为股东。当然在现实中因为多数配偶既不懂也无兴趣参与企业经营，更愿意将股权变现，所以通常情况下，他们会以现金或其他资产支付来协商解决，各取所需。另一种是当股东去世，该股东的股权成为遗产，当继承人继承股权的时候，其他股东既没有优先购买权也没有权利不同意，无论是法定继承还是遗嘱继承。当然，继承人可以主动出让股权，如果现有股东愿意购买的话。股东们如果希望对股权继承有不同的处理，可以事先约定，并将约定的条款写入公司章程中。

不同类型企业形式比较

不同类型的企业形式各有利弊，到底应该采用什么样的法人主体是要根据具体情况来判断的。就像我们通常所说的，没有好坏，只有合适。不同企业形式优劣势比较如图 15.11 所示。可以看出，这个世界没有免费的午餐，在某个方面赚到了，在其他方面就一定会吃亏。

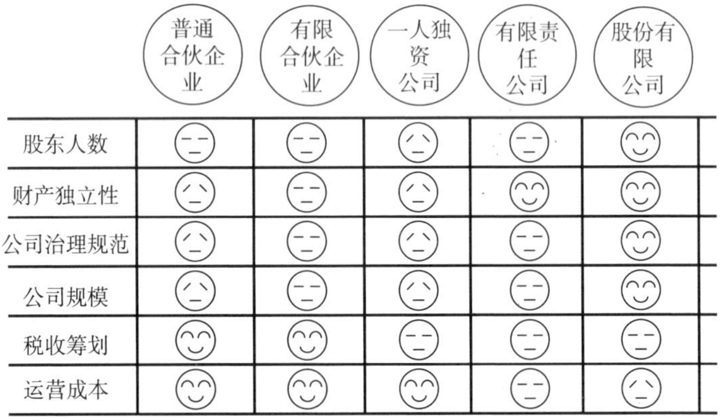

	普通合伙企业	有限合伙企业	一人独资公司	有限责任公司	股份有限公司
股东人数	😐	😐	🙂	😐	😊
财产独立性	🙂	😐	🙂	😊	😊
公司治理规范	😐	😐	😐	😐	😊
公司规模	🙂	😐	😐	😊	😊
税收筹划	😊	😊	😐	😐	😐
运营成本	😊	😊	😊	😐	😐

图 15.11　不同企业形式优劣势比较

前面已经讲过，选择有限责任公司重点考虑的是风险可控，而选择合伙企业重点考虑的是税务优势。我们金融前端业务人员需要明白财产独立性和税务对待的差异。另外，股份公司的核心要素，前面尚未提到，这里也简单介绍一下。

首先，股份公司的股东人数最多可到 200 人，而普通有限责任公司最多只能有 50 位股东。但关键并不是简单的股东数量的变化，而是性质的改变。我们前面提到过，有限责任公司是"人合"性质的，也就是公司做任何重大决策或工商变更的时候，都须全体股东签字，特别是股东转让股权时必须获得其他股东同意而且其他股东有优先购买权。而成为股份公司以后，股份就可以自由转让，其他股东没有权利限制，也不需要他们签字。所以，我们称股份公司是"资合"性质的企业形式。这就是为什么上市前必须完成股改，由普通有限责任公司改制成股份有限公司。上市就是为了在公开市场自由交易股票，那么能够上市的公司自然在股份可以自由交易的性质上已做好准备了。区别无非一个是私下转让，一个是公开挂牌交易，当然上市后，股东人数也完全没有限制了。

企业重要概念如图 15.12 所示，做生意办企业需要知道这些重要的概念。比如注册资本认缴制，认缴不等于不缴。对一个创业者来讲，适度设计注册资本金很重要。假如你只有 50 万元，但是你注册了 500 万元的注册资本金的公司，这么做的好处是显而易见的：第一可以包装企业的实力，第二有了竞标项目的资格。但是世上没有免费的午餐，500 万元的注册资本金，实缴了 50 万元，万一公司

图 15.12　企业重要概念

出问题，欠了 1 000 万元的债，对方告你，公司还不起，你就要该卖房卖房，该卖基金卖基金，总之要补上没有实缴的那 450 万元来还债，这就硬生生把一个有限责任公司变成了无限责任公司。另外，也要尽量避免成立一人有限公司，经营过程中公司与家庭账户往来要清晰，否则公司与家庭的风险隔离墙很容易被穿透。合理选择企业组织形式是最基本的，选择时最重要的考量是围绕责任和税收这两个因素。

前面讲的基本从创业的角度出发的，但现实情况下，不仅仅是创业需要考虑这些。有很多情况下，如我们的客户要投资其他公司，需用什么方式以及最后用什么企业形式，或成为其他企业的股东，同样需要了解我们上面所讲的内容。

当客户在创业阶段时，作为前端业务人员的我们应该理解这不是营销金融产品的合适时机，因为创业最缺的就是钱。我们不是银行，在金钱的方面，显然不是我们有能力给予帮助的。但这个时候，客户需要的是开办企业的工商法律方面的专业帮助，而这方面知识也恰恰是我们应该具备的。如果我们有能力与创业者交流甚至给出一些有价值的建议，这些创业者将会是我们未来的最佳客户。也可以说，我们前端业务人员应该与客户共同成长，以奠定为未来高净值企业主服务的基础。

第16章 微型阶段

企业经营的第一个阶段是微型阶段，我们设定净利润在 200 万元以下。在这个阶段，企业主最关心两个问题：一个是企业的存活，另一个是企业主家庭对企业的"输血"。这一阶段是非常不稳定和失败风险极高的阶段。

企业存活

企业存活率曲线如图 16.1 所示。

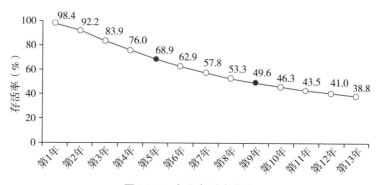

图 16.1 企业存活率曲线

资料来源：《国家工商总局全国内资企业生存时间分析报告》。

从图 16.1 可以看出，创业 5 年之内，近 50% 的企业都注销了。而实际上，失败的企业应该要高达 70% ~ 80%，因为有很多企业已经倒闭了，但公司没在工商局注销。从程序上讲，关闭公司比成立公司难，需要清算，很多失败的企业主基本已经没有能力或者不想走完这个流程了。

这个阶段，企业存活最大的依靠是企业主的综合能力，企业主的核心竞争力是企业的生存根源。如果靠企业主，企业才能存活，那么风险就会很大。我们设定净利润在200万元以下就表明企业主还没有赚到钱，最多也就赚了工钱，很多创业的人可能在原来打工的时候一年就能挣一两百万元。多数创业者因为企业需要钱，自己都不拿工资或者拿很低的工资，所以200万元以下的净利润几乎就是打工钱。

企业主家庭对企业输血

微型阶段最大的问题是企业没有足够和稳定的业务，企业主需要在企业运转过程中遇到资金短缺时不断从家里拿钱。假设创业者和家里商量好准备50万元，50万元亏掉了，自己就回公司上班。但创业者多是乐观主义者，50万元花完后通常是不会放弃的，他们会觉得已看到曙光，再投50万元就能成功，当一个普通家庭投了上百万元以后就难回头了。再说，人都有荣辱感，创业的人也有自尊，多数人是无法面对失败的，总是想再坚持坚持，所以创业是"一条不归路"。家里不仅没看到钱，还要给企业输血，所有压力几乎都在企业主一人身上。

所以，这个阶段最大的风险其实是企业主的身体与生命的不确定性。只要企业主身体发生问题甚至残废、死亡，企业基本就撑不下去了。但企业不仅没给家里带来收入，反而还把家里的钱掏空了。所以，保险对这样的家庭就至关重要了，否则随时可能有毁灭性打击。因此，企业主首先要以自己的身体为标的买保险，比如医疗保险和重疾险。同时也要购买以生命为标的的保险，比如定期寿险或者终身寿险。人生无常，生命是脆弱的，企业主必须消除自己与家庭的后顾之忧。对于企业主来讲，不测已有应对，可全身心投入创业，也更有可能成功。对于家人来讲，已有安全保障，也能全力支持创业致富。

而这个阶段，企业主也有支付能力将可能的风险让保险公司来承担，也就是支付非常有限的保费来确保自己不能或不在时对家庭应承担的巨额支出。这是任何其他产品和金融工具无法实现的。

保险安排

必须说明，微型阶段我们并不是以"四商一法"的财富管理理念向客户推销保险。当企业主还没有财务自由的时候，也就是钱还没到用不完的时候，购买保险就是补缺口，补企业主不能给家庭提供财务支持的缺口，那就要从理财角度出发买保险。前面我们已经讲过理财就是补缺口，补基本生活或享受生活的缺口。特别是企业主，既是企业的依靠，更是家庭的依靠，家庭做了那么多的牺牲支持创业，企业主没有理由不给家里提供保障。而当我们遇到微型阶段的企业主的配偶时，也有充分的理由提醒对方为保护家庭必须促使企业主购买保险。这也是真正针对不同的对象，从不同的角度出发去帮助客户。

尽管我们从求企业生存的企业主那里尚无法获得大的业务，但对这类企业主的了解，清楚他们面临的问题和挑战，以及保持经常的联系还是非常必要的。大客户都是这样慢慢积累的，企业主有钱后当然非常需要我们专业的帮助与服务，但其实他们没钱的时候也需要我们。企业主在困难与不顺的时候或许既不能与同事倾诉，也不能与家人倾诉，甚至对朋友都难以启齿。可以设想，企业主回家和自己的配偶说公司重要的项目泡汤了，第二天其配偶说，一晚上没睡着，担心公司经营不下去了。企业主本身压力就已经很大了，再把压力带到家里，家人又把压力加倍，很难想象企业主会选择这么做。这就是为什么多数人都是报喜不报忧，因为在别人帮不上忙的时候，讲出烦恼的后果是增加压力，没有益处。和同事倾诉的后果就更严重了，因为很可能影响工作成效和氛围。就是朋友之间，还有面子问题，说自己的难处总是丢脸的。所以，企业主多是很孤独的，没有人可以倾诉。那么谁可以成为企业主的倾诉对象呢？就是我们这些金融服务人员，因为我们不是相关利益者，彼此关系也不太近，企业主是没什么顾忌的。问题是我们是否有这个水平去倾听、与其交流。所以我们学习"企商"不仅要了解已富有且成功的企业主的所想所忧，还要理解苦苦挣扎中的企业主。我们应该明白几乎所有富有且成功的企业主都会经过苦苦挣扎的阶段。而且我们如果在他们需要的时候就已经在他们身边并获得认可，当他们富有且成功后，需要金融产品与工具时他们也就会在我们身边。

第 17 章　小型阶段

当企业每年净利润为 200 万～2 000 万元时，也就是企业主年净收入有数百万元以上，家里开始看到钱，这还不算很多钱，但是企业主年净收入已经超越了绝大多数高层职业经理人。这个阶段，企业主应该关心三个问题：第一是企业如何进一步发展，第二是企业的担保风险，第三是企业与家庭财务的混同问题。而这些是我们前端业务人员应该要懂的内容，特别是后两个问题。多数企业主在这些方面的知识是比较欠缺的，这正是我们可以给企业主提供帮助的地方。

企业发展

企业如何进一步发展无疑是企业主重点考虑的问题，我们可以将其归纳为主要的三个方面：人力资源（进人、用人、留人），运营机制和现金流管理。企业主心中所想、所担忧的如果我们一无所知，那我们与他们就没有了共同语言。企业主说什么，如果我们听不懂，他们想什么我们也不理解，那么交流的基础就没有了。如果我们与企业主除了金融产品之外没什么其他的事可谈，那么当对方对我们的产品不感兴趣，就自然没兴趣再见面了。但我们做业务最重要的是要与客户保持联系，有联系才会有业务机会。而没有交流，联系就中断了，所以说业务都是产生于交流。可见，为了进入高净值客户的财富管理市场，我们必须学习一些企业管理的知识。这样可以提高交流的水平，可以针对企业经营中如何运用金融工具给予企业主一些建议。

人力资源（进人、用人、留人）

激励机制是人力资源的核心。一个企业在初创的时候主要靠企业主，到了一定阶段团队则最关键。一个优秀的团队最重要的是有人才，所有企业要进一步发展归根到底是靠人，但世界上最靠不住的也是人。好不容易培养的人才结果离开了企业，水平越高的人才越容易流失，这也非常容易理解。越有能力的人选择越多，比如可以自己创业，可以在别处获得更高收入。吸引人才同样困难，因为企业主在这个阶段还不是特别有钱，企业的规模和品牌效应也不够大，吸引力有限。所以到底怎么进人，怎么把人留下来，让他们有所发展，这当中有很多管理理念和方法可以运用，其中激励机制是最关键的。很多企业主是不太懂将金融概念注入激励机制中的，而这方面正好是我们的专业，这时我们就有机会给予建议，可以展现自己，给企业主带来价值。比如现金奖励，无非是提高工资、增加奖金。但这种方式不一定留得住员工，特别是优秀的人，他们可能觉得眼前的收入是一时的，长久的回报和成就才是应该追求的，所以有时候钱不一定能起到真正的激励效果。再说，企业主也没有或者也不愿意付出更多金钱。那么这个时候，企业主可以有另外一种选择：股权激励。

股权激励

股权激励有三种方式：给干股、给期权、给实股。

1. 给干股。

干股不是真正的股权，只是一种计算方式和概念。比如企业主给你5%的干股，就是你有权利拿当年分红的5%。但你没有股权，没有作为股东的一切权利。从根本上讲，这是一种奖金，但与奖金不同的是，奖金可能今年有明年就没有了，而干股每一年都可能可以分到，具体要看协议的规定。所以，给干股这种方式对企业主来说，特别好的地方是没有成本，还可以挂钩指标。干股区别于奖金的地方就在于公司整体赚多少，获得干股的员工都能分享。给干股一般是对员工的肯定与信任，是企业主觉得员工的能力可以给整个公司带来贡献的奖励，而奖金是针对一份工作。

2. 给期权。

期权是未来的股权，即未来什么时间以什么价格购买股权的权利。假设公司 5 年内上市，你有权以每股 10 元的价格在上市前行权购买 1 万股，而上市后的股价完全有可能翻很多倍。但也有可能公司不仅在 5 年内没上市，甚至连 10 元一股都没人购买，你也就没必要行权了，这个期权就一文不值了。这就是企业主放弃将来有可能产生的利益激励现在的员工，员工放弃眼前的利益以获得将来可能产生的超额回报。在某种程度上来讲，这是以公司作为利益载体把企业主和员工绑定在一起，若公司成功了，大家共享成果。

3. 给实股。

实股是真正的股权。这个阶段中小企业的股权是在工商局登记注册的按注册资本金所持有的股份比例。我们很多中小企业主都不知道，在工商局登记注册时所写的持有的公司股份比例就是股权。用实股激励的时候，企业主不仅不用给钱还可以收钱，因为员工需要用钱去购买，一般按注册资本金的倍数算。比如企业主可能会让员工按持股比例，没有溢价地同比例支付资本金，但绝大多数情况下都会按资本金的倍数转让股权，或按企业主心目中的企业价值让员工以折扣价认购，价格通常也会越来越高，因为随着企业发展壮大，股权价值会越来越高，公司转让股权的价格自然会上升。所以，不理解的员工还以为企业主在集资甚至在骗钱。但一般情况下，这种以给实股做工商变更的做法，企业主能从员工那里获得的股权款是非常有限的，几乎不存在集资和骗钱的可能性，但付出的代价从长远来看是最大的。所以，有经验的企业主往往不会给普通员工实股来激励，而通常会将有限的股权给核心员工或管理层，真正激励对企业有价值的群体。而这个群体理解并有能力接受企业主的良苦用心。

另外，在用股权激励时经常会需要代持，也就是企业主直接为员工持有或为了未来的人才先将部分股权预留在自己名下。因为持有股权的员工可能离开公司，而新的拥有股权的员工要加入，如果企业主不代持就要不断做工商变更，而有限责任公司做工商变更需要所有股东签字，很麻烦。再加上有限责任公司股东或合伙企业合伙人超过50人的时候就无法做工商变更。所以，代持是普遍现象。代持的方式一种是企业主在自己名下先预留出股权，这些股权将来做股权激励之用，而不是作为自己的股权，企业主不做任何工商变更，通常管理层和企业主都清楚，会达成一种默契。另一种是成立一个员工持股企业，把预留的股权放到这个企业，比如持有主体公司10%的股权，所有获得实股的员工都在这家企业做工商登记，而不是直接进入主体公司，这个企业可看作员工持股平台。期权池的原理从某种角度看和预留股权相同，通常也会有持股平台。激励机制如图17.1所示。

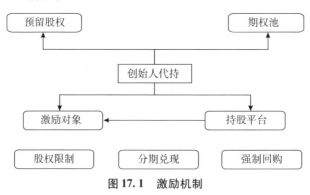

图 17.1　激励机制

"有限公司 + 有限合伙" 的股权激励

目前持股平台通常设置成有限合伙企业，道理很简单，我们在前面也讲过，因为合伙企业不用缴企业所得税。既然是持股平台，也就不会实际经营，所以基本没有经营风险。这个时候显然收益成为主要诉求。具体设置时，一般是创始人（实际控制人）作为有限公司的股东（或者直接以个人）跟激励对象一起成立有限合伙企业，有限公司（或者创始人）做普通合伙人，激励对象做有限合伙人（合伙企业中不能所有人都是有限合伙人的，要么都是普通合伙人，要么是普通合伙人加有限合伙人，总要有人承担无限责任）。承担无限责任的人肯定是企业主，激励对象一般不愿意承担无限责任。企业主可以注册成立有限责任公司，做普通合伙人来达到风险隔离的目的，因为有限责任公司阻隔了企业主的无限责任。总而言之，企业主可以不用现金，代之以给干股、给期权、给实股的方式来达到激励员工的目的。"有限公司＋有限合伙"的股权激励机制如图17.2 所示。

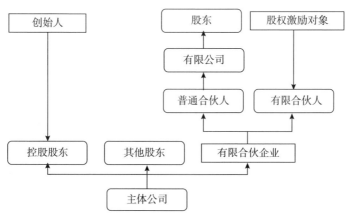

图 17.2　"有限公司＋有限合伙"的股权激励机制

运营机制

企业的运营机制不是我们业务人员学习的重点，在这方面，我们是没有能力帮助企业主的。但我们通过阅读，了解还是必要的，起码在企业主面前能做一名听众。概括来讲，企业主在做大企业的过程中主要思考的是产品的标准化、运营的系统化和营销的体系化。

现金流管理

应收账款管理是企业的现金流管理的核心。企业主到了这个阶段，每年能拿回家几百上千万元吗？其实未必。企业主的收入可能并不多，因为他的钱多用在企业的发展上，比如设备、存货等都需要资金的投入，还有企业主"又爱又恨"的应收账款（"爱"的是做了业务，"恨"的是没收到钱）。净利润是体现在账面上的，但并不一定是现金。行业维系生命的血液是现金流，而现金流管理中最重要的是应收账款。应收账款在不同行业中有不同的特点，比如在培训行业，做语言培训、K12 培训等，针对个人市场的企业基本没有这个应收账款问题，因为是先收钱再培训。但做企业内部培训的就会有很多应收账款，通常企业客户会要求先培训后付款。我们在金融机构做培训，因为客户都是大机构，钱一般都会付的，只是时间问题，这就要掌握支出与收入的时间差。在其他行业做内部培训可能会面临更大的挑战，如果培训机构要求客户先付费，可能就拿不到业务，这就成了两难的问题。比如餐馆食材的供应商，因为竞争很激烈，只能允许赊账，特别对大的餐馆客户。供应商有可能忙了一年，供应了几百万元的食材，应收账款还有 100 万元，结果这个餐馆倒闭了，应收账款收不回来，这就成了坏账。当然，在现金流管理中还有一个特别考验企业主的是投入与发展如何平衡的问题。比如，我们刚才提到的语言培训等针对个人培训的机构，先收了钱可能不一定是好事。企业收了大笔的预付款，感觉生意非常好，马上拿着到手的钱再开 5 个培训机构。但可能会出现新开的培训机构还没有业务收入而原来收了学费的培训机构开始支出了，现金流马上就有可能断裂，这是因为企业主没有意识到预付款其实是负债。这也是很多美发厅、健身房看上去生意很火爆却突然关门的原因。做企业主确实是非常难的，不求企业发展肯定不行，求企业发展又面临风险。我们要理解企业主，能对他们的难处感同身受，这样自然就能维系好关系了。

企业主对企业担保

企业主对企业担保就是对企业负债承担个人连带责任，这是风险穿透问题，也就是企业可能原本是有限责任公司，但在现实中，企业主不得不个人承担公司负债与倒闭的风险，即企业与企业主家庭的风险隔离被打穿。有三种情况会导致这种结果：一是融资担保，二是贷款担保，三是借款担保。

融资担保

企业发展到一定阶段，要引进新的投资者。投资者为了保护自己的利益，控制风险，通常会要求企业签对赌协议。什么是对赌协议呢？比如我投资公司 5 000 万元，明年该公司必须上市，如果不上市，我就可以无偿持有该公司更多的股权或者低价持有公司股权，甚至控股。对赌协议对于企业主来讲，最坏的结果就是公司成为别人的，但发生任何情况都还只涉及公司，跟家里没关系。如果投资者担心企业主拿了钱后不用在公司发展上，而是挪作私用了，这就面临道德风险。投资者就会提出更苛刻的要求，再签一个保护条款，申明如果发生类似的事情，企业主要以家庭财产做担保。当然这种情况比较少，因为企业主通常不会签。如果企业主连这样的条款都签，一定程度上也说明企业已到了山穷水尽的地步了，更没人敢投资了。

贷款担保

中国的企业在金融机构贷款特别难，特别是中小企业。因为中国的银行，通常要求企业有不动产抵押才贷款。而银行应该根据企业的业务模式，判断企业发展的前景和赢利能力来贷款，这当然对银行的专业要求比较高。在中国金融业的垄断与缺乏竞争下，自然产生不了这样的银行，所以中国的中小企业贷不到款，因为中小企业基本都没有不动产可以抵押担保。目前一些股份制银行和城商行等会和小额贷款机构合作，但能拿到贷款的还是一小部分，而这部分获得贷款的中小企业的企业主和配偶几乎都被要求签还款担保协议。企业主都会签，但结果是公司经营风险波及家庭，企业主用有限责任公司将企业风险置于家庭之外的安排在一定程度上失效了。对于企业主来讲，这么做是无奈但也是必需的，因为绝大多数公司都是缺钱的，这么做是为了发展或为了生存。很多企业从银行借不到钱就从小额贷款公司借，承担更多的利息，而小额贷款公司不仅要求个人担保，还会要求抵押家庭房产。

借款担保

企业主找个人借钱，借钱的人通常会要求企业主的家庭和公司都承担还钱责任。总而言之，企业资产与家庭资产风险隔离特别难，几乎做不到。企业主在经营企业时，除非一帆风顺，从来不缺钱，否则难免会负债，而一旦负债，企业主的家庭就很难置身事外。

企业与家庭财务混同

中国的企业主习惯将企业与家庭视为一体，具体表现为：资金往来不明、公司人格否认，以及法定代表人与自然人身份错用。

资金往来不明

产品售出之后，企业主要求客户将钱款直接打入自己或家人的账户，这样做可能是为了避税，也可能求便捷。可这种行为不仅损害公司利益，也在将来一旦发生债务纠纷时很难撇清家庭的关系，而且这是偷税漏税的犯法行为。有的企业主用企业资金为自己或家人购买房产，房产证上写的都是个人的名字，这种做法的后果也是一样的。企业的资金用到哪里都要有出处，必须跟企业经营本身相关。

公司人格否认

公司股东或实际控制人，利用股东身份或对公司的控制权，无视公司的独立人格，随意处置、混淆个人与公司之间、公司与公司之间的财产及债权债务关系，造成公司的人员、财产等无法区分，而个人与公司、公司与公司形式上独立，这实际上构成人格混同，股东或实际控制人及公司承担连带清偿责任。企业主在业务发展的过程中因需要会开办多家企业，这是比较普遍的情况。而企业主往往会将自己名下的企业看成一家，所以当这个公司没钱了，就会从另一个公司拆借，可能连借条都没有，公司之间没有界线，轻易地混同在一起了。所以，一旦出现问题，不仅这个公司要赔，那个公司也得赔，本来这个公司签的合同就应该限定在这个公司，但是一旦企业主这么处理就不限于签订合同的这个公司了，相关联公司都要承担连带责任。这是我们企业主在经营中普遍会埋下的隐患，一旦有事情发生，结果就会变得特别严重。所以，我们要提醒企业主做好防备，尽量不要做这种穿破风险隔离墙的事情。公司人格否认如图 17.3 所示。

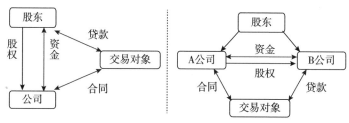

图 17.3　公司人格否认

法定代表人与自然人身份错用

公司需要资金周转时，企业主问朋友或业务合作伙伴借款，并以个人名义给对方写了欠条。尽管钱是用于公司经营的，但这么做，债主肯定是向企业主要钱，因为身份被企业主错用了。如果公司需要借钱，签字的就应该是法人代表（通常是企业主），盖公司的公章。也就是说，作为公司法人代表的企业主有两个身份，一个是公司法人代表，一个是自然人。公司法人代表，顾名思义是代表公司，一切行为都是公司行为，一切责任都是公司责任。作为自然人的企业主是代表企业主个人，一切行为是个人行为，一切责任是个人责任。所以在财务方面，企业主一定要谨慎处理，围绕身份来安排相关事宜，包括钱款的往来账户。否则，公司的风险可能波及家庭。我们应该给企业主客户一些相应的处理建议，由此也可以更好地维护彼此的关系。

企业主在这个财富阶段，就应该从保护财富的角度出发购买保险，即买财富管理层面的保险。前面我们在讲"四商一法"核心理论时说过，所谓从理财角度买保险就是补缺口，即生老病死所造成的财务缺口由保险公司来填补。到了财富管理阶段，企业主就要保护已积累的财富、转移已积累的财富和传承已积累的财富，大额保险就是解决这些问题的。

从上面的阐述中可以看到，企业主在企业发展过程中几乎无法避免风险穿透，也就是企业与家庭的财产很难做到隔离，一旦企业无力偿还债务或破产的情况发生，企业主的家庭财产就有可能在企业被起诉的情况下被冻结，以至于家庭财产最终被用于还债或清算，而保险在这个时候有可能起到非常关键的保护家庭财产的作用。

我们不能说保险肯定可以避债，但保险肯定是所有资产里最好的避债工具。为什么这么说？因为几乎所有其他资产的所有权、控制权和受益权都是三权归一的，是一人名下的，是谁的就是谁的，需要抵债的时候会第一时间被冻结，毋庸置疑。人寿保险都会牵涉第三方相关利益者，比如受益人和投保人对保单有不同的权利，也就是说人寿保险是否会被强制执行抵债是非常不确定的。在中国各地过去所发生的债务纠纷案例中有不同的结果，争议也很大。所以，首先我们不要告诉客户保险能百分之百地避债，这是误导客户，但是我们可以负责任地说保险是所有资产中最佳的避债工具。

各类保险中可以起到隔离企业与家庭风险作用的主要是年金险和有现金价值的寿险（纯粹的理财类保险基本不会有隔离作用，因为其本身并不是真正意义上的保险，风险保额几乎没有）。年金的现金价值比例一般是最高的，现金价值可能会被视为投保人的财产而被追诉，但如果被保险人和受益人是他人，保险公司是很难在没有明确界定财产归属的情况下执行法院冻结或抵债指令的，因为牵涉他人利益。而其他资产的管理机构则基本会无条件配合，因为归属没有疑义。确实发生过保险公司认为法院要求执行的理由不充分而拒绝执行的，因为保险公司会根据《保险法》来履行自己保护客户利益的职责。而带有现金价值的人寿保险也是同样的道理。

　　所以，如果企业主所有的资产配置中没有保险，抵御风险的能力是比较低的。一旦企业出现问题而波及家庭时，家庭跟企业的财产都有可能受到损失。企业主应该意识到资产单一属性的风险，既然不能做到企业与家庭连带责任的完全隔离，就必须为了保护家庭财产而配置保险。一旦有不测发生，保险可能就是最后的港湾了。此时，我们金融前端业务人员已经迈入从财富管理角度推销保险产品的阶段了。

第18章 中型阶段

企业发展到中型阶段是净利润在 2 000 万～1 亿元的时候，企业主这个时候真的看到钱了，甚至可以说赚到的钱可能这辈子都用不完了。这个阶段的企业主需要考虑的问题会更多更深刻，同时，我们为他们的服务和满足他们财富管理需求的工作也才真正展现。

财富传承

一般情况下到了这个阶段，企业有几亿元的销售额，企业主也人过中年了。当然，我们在面对每个个案时不要有这种固定思维，现在互联网时代 30 多岁身价过亿的创业者也很多，只是从大概率上来讲，年轻的富豪还是少的。企业主这个群体在中国确实非常大，全国注册的企业数在 1 500 万至 2 000 万之间。而富人基本上都是企业主，靠企业才能赚大钱。

交接班

企业有了比较大的规模，企业主年纪也大了，自然会面临交接班的问题。关于交班，中国的企业主往往有这样的误区，认为让儿子做总经理就算交班了。其实股权没有转给儿子，是典型的只让干活不给回报的霸道行为，完全谈不上是交班。再说没转股权，儿子连自己能否保住这个干活的岗位都不能确定。这是多数中国家族企业的现状，最多给下一代管理权，但是股权根本没有变更，或做很小的变更，这就埋下了巨大的隐患。因为有权威、能做利益分配安排的，大家服气与接受安排的，是创富的这一代或者已经是家族企业的掌控者。父辈不做好安排，后代只是继承利益的相关者，利益相关者无论怎么安排企业股权分配，其他利益相关者都会认为自己是受损的一方，家族纷争也就成了大概率事件。而接班的下一代有时更欠考虑，认为父辈将企业交给自己管就行了，别的不用多想。殊不知，人无远虑必有近忧，以为有了管理权，企业就是自己的，其实父辈失去掌控权后，股权可能会有很多人继承，企业最后是谁的都不知道。

代代传承——传统模式

企业有关传承，重要的一个问题是企业主到底传承的是企业掌控权还是整体财富掌控权。继承者与被继承者必须要懂得这两个掌控权的区别。中国的很多企业主赚钱能力很强，但对致富后如何处理财富知之甚少，特别是当前市场经济尚待完善，还没有到有了财富后考虑怎么办的阶段，多数有钱人还是顺着惯性不断追求更多的财富。这样的结果往往都会回到原点，而在回到原点的过程中，企业主犯的最致命的错误就是永远以企业为中心，而不是在企业成功后转向以财富管理为中心。

企业在初始阶段与企业主的家族是高度重叠的，如图 18.1 所示。企业缺钱，企业主家庭投入，企业赢利，企业主把钱直接拿回家里，企业就是家，家就是企业，所以说是高度重叠的。但是当企业的净利润超过数千万元时，这种高度重叠的状态很可能会带来富不过三代的结果。

首先，企业主以企业为中心会对企业产生情感绑定，而对企业感情太深会失去客观判断。情感绑定的第一个结果是，所从事的行业可能已经是夕阳行业，但企业主对企业还是不放手，这样的话，即使企业主能力再强，企业都会不可避免地走向衰落甚至倒闭。第二个结果是，企业主一定会寻求子承父业。几千年来，传统中国人都认为子承父业是天经地义的，一定要让子女接班，不可以传给外人。但深想一下，这种不管三七二十一，要求子承父

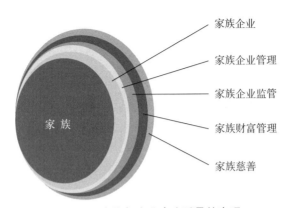

家族企业

家族企业管理

家族企业监管

家族财富管理

家族慈善

家族

图 18.1　家族与企业高度重叠的表现

业的做法是欠考虑的。道理很简单，经营企业需要有意愿和有能力的人，如果子女既没意愿也没能力子承父业，不就可能"子败家业"了吗？即使子女具备其中一项条件，也不会有好的结果。因为子女有意愿没能力，对企业的生存与发展是远远不够的。而子女有能力没意愿，可能将企业经营好一时，但长远来看，同样不会有好的结果，因为要将自己没有意愿的事情始终做好的概率是很低的。更遗憾的是，多数企业主的后代是缺乏继承父辈企业的意愿和能力的，为什么呢？因为有钱人家的孩子与父辈成长环境不同，多数很少吃苦，不同的环境、不同的教育，导致不同的选择和意愿，所以他们继承企业的意愿自然是缺乏的。能力方面也如此，当今经济飞速发展，对企业管理者能力要求更高，刚刚成长起来的年轻人缺乏实践经验，以及其他未知能力，都会导致能力不足。所以，企业主在后代不具备意愿和能力的前提下，只想着将企业交给后代，类似于在亲手毁掉自己奋斗一生的成果。第三个结果是，企业主和家庭以所经营的企业为中心，利益和财富都集中在企业里，导致家庭每一个成员都想在企业里占有一席之地，以保证自己的利益。那么可想而知，当企业里充斥了没有能力和不同利益诉求的家庭成员时，可以想象，这样的企业离倒闭已经不远了。

案例 18.1

某著名食品公司生意一直很红火，但在 1970 年后，家族成员在经营理念上发生了严重分歧。那时候掌权的是企业创立后的第二代，有三兄弟。三弟和其子认为该品牌应该进入普通人的餐桌，想进一步扩大业务规模。两个哥哥不同意，认为应该坚持做有钱人的生意，已经活得挺滋润的，没必要这么辛苦。这样就形成了两派，大家出发点都是为企业好，但都坚持自己是对的。结果三弟给了两个哥哥每家一笔钱，请他们退出企业，该企业就成了三弟他们一家的。该企业确实在新的理念下进一步发展壮大，但到了 10 年后，家族又有变故。这个时候掌权的第三代，有兄弟两人。弟弟病后退出企业，并且弟弟一家的家庭成员都不在企业内，而哥哥全家都在企业内。弟弟一家自然没有安全感，希望能将企业中属于他们家的那份财富兑现给他们。哥哥也是乐意的，但问题在于企业的股权到底值多少钱。价钱谈不好就只能打官司。亲兄弟翻脸，最后庭外和解，但代价近亿元。放眼世界，很多家族企业延续数百年，这是怎么做到的呢？

代代传承——现代模式

这个阶段，企业主从以企业为中心转为以家族财富管理为中心获取更多回报，因为企业只是家族财富传承理念的一部分。成立家族管理委员会看似简单，但游戏规则从根本上改变了。因为家族所有重大事项都在高于企业的层面上决定，企业之所以存在，对绝大多数人来讲，是为了获得财富，所以企业也是家族获得财富最主要的方式而已。这样就会慢慢将企业主与企业的情感松绑，因情感绑定所带来的不良后果就可以避免。因为既然企业只是获取财富的载体，企业主会比较客观地看待自己一手创办的企业和所处的行业（继承的企业主也一样），会更有洞察力。企业开始走下坡路或者行业开始没落时，企业主的反应会更迅速，可以及时将企业转型或者稀释股权，甚至由别人全盘接受，企业主获利。也就是说，企业能赚钱就留着，不能赚钱就应该将企业换成钱。如果企业主的子女没有意愿和能力来经营企业，勉强的结果是财富的缩水和消失，那就请有能力有意愿的人来干，让别人帮自家赚钱。最后因为家族中的每个人的利益已经不在企业，决定利益的层面超越了企业。这样每位家族成员都不用在企业里争权夺利，完全可以根据各自的兴趣与能力做自己喜欢的事情，家族委员会可以根据具体情况给予不同的财产与基金的分配，平衡家族成员的利益。结果是越以财富管理为中心，企业越可能在家族手中掌控。为什么呢？因为企业主和子女自由双向选择，任人唯贤，子女甚至孙子女接班成功的可能性会大大增加。不以企业绑架后代，让后代自由发展，不在企业主的管制下，而是在社会上公平磨炼，企业后继有人的概率就更高。而家族成员的变故也不会直接影响企业，而且会在家族的顶层架构中解决利益的分配问题。家族退出企业管理层如图 18.2 所示。家族退出企业如图 18.3 所示。

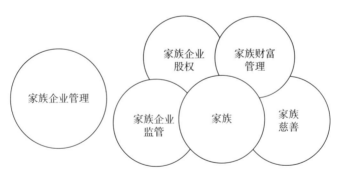

图 18.2　家族退出企业管理层

图 18.3　家族退出企业

在企业成功之后，企业主从以企业为中心走向以财富管理为中心，他的财富积累的路就被彻底打开了。企业能赚钱，企业主就继续经营；企业主临近退休或想放手时，如果家族没有合适人选接班就可以请管理团队或外聘职业经理人来打理企业；企业真的已走下坡路或企业主想经营下去的意愿不太强烈，可以稀释或出清股权。这是将企业主最重要的资产不断转化成钱的过程，然后用这笔钱再去投资，比如购买债券、不动产、保险、基金或股票等，也可以投资其他企业。企业主也可以进入新的更有吸引力的行业再创业。显而易见，这是由单一财富逐渐演化成多元财富的过程，只有这样，家族财富的延续才是大概率事件。企业股权稀释到各种投资产品的过程如图18.4所示。

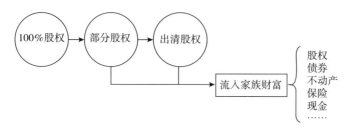

图18.4　企业股权稀释到各种投资产品的过程

所以，对于企业主来讲，应该更多考虑的是财富管理的接班，而不是企业的接班。企业的传承应该是财富管理传承的组成部分。

这个理念对多数中国企业主来讲可以说是颠覆性的，但中国的企业主特别需要具备这种颠覆性的理念。企业主只有从埋头苦守企业转变为抬头看财富之路，其奋斗得来的财富才有可能延续。而对于我们这些金融机构的业务人员来讲也意义重大，如果企业主只关注他们的企业，不断投入再生产，那企业主是没有现金来购买我们的金融产品的。所以，我们进行这样的理念引导，是真正的双赢。

股权归属

企业主在企业中的财富主要体现在他所持有的股权，而保证创造财富和分配财富的权力是企业主对企业的控制权。

独资

独资是最简单的控制企业的方式，但不是可取的方式，这种方式下的企业与家族完全重叠，几乎没有风险隔离。

控股

控股是最好的控制企业的方式，分为绝对控股和相对控股。绝对控股就是企业主持有51%以上的股权（有些重大事项，比如修改章程，须持股权2/3以上的股东同意，有2/3股权的股东绝对控股，但是现实中有过半股权的股东就可掌控了），企业主的话语权基本上跟独资方式下差不多的。相对控股就是企业主能控制的股权超过51%，而不是自己名下有51%的股权。比如，企业主有30%的股权，但他的两位助手合起来有25%的股权，而这两位助手完全听从企业主，那这位企业主就是相对控股。这种情况在企业尚未引进战略或财务投资之前问题不大，因为股东结构比较简单，股东一般都听企业主的。但当有外部投资者进入以后情况会有变化，一是利益变大并显现了，二是外部股东不好控制，所以没有协议约定的话，失控的风险就很大，在利益面前，特别是大的利益面前，很多人是会跟着利益走的，企业主的个人关系或权威可能都不管用。所以，企业主通常应该与关键股东签订一致行动人协议，即不管企业主投什么票，做什么重大决策，签订一致行动人协议的股东都与企业主保持意见一致。这种协议要经过律师把关，并确定为有法律效应的协议。

合股

合股是企业中既没有人绝对控股也没有人相对控股，充满了不确定性。假如我们的客户在经营这样一家企业，实际上，他还不是一位真正的老板，或者说不是真正的企业主，他只是股东加经营者。如果其他股东不满意的时候，他的地位随时有可能被替代，因为谁最终能集合一半以上的股权谁就有话语权。所以，这位客户如果想主导企业，成为真正的老板，就要增持股份。合股当中特别麻烦的是双方的持股是 50∶50，谁都做不了决定，有争议，解决不了，只能经过法律程序，一旦进入法律程序，这个企业受到的影响就大了。很多人创业时的合作伙伴都是亲人或朋友，碍于面子没有争股权，股权就可能被平分。其实股东都觉得自己的想法是对的，都是为了把企业做好，当有分歧出现的时候，到底应该听谁的呢？矛盾的隐患就这样埋下了，所以这种股权结构是不合理的。

股权转换有两种方式：一种是转让，一种是稀释。比如我将 20% 的股权以 2 000 万元的价格卖给你，这对其他股东的持股比例是没有任何影响的，这种方式是转让。又比如，有 3 位股东，分别持有 50%、30% 和 20% 的股权，一位新股东加入，新股东以 2 000 万元获得 20% 的股权，钱直接转给公司，原有的 3 位股东一分钱都拿不到，那么这 3 位股东按其持股比例，相应地减少 20% 的股权，这就是稀释。通常来讲，引进战略股东或机构财务股东时，都用稀释这种方式，因为这类股东投资是帮助公司进一步发展，而不是让原有股东获利了结的。而当个人投资者对公司感兴趣时，通常会从股东手里直接购买股权，只要股东愿意出让。所以，这是两种不同的结果，稀释是钱进公司，原有股东的持股比例降低，而转让是钱进股东个人口袋，其他股东的持股比例不受影响。

代持

代持也是一种持有股权的方式，也就是企业在工商局登记注册时的名字不是企业主本人的名字。这种情况在中国还是非常普遍的，在国外几乎不会发生。这是为什么呢？原因有很多，比如企业主是公务员身份，企业主婚姻关系不稳定，股东限制企业主在其他公司持股等，也有激励员工建的股权池而代持其他人的股权等。总之，这种方式主要产生于中国公司制和私有产权法制不健全、不规范以及中国人的法律风险观念缺乏的情况下。通常企业主都自认为安排的代持人很信得过，甚至很多时候双方并不签协议。

首先，我们来看一下没有协议可能会出现的情况：一是代持人死亡，股权就成为代持人的遗产；二是代持人离婚，股权就可能成为代持人婚内共同财产；三是代持人负债，股权就可能成为抵债资产。无论哪种情况发生，被信任的代持人，因为其人生变故而产生股权失控的后果。所以，双方有代持关系必须要签代持协议。但是现实中，多数企业主与代持人签的协议并不是由法律专家拟定甚至没有经其过目，那就很可能是无效协议。所以，双方不仅要有协议，还必须有有效协议。

有效协议有三个条件：第一个是合意，合意就是代持协议中必须出现某公司百分之多少股权由谁代持，如果协议中不出现股权两个字，即为无效；第二个是半数以上股东知道并认可代持的情况，知道由谁代持多少股权，并有认可凭证；第三个是被代持人一定要按照代持情况先将钱打到代持人卡上，然后由代持人打款到公司，账户打款往来凭证要保留。符合这三个条件的代持，才能成为被法律认可的无争议的代持。被代持人还要注意将协议事项和放置处告知家人，否则被代持人死亡或失忆，家人因为不知道有代持关系，权益也就无从谈起。所以，当我们发现企业主客户有代持股权的情况时，主张给予这样的提醒与建议是非常有价值的。股权代持的风险如图18.5所示。

图18.5　股权代持的风险

资本运作

当企业已经到了净利润2 000万元以上的这个阶段的时候，企业已经可以进入资本市场了。这个时候，企业主会有很多考虑，要做大做强企业不仅要靠自己，在现在这个社会，更重要的是靠资本。企业主在寻求资本的过程中需考虑什么事情？有什么样的机会？

如果要引入投资，首先的问题是找谁来投。投资者和投资机构最重要的差异在于投不同阶段的企业。当创业者有想法，投资者就开始投资，像天使一样降临到创业者的身边，等公司要准备上市时，投资机构会按企业发展阶段进入企业。投资机构有天使基金、创业基金、私募股权基金、财务顾问和投资银行等。显而易见，投资机构投资企业面临的风险是逐步降低的。投资企业越早的发展阶段，投资机构面临的风险自然就越大。所以，投资机构的要价在企业越早的发展阶段越高，或者说，以同样的价格要求获得的股权越多。投资银行要介入企业的时候，是在企业上市前，因为投资银行最重要的工作是帮企业上市，赚取专业与推销收入，而不是投资企业。但投资银行也不会放弃购买一部分股票以获取上市前后比较确定的回报，同时它也需要以持有股份表示对承销企业的信心。而所谓的财务顾问主要是帮企业找投资者，当然它们看好企业也可能跟投一部分。多数企业主要是没有投资圈资源，与投资机构直接谈又不够专业，所以愿意请财务顾问帮着找投资，谈成后企业通常会支付投资款的3%～5%作为回报。正因为市场有不同性质的投资机构，企业主就需要懂得在不同阶段选择最适合的机构。由此可见，企业主决定引进投资的时点特别重要，因为这个时点跟估值有关。企业主想引进投资通常不是因为缺钱，就是因为缺资源。如果是缺钱，选择范围通常不大，能够自由地按最佳时点引进投资可能很难。如果是缺资源，就更有可能平衡资源进入的时点和估值满意的时点。没有人不想将自己的东西卖得贵一点儿，但更重要的是需要避免股权被过多稀释，否则未来有丧失控股权的风险。如果第一轮融资已经用了出让的 30% 股权，第二轮融资有可能丧失绝对控股权。所以，我们通常会看企业的第一轮融资会不会超过 20%，也就是这个道理。当然，绝大多数的企业在走向上市的过程中，企业主都会丧失绝对控股权，但都会争取相对控股权，所以，一致行动人对企业主就特别重要，如果失去掌控权，企业主就不是企业主了。引进财务或战略投资者情况如图 18.6 所示。

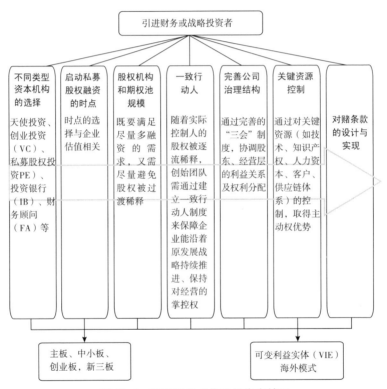

图 18.6　引进财务或战略投资者情况

对于企业主来讲，除了控股之外，还可能掌控企业的核心资源，比如知识产权、核心团队和客户关系等。投资者的目的是赚钱，而更换企业主会造成企业核心价值丧失，因此投资者是不会这么做的。所以，企业主有核心资源在手中，他的位置就会稳固，也会有话语权。

股改

　　企业上市几乎是所有中国企业主的梦想，这不仅是企业修成正果，企业主获得财富的最大表现，也是被社会认可的成功象征。但在上市前，企业要做一件事，那就是"股改"。普通有限责任公司改成股份有限责任公司，性质上来讲是从"人合"走向"资合"，股份公司是只看钱不看人的，股东是谁不太重要。首先，股份公司的股东人数可多至200人（含法人），而普通有限责任公司股东数不能过50人（含法人）。其次，股份公司的所有重大决定或工商变更不需要所有股东签字同意，控股股东可较自由地操作。最后，也是最重要的，股份公司的股东可以自由交易自己的股份，包括原有股东互相买卖和出让给外人的。这也就是为什么公司上市前需要改制成股份公司，股票的自由交易是上市的基本条件，上市后股票只是在市场公开交易而已。

　　企业具体可以在哪里上市，我们作为金融服务的前端业务人员应该了解。首先，我们应该知道国内"上市"的市场在哪里，在上海和深圳。上海证券交易所只有主板，深圳证券交易所有创业板、中小板和主板。顾名思义，公司在主板上市需要达到的标准最高，基本上是比较大规模的公司才能在主板上市。所以深圳交易所三个层面的设计就是让不同规模不同阶段的公司都能有机会上市，帮助企业由小变大、由弱变强。其次，北京还有一个新三板，其实新三板不是真正意义上的公开交易市场，因为它不自由，一个真正的市场应该是自由开放的，人人平等、信息公开、自由买卖。但在新三板开立账户的公司，不仅需要有两年以上投资经验或专业背景，还需要在前一交易日日终证券类资产市值有500万元以上。这样，中小股民基本上就出局了。而公募基金也不能直接买卖新三板股票，需要单独设立新三板基金，而购买基金的个人也有门槛。之所以有这些门槛，就是因为上新三板的公司门槛比较低，既没有盈利要求，也几乎没有规模要求，投资风险就会非常大，普通投资者不适宜购买。同时因为没有这些要求，上新三板的公司数量庞大，公司发展良莠不齐，投资研究机构无法覆盖，投资者也就没有足够的投资资讯做买卖决定。从根本上来讲，新三板还只是个股权交易中心，融资功能是比较弱的，也正如其全名"全国中小企业股份转让系统"所示。新三板尽管不是真正的公司上市的市场，但是我们反而需要更多了解学习它，因为我们多数的企业主客户的公司是这个阶段的，少数是上市公司或具备上市条件的公司。

另外，企业不在沪、深两地上市，也可以去境外上市，主要是中国香港和美国。为什么要去境外上市呢？理由很多，主要有几个：第一个是在沪、深两地上市，公司必须有盈利，但现在这个时代，很多科技公司可能在相当长的时间里是没有盈利的，而没有资金，未来的发展可能就很难实现，上了市有了钱就有了发展空间，所以很多中国的互联网科技公司只能去境外上市。第二个是在沪、深两地上市是要排队的，因为是审批制。按上市条件，许多公司都具备了，但证监会每年就批一定数量，要轮到自己公司或许要几年，还有不确定性，那就索性去境外上市。第三个是在中国上市的公司必须同股同权，也就是任何人持有一股就是一股的权利，中国香港也是一样（最近才改革）。但美国允许同股不同权，这给了创始管理团队在公司上市后继续控制公司的机会，否则管理团队在股权稀释后就没有足够的股份拥有决策权了。当然，也有企业主希望借此机会能获得持有外币资产的机会，即有用全球资产配置平衡风险的意图。总之，有很多理由，这里不再一一详述，有兴趣的话可以进一步了解，这样与企业主也会有更多的话题。

境外上市一般用的是可变利益实体模式，意译成中文是"协议控制模式"。VIE 模式是从新浪在美国上市开始的，所以也称"新浪模式"。具体操作细节比较复杂，简单来讲，比如公司到中国香港上市，企业主先在香港注册一个离岸公司，这个离岸公司和准备投资企业的基金再成立一家香港公司，这家香港公司与企业主的中国内地公司签订协议，协议当中把内地公司的资产和利润等核心权属都归到香港公司，也就是通过协议，香港公司就彻底控制内地公司并获得所有回报。实际上，企业主的内地公司已经装进了香港公司，内地公司的价值都体现在香港公司，这样就具备了买卖股票的条件。然后若拿出 20% 的股票做 IPO，这个时候就有了上市主体，也就是在香港证券交易所交易的上市公司，企业主在内地的公司就变成了一家运营公司，赚到的钱都属于在香港上市的公司，香港的股民以至全世界的股民就可以买卖这家在香港上市的内地公司的股票了。

产权转移与继承

前面我们基本围绕着企业在谈，企业是企业主财富的来源。但企业主从企业所获得的财富随着时间的延续，一定会变成不同的资产，不会只是现金的形式。我们可以把所有资产归为四大类：不动产、金融资产、艺术收藏品和股权（不好归类的有知识产权、版权、私人飞机和游艇，但都太小众且不易兑现，这里就不赘述了）。所有资产都有各自的特点和优劣势，特别是在转移产权和传承产权的时候，我们不妨分别来看一下。

不动产（房产）

首先我们来谈谈不动产。过去 20 年我们充分享受了不动产行业高速发展的回报，所以多数人会说"有钱做什么投资呢？买房当然是首选"，但是按客观规律，任何东西都不会只涨不跌的。我们无法确定未来房价的涨跌，但可以确定的是涨势相比以前一定是减弱的。最近 10 年的涨幅就已经低于过去 20 年中的前 10 年，暴涨自然就消费了未来的升值空间，这是基本道理。所以，当房价逐步回归理性的时候，我们就会关心交易的成本，相信大多数人心里还是会咯噔一下，因为真的不少，有 10% 左右。我们这里重点谈的是持有房地产的两个问题：一是婚姻风险，二是继承障碍。

婚姻风险

假如企业主准备送一套房子给儿子结婚，他可以有两种做法。一种是在房产证上直接将自己的名字改成儿子的名字，那么儿子就成为这套房子的唯一所有者。另一种是房产证上加上儿子的名字，父子两个人共有这套房子的产权。

1. 全部转让。

前面第一种做法在法律上来讲，财产会外流的风险不大，因为是婚前赠与，可以确定房产将来是儿子婚内个人财产。但在现实生活中，会有很大的不确定性，因为这套房子已是儿子所有，未来的儿媳要求房产证上加上她的名字，通常儿子是守不住的，只要名字一加上，房产就变成婚内共同财产，企业主根本无法阻止，更确切地讲，根本无从阻止，因为完全不知情。所以，当企业主的名字从房产证上消失的那一刻起，他已丧失了知情权。那么一旦儿子婚姻破裂，房产的一半可能就没有了。

2. 部分转让。

相对地，面前说的第二种做法是可取的，因为企业主的名字还在房产证上，如果儿子要在房产证上做任何变更都需要企业主签字，企业主就有了知情权，可以做相应的决定。再加上不管儿子婚姻有什么变故，企业主所持有的那部分房产产权是不会流失的。但这种共有产权的做法也有问题，即下一代往往不接受，甚至极度反感。子女通常会有不被信任与挫败的感觉，以致会拒绝接受这种安排。结果本来是好事，反而可能引起家庭矛盾，所以房产并不是最佳的赠与资产。

继承障碍

继承方式有两种，一种是法定继承，一种是遗嘱继承。

1. 法定继承。

没有什么继承方式比法定继承更坏的了，因为法定继承本身就是没有做任何继承安排的结果，在继承中没有安排就是最坏的安排。假设我们的企业主客户去世了，子女拿着死亡证明、父子或父女关系证明、房产证等去房产交易中心办继承过户，但是缺少一样东西就办不了，那就是继承权公证书。继承权公证书要去公证所办，公证所要求所有的法定继承人必须到现场确认无异议签字，才会出具继承权公证书。问题是中国的法定继承人包括老少三代（父母、配偶和子女），而一套房子并不都是遗产，因为是婚内共同财产就先要分一半给配偶，然后将剩下的一半再老少三代平分。企业主的家里应该会有其他资产，所以不可能就这么一套或数套房产分一分这么简单。这样家人就极有可能各有想法和诉求，如果过世的企业主还有兄弟姐妹就更复杂，因为兄弟姐妹尽管不是第一顺位的法定继承人，但父母继承的财产将来会成为父母的遗产，也就成为兄弟姐妹可以继承的财产。所以，产生争议的可能性是极大的，那么就会有人不同意签字，结果就是公证所无法出具继承权公证书。那么，房产的继承也就耽搁了，没法继承了，只能打官司，有可能出现孙子告爷爷的情况。一旦通过法律，双方就撕破脸了。企业主一身奋斗的财富不但没给家人带来幸福，反而变成祸害了。而目前中国绝大多数富人都处于没做任何继承安排的状态，这主要是对法律知识的欠缺。我们金融服务的前端业务人员有责任向客户普及这方面的法律知识，同时这也会给我们带来巨大的回报。

2. 遗嘱继承。

遗嘱继承时的继承权公证书一样要办，不同的是公证所是要求所有遗嘱中提到的继承人都要到场，对遗嘱确认没有异议并签字。我们按常理判断，企业主通常有很多财产，如果企业主有意识立遗嘱，他一定会将不同的财产指定给不同的亲人甚至非亲属来继承。那么遗嘱中就会涉及多位继承人，而只要有继承人不认可遗嘱中的安排，公证所就出具不了继承权公证书。结果是所有遗产都不能被继承，想继承的主体就只能去法院告阻止继承的人了。更糟糕的是，在公证所的实际操作中（比如上海）法定继承人被要求到场签字确定，只要有人不签字，继承权公证书还是办不了，房子就过不了户，最后只能打官司。总之，继承房产这样的不动产，无论在婚姻风险上还是继承的程序上都会有很多隐患，并且很难避免。所以不动产并不是最好的转移和继承的财产。它可以是整个资产的组成部分，但并不适合作为主要资产，或者说不应该在整个资产中占的比例过大。

金融资产

我们将金融资产定义为所有开设账户和持有票据的账面记录资产（包括存款和贵金属持有凭证等），并将其分为两类：一类是非保险类金融资产，一类是保险类金融资产。

非保险类金融资产在转移的时候，持有人控制权彻底丧失，意思是持有人只要将持有票据或账户内钱款给予他人或更改账户名，就完全失去对相应资产的控制。因为在中国几乎没有金融资产是可开设多个户头的。这也是为什么绝大多数的高净值人士不会考虑在子女未成年或者尚年轻时转移大额资产给他们，尽管知道资产终究是留给子女的，但较早给可能百害而无一利，其中失去控制权是根本的担忧。另外，就子女婚姻状况而言，赠与的金融资产是很难被界定为婚内个人财产的，即使赠与发生在婚前。其原因是金融资产的交易性和账户往来的穿透性非常容易将夫妻的个人金融资产混同。就传承而言，非保险类金融资产的继承还是免不了继承权公证这一关，和房产继承要过的关一样。法定继承走法定继承公证流程，遗嘱继承走遗嘱继承公证流程。只是继承人面对的不是房产交易中心而是金融机构罢了。

那么，是否所有资产都有这些在财富转移与继承中的致命缺陷呢？我们看到保险在财富管理中不可取代的核心功能开始充分展现，这也是为什么我们将保险视为独特的金融类资产的根源所在。因为在财富转移与传承中能起到关键作用的保险品种是年金险和终身寿险，我们通过对这两类产品的分析来揭示保险在财富管理中不可取代的功能。

年金险

年金险最重要的特征是有生存利益。比如我们的企业主客户给儿子一套房子结婚用，将另外一套房子卖了 500 万元，然后给儿子买了份年金险，让儿子做被保险人和受益人，每个月儿子可以从保险公司获得 5 万元的生活费，这就是生存利益。因为父亲是投保人，所以几乎掌握一切控制权，将来持续投保还是退保都在投保人的掌控之中。再者年金险一定是婚内个人财产，因为儿子是唯一受益者，购买的资金来源也明确是父亲，如有婚变，年金保单是不会被分割的。年金险还有死亡利益，投保人可将自己设定为死亡受益人。万一儿子先于父亲离世，这份年金险的死亡赔付就由父亲获得，可以保证财产不会外流。更恰当的表述是，父亲掌握了自己所创造的财富的支配权，这些财富他既可以给也可以不给他所关心或者不关心的人。而其他的资产都不会这样，因为企业主给了财产基本就永远失去了。年金险之所以能做到这样，是它有既给又不给的特殊功能。而更妙的是，这样的赠与方式，家庭的所有成员不仅接受，还很高兴。当然，年金险对于企业主自身来讲，也是非常好地保证未来退休生活品质的不二选择。

终身寿险

在继承中更重要的保险产品是终身寿险，甚至可以说终身寿险是在整个继承安排中最重要的金融工具。为什么这么讲？首先，寿险是合同指定传承。所有其他的资产都是遗产，要继承遗产就必须走遗产程序，在中国更是要过继承权公证这一关。但是保险不一样，指定受益人是合同约定的人。无论是中国的《保险法》还是一直在讨论的遗产税草案中都明确了保险赔付款不是遗产，只要有指定受益人。在美国，保险赔付款属于遗产，这就是为什么在美国高净值人士买保险的时候一定要做一个不可撤销信托，否则大保单赔付后反而会增加遗产以致投保人交更多遗产税。所以说企业主在中国买保险获益是巨大的。因为保险赔付款不是遗产，就不用走遗产程序，保险公司也就不需要看到继承权公证书再给钱，受益人直接就继承了。也因为如此，保险赔付不像遗产继承程序中的透明公开，同时又具备了私密性，而私密性对于几乎所有的成功企业主来讲都非常关心。其次，终身寿险在继承中最重要的是放大杠杆，这个怎么理解呢？假如我们的企业主客户身价是1亿元，给两个子女各5 000万元，第三代每家2 500万元，30年以后，这些钱可能就值几百万元。

结果一个亿万富翁的家庭到第三代就成平民了，甚至成为贫民，因为到那时连一套房子都买不起了。这对于大多数的有钱人来讲，几乎是必然的结果，如果他们不懂得运用保险这一工具的话。期望后代像自己一样富有只有两种情况，一种是企业的生意在每代都很好，甚至更好，否则财产是不够分的。但是这太不确定了，或者说这对于绝大多数企业主家庭来说完全是一种奢望。另一种不是可能，而是确定的。那就是购买终身寿险，比如有上亿元支付能力的企业主用 2 000 万元以自己为被保险人投保终身寿险，一般情况下做 2 亿元的保额应该没问题。这样企业主就会在身后给家里留下近 3 亿元，而不是原来的 1 亿元。然后第二代可以拿几千万做几亿元的保额，那么这样每代都会继承上亿元的现金。这就是终身寿险放大杠杆的原理，也就是为什么美国的富人会有 1/3 左右的资产是保险资产。我们中国现在银行业总资产是保险业总资产的 10 倍以上，而美国的保险业与银行业在总资产上几乎是"平起平坐"的，可以预见中国的保险业未来有多大的发展空间，而其中补上的最主要一块就是保险在财富管理配置上的运用。最后，就资金运用效率来说，终身寿险对企业主来讲也是不二之选。因为保费在保单里的增值是没有任何所得税的，更何况最后的赔付款既没有所得税也没有遗产税。如果这部分资金在企业里周转的话，那么去掉所有的流转税和获利后的企业所得税以及个人所得税后，真正能进入企业主口袋的可能只有一半了。

总而言之，中小保单都是理财型保单（那些风险保障很低，我们通常所称的理财型保险从根本上来讲都不是真正的保险），所谓理财型保单就是补缺口，当家庭主要收入来源者因生病、残废或死亡不能提供家庭保障后，由保险公司补缺，前面已有论述。但是当高净值客户已没有这样的需求时，会购买更大额的保险，就是因为保险在财富继承中有不可取代的作用。无论在财富转移中的婚姻风险，还是在财富继承中的继承风险，甚至在财富延续中的代际效应等，终身寿险都是不可或缺的配置。

艺术收藏品

就资产转移和继承来讲，艺术收藏品也同样有我们前面所提到的那些法律风险和障碍，除非是单一继承人。但作为资产而言，艺术收藏品又是风险最高的，无论是在真假方面，还是保管方面都风险巨大。另外，当多数的艺术收藏品不能作为金融机构的抵押品时，它们也就不是真正的货币化资产了。所以说，我们更多还是把收藏艺术品看成个人爱好，这里就不做展开了。

股权

股权通常来讲是企业主最重要的资产，同时股权又有别于其他资产。其他资产无非是钱，是钱的不同形式，但是股权代表控制权。对企业的控制往往是大多数企业主的命脉。就股权转让而言，有股东之间的转让和向股东之外的个人或法人转让。一般情况下，只要不影响企业主的控股权的股权转让，应该都属于正常转让，但要按公司法流程走。股权转让流程如图 18.7 所示。

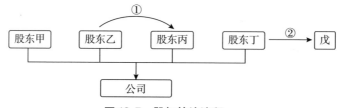

图 18.7　股权转让流程

1. 有限责任公司的股东之间可以相互转让全部或者部分股权。

2. 股东向股东以外的人转让股权，应当经其他股东半数以上同意。股东应就其股权转让事项书面通知其他股东征求同意，其他股东自接到书面通知之日起满 30 日未答复的，视为同意转让。其他股东半数以上不同意转让的，不同意的股东应当购买将转让的股权；不购买的，视为同意转让。

婚姻对股权的影响

这里重点讲一下股权的非正常情况下的转让。股权非正常转让的第一种情况发生在企业主自身婚姻的破裂时。我们在前面讲不动产的时候主要讲了第二代的婚姻风险，但是就股权而言，企业主自身婚姻的破裂影响会更大，因为最重要的不是钱的问题，而是股权分割后控制权丧失的风险。比如原来企业主有60%的股权，一旦离婚，配偶可能分走一半也就是30%的股权。如果配偶把这30%转让给别人，企业主就失去控股权了。当然，原有股东可以行使优先购买权，但是《公司法》中根本没有明确购买的价格或者计算的方法，卖方完全可以恶意定价，可见如果是恶意转股的话，优先购买权几乎是无法实现的。如果企业主自己的婚姻是在创办企业之后开始的，或者企业做大后企业主有了第二次婚姻，配偶可能得不到一半股权，但一般情况下，还是可以获得较大部分的，因为在婚姻后所有股权增值和红利都是婚姻共同财产，而且婚姻前股权的估值是非常困难的，除非企业是上市公司。第二种情况是二代婚姻对股权的影响。企业主赠与子女股权自然是子女的婚内个人财产，这个没有异议。但股权的增值还是婚内共同财产，和前述企业主婚姻情况是一样的道理，而婚内的增值往往才是最重要的。从表面上看，这可能不太合理，配偶从来没在公司上过一天班，没为公司出过一点儿力，但配偶在家庭中的付出是企业成功的一半根源。也就是说，企业主和企业主的子女之所以能将企业经营得这么成功，有一半的功劳来自另一半的默默付出，特别是在中国这样有传统家庭观念的社会中，法官基本都会遵从这样的理念。

离婚对股权的影响不仅在丧失控制权方面，还有对公司上市的影响。准备上市的企业，股权清晰无争议是最基本的条件，这在任何国家都无例外，因为股权就是企业上市后的利益载体。所以一旦离婚，双方对财产分割特别是股权有争议，一方提出股权冻结诉求，整个上市进程自然会暂停，必须等待股权的法定归属确定后才能再次启动。这样的结果往往是两败俱伤的，因为股权的价值释放一定会受影响，最终婚姻双方都只会获得较少的回报。

由此可见，不管是企业主自身的婚姻还是后代的婚姻对股权的保全都有非常大的影响，而预先防范的方法中，签订家事协议是不可或缺的。比如企业主准备把自己持有的 50% 的股权转给儿子，准备交班。那么儿子的婚姻风险就是其中最重要的考量因素之一。为了保证企业主对公司控制权将来不会丧失，就可以让儿子与儿媳妇签订一份家事协议，一旦离婚，企业股权归儿子所有且不可分割。但这样剥夺对方权益的协议是很难被接受的，所以可以以相应的对价购买年金险等，以儿媳妇作为被保险人和受益人作为补偿。因为企业股权牵涉控制权，再者其他股东自然也不希望企业主有丧失控制权的风险导致企业失控，所以通常而言，放弃股权的一方是会理解的，只要补偿到位即可。运用年金险这种保险类金融产品最大的好处就是能以较低的代价达到补偿期望，同时企业主又没有一次性失去补偿财产。

继承对股权的影响

非正常的股权转让还有一种是发生在企业主去世的情况下，更准确地讲，应该不是转让，而是继承。股权继承情况如图 18.8 所示。

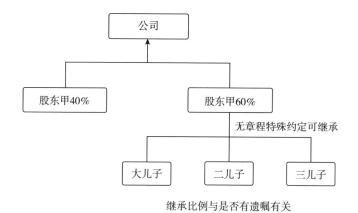

图 18.8　股权继承情况

在股权继承时，其他股东是没有优先购买权的，也就是说继承人可以无条件地继承股权，除非继承人主动放弃或继承后转让给他人。但在公司章程中可以做事先约定，比如当股东死亡时，其他股东有权利收购股权，这种安排目前在中国很少见。但不管怎么安排，只要有争议，股权的继承可能就是个死结，因为有关继承股权的具体操作，无论是《公司法》还是《继承法》都不够明确和清晰，等官司打出了结果，企业也元气丧尽了。所以，企业主对股权的继承必须特别重视起来，否则一生的奋斗最后留下的可能是争斗的祸根。而美国的企业主，对这种风险的意识几乎都有。具体操作都是用"签订买卖协议"的方式，也就是合伙人互相签订或公司与经营者签订协议，一旦股东死亡或全残，其他股东或公司会将其股权从继承者手中购回。通常购买股权的资金来自人寿保险，所以"买卖协议"一般都会和人寿保险一并办理。但在中国目前还不行，主要是中国的保险公司不承认公司与股东或股东之间有保险利益，这是我们保险业发展还处在低水平的明显例证。

国籍对股权的影响

一个比较普遍的状况使得股权的转移和继承几乎无法操作，那就是企业主家人的国籍问题。中国高净值人群的家人有的已经移民，有的在移民的过程中，这句话虽然说得有点儿夸张，但离事实也确实不远，其中原因很多，这里就不赘述了。就公司的股权而言，如果家人只是出国定居甚至拿了绿卡有了移民身份，只要没有办外国的护照成为外国人，是不影响企业的工商变更的。一旦入了外国国籍，问题就来了，因为企业主多数开的是中资公司，也就是所有股东都是中国人身份或中国法人。尽管在这个问题上，也有人说要看出资来源，只要注册的资金来自国内，公司也可视为中资公司，即使股东是外国人身份。但在各地的工商办理中几乎都不可操作。所以，如果企业主的子女是外国人身份，企业主想将股权直接变更到子女名下应该是很难操作的，最有可能的做法就是将原有公司的性质改成中外合资或外资公司，问题是原有股东会认可和接受吗？只要原有股东不配合就会出现僵局。除非子女退出国籍，做回中国人，否则确实是无法转移股权的。即将来某一天，企业主去世了，子女回来继承股权，几乎是不可能完成的任务。这样的话，企业再大意义又何在呢？所以，企业主必须对此预先做出安排。其中一个选项是信托持股，也就是设定私人信托，在信托中指定家人为受益人，企业主将名下股权转让给信托，这样子女就可以间接持有公司股权。这在理论上存在，但在现实中还是很难实现，因为各地工商局基本都不受理除了个人与法人之外的主体股东。上市公司还有可能实现，尽管中国证券法规基本是不接受信托持股的，但在现有的上市公司里已出现数家的信托持股安排，说明中国的监管机构也在逐步响应财富管理发展的需求。可见，目前在公司层面很难解决身份问题所带来的股权转移与继承困境，所以企业主就必须考虑逐步把公司的盈利转换成个人资产，而不是将其在公司体内积累，甚至在适当时出让股权变现而避免股权坏死的结果。

　　总而言之，在企业的股权转移与继承中，企业主要重点考虑接受者的身份和能力，这个与其他资产的分配有所不同。当以接受者的身份与能力作为标准来考虑的话，股权的分配有可能是集中而不平均的，所以对于家庭其他成员就应该用其他资产来平衡和补偿。这时由我们金融服务前端专业人员给企业主做总体资产分析，即"析产"就非常必要了。

第 19 章　大型阶段

如果企业净利润在 1 亿元以上，企业主的身价多数超过 10 亿元，此时企业主通常已开始交班或考虑交班了。年龄的增长与精力的减退是人生的规律，所以传承一般出于无奈，是被动的。这也就是为什么多数企业主对传承这个问题是心不甘情不愿的，能不面对就不面对。前端业务人员的一个重大价值就是引导这些高净值人士主动面对，甚至积极面对。因为这个事情没做好，对企业主来讲是功亏一篑的，甚至奋斗一生却留下祸患。

我们前面所讲的主要是从"物"出发，阐述各类资产在分配中的属性和利弊。真正进入"传承"这个问题，关注的对象就是人了，首先要从"人"出发。从人出发我们最需要了解的就是企业主的价值观。

给谁

在传承问题上，企业主把财富给谁，有几点需要考虑：第一是能力和身份。如前所述，企业主的钱呈现不同的资产形式，而其中一些资产，比如企业股权就与继承人的身份和能力相关。如果置子女的能力与意愿不顾而要求子承父业，即企业主执意要将自己一生奋斗成果交给子女，家业有可能就被子女败了。但是企业主就是无法接受外人掌控企业，甚至宁愿家人把它毁了，这是一些企业主的观点。我们应从专业的角度给客户正确的事理分析并与客户的观点对接。第二是好恶。人都会有偏向，喜欢谁多喜欢谁少。特别当企业主有数次婚姻且都有婚生子女时，会更明显。第三是性别。在中国这个传统观念比较强的社会，性别仍然是非常重要的考虑因素。

从传统观念来讲，企业自然是传子不传女，只是过去几十年计划生育的结果使得很多富人无法选择。第四是代际。这对于多数的中国高净值人士来说还是陌生的一个名词，其意为将企业到底给哪一代、给几代。现在的有钱人想的都是以后去世了把什么都留给子女，不去想还可以有什么安排，这也就是为什么企业主想得简单，不把大事当事的原因之一。且不说一切都留给下一代并不是简单的事（后面再展开这个问题），难道企业主就不想给子孙后代留下财富和幸福吗？可能中国人有钱的时间太短了，多数人还没意识到有了这些财富后是可以想得长远一点儿的。比如有位企业主，女儿女婿都好吃懒做，不求上进，而只有这么一个女儿，如果把所有财产都留给女儿，完全有可能一代就败光了，而这位企业主有个未成年的外孙，能否越过女儿女婿给外孙留下什么呢？这就是简单迫切的代际传承需要了。再比如，对于一位财富超过数亿元的企业主而言，相信教育改变人生，更相信有良好的教育是保护财富和正确享用财富的基础，那么他对后代（甚至尚未出生）能做些什么安排呢？所以代际传承的考虑是高净值人群应该要的，否则财富是很难延续的。而对于超高净值人群来讲，那更是必须考虑的，因为这个人群的财富足够到有很多代来继承，而创富一代最有资格也最有能力做分配安排。

给多少

在传承问题上，企业主在分配财富方面要注意两点：第一是分配的均衡性。均衡有可能是平均分配，也有可能是根据贡献和需要等，总之原则上应该要做到公平合理。尽管这是企业主创造的财富，自然是企业主说了算，但在这一点上没做好的话，财富就成为亲人反目的祸根，非常不值得。第二是财富的保全性。企业主一代代地给财富，有多少都是会被分完的，只是早晚的问题。富不过三代的主要根源并不在企业的兴衰，而在于财富分配时的保全能力。一是要把生蛋的鸡留住，留在家族中共有而不是把鸡杀了分了吃。二是要用保险来增加财富倍数，也就是前面提到的保险的杠杆效应。保全的另一层含义是将财富在血脉中延续，一旦财富流到外姓，财富变得再多，对家族都是没有意义的。所以，财富保全并不是保证钱不损失。由此可见，婚姻是对财富保全最大的挑战之一。

给什么

在继承问题上，企业主"给什么"在前面有关资产转移内容中已经讲了，主要有四大类资产：不动产、金融资产和艺术收藏品、股权。除了股权之外，其他的都是单纯的钱，只是表现形式不一样。但是股权最重要的是对公司的控制权，控制权没有了，公司就等于给别人了。所以，企业主要根据资产的性质和继承人的具体情况来做相应的安排。

什么时候给

"什么时候给"在绝大多数的高净值人士眼中都不是一个很重要的问题，其实这个问题可能重要过其他问题，起码与其他问题同等重要。什么时候？是现在还是将来？首先我们来看企业主现在就将财富都给下一代会是什么情况，可以分几种情形：一是子女未成年，任何资产的所有权转移到未成年的子女名下几乎没有太大的意义，因为对资产的控制权会掌握在监护人手中。父母本身就是监护人，这种赠与基本无实际效用，但一旦父母离世，问题就会非常严重，谁是监护人以及监护人是否担责是核心问题，不做安排或安排不当都可能导致未成年子女的"灾难"。二是子女尚未成熟时，企业主就将财富交到他们手中，风险是显而易见的。比如他们会挥霍，还会引起他人觊觎财富而引祸上身。三是子女已成年并已有能力掌握财富，也就是最理想的状况。企业主将财富转移到他们手上确实是一种不错的选择，但企业主应该比子女更有能力对后代而不仅是下一代安排财富的传承，并且多数企业主也会倾向于自己来做较长远的安排。其次，企业主将来再给财富会是什么情况呢？很典型的一种回答是"等我走的时候再安排",这其实是很荒诞的想法。因为人们要知道自己什么时候走只有两种可能,一是自己是神,能预见自己的死期。二是自己得了重病,被告知大概还有多少日子可活,否则无法在走的时候再安排。每个人都知道自己终有一天会离开这个世界,但没人知道会是哪一天。而生命确实是很脆弱的,如果等一等的话,可能最后根本轮不到自己安排了。一旦生前没安排,就会将自己的财富置于最危险的境地,那时也就只能法定继承。由直接利益相关人来互相决定各自利益分配,其结果多是会发生家族纷争,更别说一切会符合传承人的意愿了。

由此可见,无论是现在还是将来转移和传承财富都不是最核心的,最重要的是现在必须做转移和传承的安排,或者说做安排是不能等的。我们要能够引导企业主现在就行动,因为立遗嘱对于绝大多数的企业主来讲都是进了一大步。所以,我们要明白现在行动不是将财富尽快给下一代,而是现在就需要开始规划,否则企业主奋斗一生的结果可能没有意义甚至对家人是祸害。

怎么给

在传承问题上,企业主怎么给有几种方式:赠与、法定继承、遗嘱继承、私人信托(家族信托)和保险。在有生之年将财产转移给家人就是赠与,我们前面已经讲了这种方式的利弊。法定继承从严格意义上来讲,应该不算是一种方式,因为它是不做任何安排的结果,自然也是最糟糕的不负责任的方式。订立遗嘱是一种积极主动的方式,但确实远远不够,因为遗嘱的可执行性非常不确定,没有私密性,更重要的是遗产只能一次性传承,无法传承企业主对后代的意愿。所以,当企业主的财富积累到一定程度,最重要的传承方式是私人信托和保险。

私人信托

我们先从生活出发来理解私人信托的功用。假设我们的企业主客户正在办离婚手续，双方对财产分割没有异议，未成年儿子跟随母亲生活，和平离婚。企业主另外准备 500 万元作为给儿子将来生活与教育之用，前妻自然要求企业主将这 500 万元给她，因为她是儿子的监护人。企业主通常是不会直接给，因为一次性给前妻，确实很难保证这笔钱是否都会用在儿子身上，甚至有可能是在为别人养儿子（前妻再婚生子）。所以，企业主可能会说"你放心，这是我儿子，钱肯定都会给他用的。每年我打 20 万元生活费给你，学费也会交，最终 500 万元全都给儿子"。可以想象，前妻应该不会答应，为什么呢？将来有太多的不确定性因素，万一你破产没钱了呢？再说前妻也担心企业主再组家庭后是否还会给这笔钱。那么，这种情况下双方就可以签一份协议，协议中可以明确企业主每年支付给前妻 20 万元生活费，儿子考上大学奖励 100 万元，大学毕业后，企业主把剩下的连本带利全部给儿子。然后将这个协议交给受托人（目前在我国，由信托公司起草协议并做受托人，在多数西方国家几乎谁都可成为受托人），受托人收到 500 万元后就按信托条款执行。这种方式就是私人信托，可见私人信托不是一个产品（现在国内的信托基本都是投资产品），而是一个法律架构，是资产权益的投资与分配方式。私人信托的构成如图 19.1 所示。

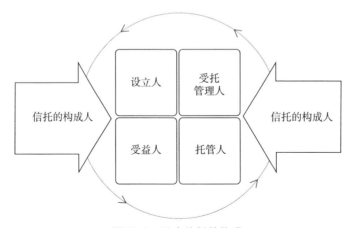

图 19.1　私人信托的构成

私人信托就是有合约和受法律承认的委任，将财富和资产的拥有权、控制权和经济受益权分割，授予不同的指定人，达到虽没有拥有权但可以控制财富，可以控制但不享有财富的经济受益权，享有财富的经济受益权但没有财富拥有权的既虚又实的安排。它的妙处就在于"三权分立"，这也是人类智慧的体现。因为当人们拥有某个东西时就拥有它的一切，普通人都不会想到对这个东西里会有三种权利。比如我购买了一只基金，基金就是属于我的，我想持有或卖了去买别的资产甚至变现花了，怎么做都行，跟他人无关。如果自己把东西给了他人，那就不是自己的了。要么是自己的，要么是别人的。也就是说，任何东西都是"三权合一"的，我所有，我控制，我受益。但如果我们从持有某项资产中分解出这项资产的所有权、控制权与受益权后，我们就可以做到在财富转移与传承中将重要的"既给又不给"。首先设立人一定是拥有财富的，设立的目的一定是让其所关心的对象（甚至自己）获益，但设立人并不想让受益的对象即刻获得资产（我们前面讲过转移与传承资产的时间是非常关键的）。如上述双方离婚后，企业主为子女支付生活和教育费用的举例中所呈现的，将 500 万元现在就给未成年的儿子就等于给了作为监护人的前妻。设立人可以希望受益人需要满足某种条件才能得到财产，比如受益人没有获得高等教育资格就丧失受益权。设立人甚至可以给家族中尚未出生的成员留下财产，以延续家族财富。在某种程度上讲，私人信托是在延续人的生命或者更恰当的表述是延续人的影响力。拥有财富的设立人需要放弃所有权使受益人不用绑定设立人不确定的个体和有限的生命，受益人也并不因为不能控制财富而不能最终受益。设立人是通过信托条款来控制信托架构下的资产，而将所有权给了受托人，受托人虽然获得了所有权，但必须按照信托条款来执行以保证受益人的利益。

私人信托由三方构成：委托人（信托设立人）、受托人，还有受益人。受托人的职能分为信托管理和资金托管，由此受托人就可分为受托管理人和托管人，也就是加了一道风险保障。委托人甚至可以指定监护人，来监督受托人有没有履行受托职责。欧美的富人几乎百分之百会使用私人信托，因为只有私人信托能够让企业主（或高净值人群）将一生创造的财富根据自己的意愿进行安排，甚至超越信托设立人的生命使信托设立人的影响在家族中永续。我们很多人在遗产规划方面都有个误区，以为做遗产规划的目的就是免交遗产税，这是方向性的错误。因为尽管企业主给后代留的钱更多了，但如果这些钱带来的是烦恼甚至引起争斗，在税务上规划得再好也是没有意义的。所以做遗产规划的意义就是企业主可以按自己的价值取向去做身后的安排，让自己创造的财富真正能福荫子孙后代。而能帮助企业主达成这种愿望的只有私人信托，而且富一代以后的每一代都应该使用好私人信托。私人信托的架构如图 19.2 所示。

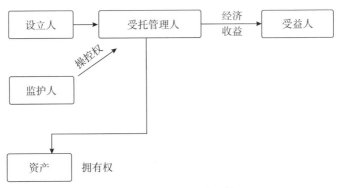

图 19.2　私人信托的架构

保险

我们要讲的最后一种方式是保险，保险在财富管理中有非常多的功能，如图 19.3 所示。它也是在财富的转移与分配中不可或缺的

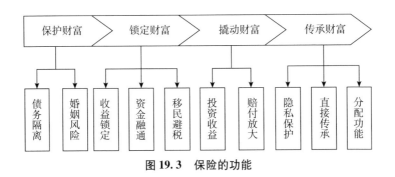

图 19.3　保险的功能

金融工具。我们将这些功能分成四大类：保护财富、锁定财富、撬动财富和传承财富。

保护财富

保护财富中首先是债务隔离，企业的风险无处不在，不在此就在彼，不在现在就在将来。而从我们前面的论述中可以看到，家族与企业很难真正隔离，基本无法避免混同。保险尽管不能绝对避债，但确是最佳的避债工具。当企业负债或者破产的时候，保险是最有可能避免被涉及的财产。而因婚姻关系破裂而流失财富的风险，不管是企业主自身的婚姻关系导致还是后代的婚姻关系导致，保险都能起到财富保全的作用。

锁定财富

从收益角度来讲，保险是没有优势的，但购买的保额就是财富的锁定，而收益的锁定也是保额锁定的基础之一。财富锁定但资金并没有锁定，即需要资金时，企业主可做保单贷款。这对于企业主来讲是非常重要的功能，因为保险可以既做到锁定财富又可以基本不影响企业经营和资金周转。保险还可以避税（特别是遗产税），这是对财富的完整保留，不管是在国内还是准备移民。保险的赔付款在中国不属于遗产，所以将来哪怕有遗产税也不会有税的问题。但在多数国家，保险的理赔款是属于遗产的，比如美国。这就是为什么美国的大额人寿保险总是与不可撤销信托结合在一起，否则投保人就要交遗产税，因为美国政府认为在信托之下的财产不属于信托设立人，不是信托设立人的遗产。所以，买保险就不用交遗产税这句话在美国是不存在的，该交多少还得交多少，只是通过不可撤销信托购买保险获得的赔付款可以用来支付遗产税。但在中国，中国人即使移民，将来保险的赔付款也不会被移民国家征税，就是因为在中国的赔付款不属于遗产（当然要有指定受益人）。

撬动财富

从撬动财富的角度来看，企业主从保险中获得投资收益是次要的，最重要的是保险赔付的杠杆效用。也就是在被保险人死亡之后，保险公司按保额赔付给受益人的金额，一般情况下会是保费的 10 倍以上。就回报而言，几乎没有投资种类能与之相比的，但保险的赔付款完全不能说是一种投资回报，因为它是以死亡作为代价的，这就是为什么会有这么高的倍数。但是就传承而言，死亡不是一种代价，因为没有死亡就没有传承，反正都要离开这个世界，只是早晚而已，那就让离开成为财富成倍增长的杠杆。

传承财富

保险在传承财富方面有以下几点优势：第一，隐私保护。因为保险赔付款在中国是合同指定传承，不是遗产，所以不走遗产继承程序，那就不用公开信息。这对于家庭情况比较复杂的企业主来讲可能非常重要，有时候信息的公开就意味着冲突的产生。第二，因为保险赔付款不是遗产，所以就不用做继承权公证，可由保险公司直接支付给受益人，这样就免去了办理继承权公证的不确定性，前面已详述，这里就不再重复了。第三，保险的分配功能也是非常重要的，尽管它远不如私人信托在分配中运作的空间。如果保险不与信托结合，也就是只用保险来做传承的话，是可以通过批注等形式对保险的赔付款做一定安排的。比如在批注中明确受益人在未成年时，赔付款由保险公司保管并投资生息，受益人成年后，保险公司根据其的各个阶段所需，进行相应的支付而不是一次性支付，以避免受益人挥霍或其他风险。但是正如前面指出的，就分配与传承的功能而言，私人信托才是终极工具，保险最重要的还是资产属性，所以保险跟信托的结合才能发挥最佳的效用。所谓的保险金信托其实还是私人信托，只是信托所持有的资产是保险而已。保险金信托在多数国家的具体操作如下：由信托设立人将现金汇入所设私人信托的账户，然后私人信托作为投保人支付保费给保险公司，保单通常以信托设立人为被保险人，私人信托作为受益人，将来保险公司会将赔付款支付给私人信托，信托中的受益人再按信托条款获益。但这个做法在中国目前是行不通的，因为中国的《保险法》并不允许非自然人做投保人（以企事业单位投保的团险除外），也就是说私人信托在中国不能做投保人，所以也就产生了我们称为"中国特色的保险金信托"。那么特色在哪里呢？第一种（可称为"第一代"）特色是信托设立人在购买保险的同时，签一份私人信托协议，明确将来的保险赔付款会进入私人信托，信托的受益人将按信托条款获益。也就是说，在保险赔付没有发生以前，所谓的私人信托并不是真正存在，这份私人信托的真正建立是以保险赔付款为前提条件的。这种做法实际上就传承来讲是较不确定的，但是已经比单纯的通过保单批注的方式有了质的进步。第二种（"第二代"）特色是在购买保险的同时，设立人不仅签私人信托协议，而且注入现金资产使信托实际设立，这就相对避免了传承安排不确定的弊病。现在更进一步有了第三种（"第三代"）特色，也就是在自然人作为投保人支付保费后，以后的保费可以直接由私人信托里的现金资产来支付，显然，这对客户来讲更便捷并且感受更好了。由此也可以看出中国的金融机构在当前的金融法规体制下的创新能力，同时也说明了中国高净值人群在财富传承方面越来越强烈的诉求，推动了金融机构的发展。

综合案例

最后，我们展示一个综合案例，作为对企商实务学习的理解与小结。

企业主家庭关系和企业公司持股情况如图 19.4 和图 19.5 所示。

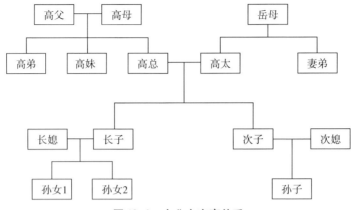

图 19.4　企业主家庭关系

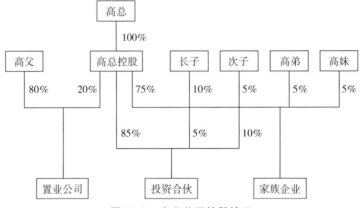

图 19.5　企业公司持股情况

注：①长子——家族企业负责人，次子——投资合伙企业实际负责人。

　　②家族企业估值为 10 亿元，投资合伙企业估值为 2 亿元，置业公司估值为 3 亿
　　元，高父代持 80% 的股份。

就传承而言，如果企业主什么都不准备，有何问题

1. 法定继承问题。

因为高总没有任何遗嘱，那么一旦高总离世，他名下的财产除夫妻共同所有分割给高太的 50% 之外，剩下的 50% 就会作为遗产按法定方式分配。企业主离世后财富分布如图 19.6 所示，其结果是：

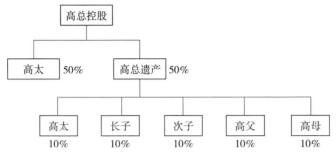

图 19.6 企业主离世后财富分布

（1）财富外流。

所谓财富外流，主要是高总父母将获得超过 4 亿元的财产
（3.38 亿元 + 0.98 亿元 = 4.36 亿元），占总资产的约 58%（4.36
亿元/7.5 亿元）。如果高总父母将所有财产都给了高总的弟弟和妹
妹，那就是巨额财富外流。再假设高太此后离世，她所持有的超
过 50% 的财产将有相当大的部分会由其父继承，最后其父又留给
儿子（高太的弟弟），那结果更是数亿财富外流到非血缘关系的外
人手里了。高父财富继承情况和高母财富继承情况如图 19.7 和图
19.8 所示。

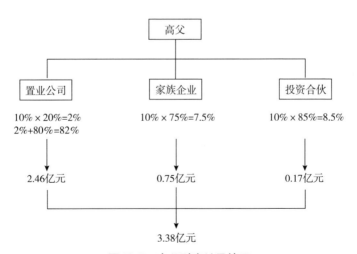

图 19.7 高父财富继承情况

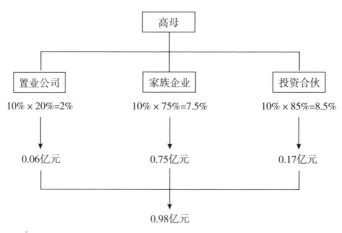

图 19.8　高母财富继承情况

（2）控股权丧失。

从高总长子已有 10% 的家族企业的股权和担任负责人的安排来看，高总应该是想让长子接班的。但在法定继承的情况下，长子最多获得 17.5% 的家族企业股权，如果高总父母将自己名下的 15% 的股权转给高总弟弟，高总弟弟就会有 20% 的股权，可见企业主原定的接班人不仅失去控股权，连大股东的地位都保不住。

（3）争产问题。

长子财富继承情况和次子财富继承情况如图 19.9 和图 19.10 所示。

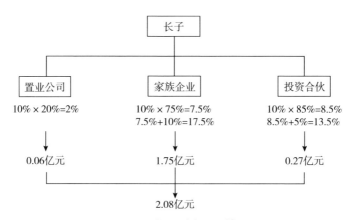

图 19.9　长子财富继承情况

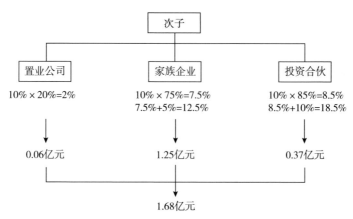

图 19.10　次子财富继承情况

长子要比次子多获得 4 000 万元的财产（2.08 亿元 − 1.68 亿元），也就是近 25% 的财富。尽管高总的初衷可能是让长子接班，所以生前已经给了长子更多的家族企业股权（长子 10%，次子 5%），而且对次子也有补偿（次子在投资合伙企业有更多的股权），但结果可能会使次子及其家人深感不公，为此争执的可能性极大。

2. 财富跨代继承问题。

从图 19.6 可以看到第三代没有任何继承份额，这是因为在继承法中第一顺位继承人只包含配偶、父母和子女。也就是说，第一代的企业主如果不做相应安排，财富就一次性分配完了。企业主如果对非第一顺位的继承人有给予资产的想法就没有机会实现了。在这个案例中，高总如果有传子不传女的想法，就应该对唯一的孙子（次子的儿子）做将来能获得家族企业的核心股权的相应安排，而不仅是从第二代的能力和兴趣的角度考虑了。那么，如果高总在家族企业的股权上对孙子有偏向和倾斜的话，如何补偿孙女（长子的两个女儿）就必须同时考虑了。

问题如何解决

1. 如何解决财富外流问题。

企业主对财富传承不做安排就是最坏的安排，因为不做安排的结果就是法定继承，所以我们也可以说法定继承是最坏的结果。所谓最坏的结果就是一定会造成财富外流，那么预先能做什么安排来避免财富外流呢？

（1）遗嘱。企业主在遗嘱中明确将财产分配给子女。

（2）保险。企业主购买人寿保险和年金险，以保险金直接赔付给受益人的方式指定传承给子女。

（3）私人信托。企业主设立私人信托，在信托文件中明确子女为信托持有财产的受益人。

2. 如何解决控股权丧失问题。

在前面的案例中，如果高总想让长子接家族企业的班，最好是在条件成熟时尽快将股权转到长子名下，因为即使在遗嘱中将大部分股权留给长子，但股权的继承在实际办理时要比其他资产的办理复杂，充满了不确定性，比如继承人的国籍身份、夫妻共同财产分割以及其他股东的配合度等。所以，家族企业的控股权通常要在企业主生前通过赠与和转让来保证，而不应该在继承中实现。在继承时，继承人可能不仅无法拥有继承权，而且会导致股权争夺的发生和争夺过程中的企业衰败。

3. 如何解决争产问题。

如果高总因为想让长子接班而给予长子更多家族企业的股权，那么就要考虑相对于次子所多给出的那部分股权的价值。而这部分的价值应该折算成具体金额以其他资产给予次子补偿。而补偿中用保险的方式是最可取的，因为只有通过保险才有可能既达到了补偿的效果，又保留了一定的控制权和变更的余地。

4. 跨代继承问题。

企业主如果要将一部分财富直接留给第三代，那就必须运用保险和私人信托的方式。因为无论是高总生前赠与还是身后通过遗嘱安排，当孙子女尚未成年时，这些财产都会由监护人掌控，也就等于把财富给了第二代，所以无法达到跨代传承的目的。而保险可以在受益人获得赔付款上做延后安排，比如受益人成年后才可领取，甚至为防止挥霍规定受益人在不同人生阶段分笔领取。至于再加一层私人信托的顶层架构，财富分配与传承的空间就更大了。假如高总有传子不传女的想法，可将企业股权放置在私人信托中，由孙子（次子的儿子）成为股权的受益人，而对于孙女（长子的两个女儿）的补偿可以通过保险来完成。

第五部分

问导法

大单成交

　　面对高净值客户能成交大单的前提是我们业务人员非常清楚地收集并获得有关客户的相关甚至所有有效信息，然后才能谈及提供解决方案。但是我们的业务人员碰到的第一个挑战就是如何辨别有效信息，在帮助高净值客户解决他们的财富管理问题时所需要的信息是与其拥有丰富的物质财富及相关法律、税务以及投资风险相关联，更与其人生愿望紧切相关，所以具备四商的专业知识自然是财富顾问辨别有效信息的基本功。这些有效信息可以分为两大类：一类是硬信息，另一类是软信息。

　　所有跟客户相关的财务信息和家庭信息都是硬信息。财务信息是指客户持有什么类型的资产以及这些资产的归属。我们在前面阐述过也归类过，资产主要分为金融资产（含保险类资产）、不动产（主要是房产）、股权和艺术收藏品，这些资产可能在不同家庭成员甚至是非家庭成员的名下。上述资产类别中最重要也最复杂的是股权，比如同样持有股权，持有60%的股权跟持有10%的股权差异是巨大的。假定被持有股权的这个企业价值2亿元，10%的股权的资产价值就是2 000万元，相对于企业总价值2亿元或者60%的股权即1.2亿元的资产来说自然有很大差异。而这不仅是资产价值的问题，更重要的还涉及企业的控制权和股东的地位等诸多方面。这些信息非常重要，直接决定了客户资产是应该做财富管理还是做理财规划，如果连信息都没有，解决方案也就无从谈起，切入点更是毫无可能达到客户的要求。同样持有股权，持有者可能并不是真正的所有者，也就是我们前面所谈到的代持，那么这个情况在法律上就会有较大的风险，所以谁是法律意义上的所有者至关重要。再比如房产，到底是自有产权还是共有产权，以及是否是夫妻共同财产，这都会影响财富安排，所以，这些毫无疑问都是核心信息。

硬信息的另一种是家庭信息。财务信息聚焦于"物"，而家庭信息则聚焦于"人"。比如家庭净资产价值 5 000 万元，那这个家庭是一个三口之家还是一个大家庭，是完全不同的，具有极大的差异。好比中国目前从个人报税转变为家庭综合报税的差异，个人报税跟自己以外的其他人都没有关联，但是综合报税背景下，同样的纳税人单身与有家庭有子女的负担是不一样的，报税的操作也就有很大差异。同样道理，家庭成员数目的多少也会带来财富安排上的差异。此外，家庭信息又有法律意义，特别是从财富管理的角度来谈及法定继承和分配的时候。我国的《继承法》规定法定继承涉及三代人，所以被继承人的父母是否健在就变得特别关键，被继承人有无兄弟姐妹也非常重要。如果被继承人没有兄弟姐妹，其父母继承的财产将来还是会传给被继承人的子女，即第二代的财富被第一代继承，后面仍然会传给第三代。但是如果被继承人有兄弟姐妹，其父母就有可能希望继承或多继承，因为想分给被继承人的兄弟姐妹，即第二代的财富被第一代继承，第一代希望分给第二代的兄弟姐妹，也就是第一代的其他子女。由此可见，家庭信息是非常重要的，而且家庭信息不仅局限在客户三口之家的家庭信息，还包括客户的兄弟姐妹以及父母的相关信息，即家庭信息要超越小家庭而达到大家庭的范围。而小家庭的信息其实也很不简单，子女是在国外还是国内生活，是否已经加入他国国籍，这跟财产的分配与转移息息相关。这些均是非常重要的硬信息。

有效信息的另一类是软信息，是指客户的观念、喜好、价值观等。软信息格外重要，甚至在某些时候起决定作用。因为当人获得财务自由的时候，财富安排都跟价值观相关，而不需要跟理财需求相关了，与生活的基本愿望也没有关系，所以我们做针对高净值客户的业务，最后的关注点就是价值观。通俗地讲，我们给客户安排有关死亡、医疗、养老等在财务上的补充未尝不可，但已经不是核心，客户自己完全有充分的能力去安排，因为没有缺口了。客户在财富管理上的核心是自己有生之年消费不完的资产如何转移与传承给后代。那么客户的观念是离世以后一切再无牵挂、均不在意，还是离世以后将创造的财富继续发挥价值并将自己的财富继续流传，是涉及完全不同的财富安排的。利用保险作为财富管理的工具的动力和力度是有巨大差异的，因为财富积累到了这个程度，所有的规划安排以及人与物或物与人的衔接都来自价值观。

无论是硬信息还是软信息，都是面对高净值人士达成大单成交的重要前提。获得的信息越充分准确，把握住客户命脉的可能性就越大，为客户提供的大单解决方案的达成概率也就越大。在实际情况中，这些信息往往是客户的重要私密信息，客户通常是不会主动告知的，而我们运用传统的聊天方式或直接询问的方式，通常也不会达到目的，也就没有任何机会切入主题了。所以，在清楚什么是有效信息后，我们就需要掌握如何来获取这些有效信息的方式。获取有效信息的最佳方式一定是以问话方式来进行的，而怎么提问是非常考验业务人员的功力的。除了要有四商的专业知识，还需要较高水平的提问技巧。关于大单成交的提问技巧，我们为金融机构想服务于高净值人群的业务人员开发了以提问题的方式来引导客户看到问题并寻求解决方法的顾问营销法——问导法。

问导法基于西方专门用于大单销售的技巧和工具——"大客户销售"的理论基础，结合国内金融保险行业的大单实务经验，源于实务高于实务，是一套运用前面阐述的"四商"知识的金融保险大单销售方法。问导法分为理论篇与案例篇，理论篇采用中华工商联合出版社出版的《销售巨人》一书中"大客户销售"的相关介绍及描述，案例篇则是作者从自身业务经验及辅导学员进行保险大单销售的过程中精挑细选的具有代表性的实际案例，将"大客户销售"的方法论以案例分析与具体话术的形式呈现，帮助读者直观理解问导法的使用方法。

第 20 章　问导法——理论篇

传统销售模式

在谈及问导法之前，我们先来看传统的销售模式，此模式基本可分为以下几个步骤。

1. 初步接触。

传统销售理论告诉我们开启交易的最有效的方法是找到自己的产品或服务能与客户发生关系的途径，并使对方知道这笔交易中他可以获利不少。这种开启交易的方法对于小单销售会很有效，但对于大单销售不仅不起作用而且会产生反效果。

2. 销售提问。

过去接受过销售培训的每个业务人员几乎都被告知提问技巧的重要性，而这些提问技巧基本都围绕话术，这些话术的提问技巧在小单销售中会起作用，但在大单销售中收效甚微。后面会讲述一种更有效的提问技巧，是通过对几千个成功销售案例的分析，以及对最优秀的销售人员实际操作过程仔细观察之后才总结出的行之有效的提问方法。

3. 产品特征与优点宣讲。

即使业务人员不太认可，传统销售培训也会让业务人员相信：介绍产品有什么特点可能为客户提供什么回报。而这种宣讲并不是真正从客户需求出发。这种方法在小单销售中可能效果不错，但在大单销售中往往收效甚微。后面会介绍一种新的告知对方可获利多少的方法，而这种方法是真正针对客户痛点的，也就是针对客户真正的利益所在，这种方法才会使大单销售有效。

4. 异议处理。

业务人员可能已经知道了在成功销售中如何处理异议是至关重要的一种技巧，并且业务人员也知晓标准的异议处理方法。例如，业务人员先弄清异议产生的原因，然后用一种可以想到的方式对原来的说法做相应变更，但不管怎么应对，太早给予客户解决方案甚至产品自然会有对付不尽的异议。这些处理异议的方法在小单销售中是有用的，但在大单销售中却收效甚微，甚至起相反的作用。优秀的销售人员应该"防患于未然"，而不是"亡羊补牢"。

5. 收场白技巧。

在小单销售中，所谓的促成技巧会大显身手，但是在大单销售中，如果你不改弦更张，那么只会痛失机会。许多平时很有益的促成技巧在大单销售中恰恰是不起作用的，因为高净值人群更有水平识破销售人员的用意，也对此更反感。

大单销售与小单销售完全不同。大单销售需要经历更长的时间，因此，客户的心理会在这段时间内发生变化；另外，大单销售的参与者众多，决策者并不是每次都出现。假设我是一个很出色的说服者，那么雄辩的口才会让客户不得不信服我的产品。类推，我在只需一个电话或者一次会面就可以搞定的小单销售中会游刃有余。原因很简单，付出的代价不高，决策不难，客户会被我的话语打动而对我的产品信任有加，业务自然也就手到擒来。但如果销售周期很长，即使我用尽了浑身解数也没有得到业务，我该怎么办呢？我们分开的第二天，我说过的话客户又能记住多少？在听过我流利的介绍后，客户能不能把所有的内容转述给真正做决定的人呢？

当然，为了尽可能规避上述问题带来的负面影响，很多业务人员会把精力更加集中在促成交易的动作上，以此来加大本次业务成交的可能性，常见的促成技巧有：

（1）选择型的收场白。例如，在客户做出购买决定之前，业务人员问道："您看是按照 30 万元保费的额度还是按照 50 万元保费的额度设计方案会更好一些?"

（2）最后通牒型的收场白。例如，业务人员说："如果现在您不决定，那就没办法参与我们这次对客户的高附加值回馈活动了，这样真的很可惜。"

（3）空白填单型的收场白。例如，即使客户没有表示决定购买的意愿，业务人员也可以先请客户在保单上填写客户的资料，说道："不妨我们先把基本资料填一下，这样后面您想好后只签字就可以，这样效率高。"

通过大量实务经验的总结，可以得出结论，如果不是自欺欺人的话，可以明显地感觉到一些客户对促成技巧的反感情绪，特别是企业主或专业买主等层次较高的客户，当我们使用促成技巧只是单纯地想要争取业务时，他们的反感情绪更加明显，结果反而会适得其反。

小单销售中，我们通过促成技巧施压使交易时间缩短，促使客户做决定，促成技巧推动了销售交易的进程。而在大单销售中，却万万不能这样做，这是一个很重要的认识。如果你的产品是低价值产品，有许多客户在等候你的服务或在等待你上门服务，那么交易过程越短，你能服务的客户就越多。但是，在大单销售中并不是如此。相对而言，大单销售需要你与客户相处尽量长的时间，而不是越短越好。在许多大单销售的过程中，我听到的最多的遗憾是业务人员没有与最终决策者相处足够长的时间。在大单销售中，我们从来没有听到哪个人说："我怎么才能缩短与决策者相处的时间呢?"由此，促成技巧可以提高低价值产品成交的概率，但会降低高价值商品和服务的成交概率。

总而言之，大的购买决策是由更精明的客户做出的。这些人可能经历过各种谈判、销售等场景，并且他们自己也很可能接受过销售训练。促成技巧只对经验不足的客户有效，而对于那些精明的客户没有太大作用甚至会起反作用，因为客户越专业越精明，对促成技巧就越反感。

问导法销售模式

销售会谈的步骤

大单销售与小单销售截然不同，我们也要用截然不同的销售技巧，问导法严格遵循以下几个步骤。

1. 初步接触。

初步接触是在正式业务开始前的热身阶段，包括自我介绍和怎样开始谈话。许多人都认为在交谈开始后客户就会形成一个重要的初步印象，而这对以后各个阶段会产生影响。第一印象虽然很重要，但很难对大单销售产生决定性的作用。

2. 提问引导。

几乎每一笔业务都要通过提问的方式获取有效信息，这样才可以帮助我们对客户有真正的了解。但是这些提问交流不仅仅是获得信息而已，更重要的是引导客户意识到问题的严重性而产生寻求解决方法的强烈意愿。在所有销售技巧中，提问引导可谓重中之重，在大单销售中更是如此。在大单销售中，每个业务人员往往都可以通过提高提问引导技巧提高成功率，这也是我们提炼出问导法的精华所在。

3. 能力证明。

在大多数销售过程中，业务人员都有必要向客户证明自己是值得他们付出的。很多时候，业务人员向客户销售的是一种解决问题的方法。在能力证明阶段，业务人员必须让客户知道自己是术业有专攻的，能提供给他们解决目前存在的问题的最好方法并有相应的配套产品，要让他们相信与自己合作会真正获益。

4. 晋级承诺。

成功销售应该以从客户那里得到承诺和接受而宣告结束。小单的成交通常表现为实际购买，但在大单成交以前，还需要客户一系列的承诺和认可。大单销售包括许多中间步骤，被称为"晋级"，每一次晋级都会使业务人员离成功更进一步。

销售会谈的 4 个阶段中，哪个环节更重要呢？小单销售中，晋级承诺这个阶段一定是最重要的，那些善于做好此阶段工作的业务人员，在小单销售时的确很成功，但在大单销售中这并不是核心所在。大单销售中提问引导才是最重要的，发现客户的需求不仅会使业务人员的销售效率更高（没有异议，只会接受）、效果更好（单子可能更多、更大），更重要的是业务人员从客户需求出发提供给客户的方案和产品对客户有真正的价值，通俗地讲，就是业务人员不仅卖了产品，而且卖对了。只有当业务人员与客户的关系从产品销售提升到财富管理这个层面时，关系才是持续的、有价值的，也才是真正的关系。客户从业务人员这里购买了产品对业务人员来讲重要的不是销售的成功，而是关系的开始。金融的需求是伴随每个人一生的，在不同的阶段，人们需要购买不同的金融产品，关系是购买发生的纽带。

客户需求的挖掘

客户存在需求的第一迹象是什么呢？他对现有状态 100% 地满意变成了 99.9%，再也不说绝对满意了。因此，需求的第一迹象是有轻微的不满足或不满意。比如客户原来对没有配置保险的家庭整体财务规划觉得很满意，没有感觉存在任何问题。但是从各种信息渠道听说很多关于家庭保障缺失带来的风险敞口等问题，让他觉得自己的家庭可能也存在这方面的问题，好像情况没有以前想象的那么完美。

接下来会有什么事情发生？最大的可能是客户在关注了上述信息后，逐渐发现原来人的健康和出行的意外风险很多时候都不是遵从人的主观愿望的，这样客户会觉得如果风险发生在自己身上，带来的收入中断会使他的家庭生活出现很大的问题，而这不仅是一个小小的令人不满的瑕疵了。就凭这一点，如果有人再向他介绍家庭的保障规划，他会认真听一听，了解一下，接受将会变得容易。

虽然客户感觉到了问题的存在，但即使有问题也并不意味着他就要购买保险。挖掘需求的最后一步就是将问题的严重性与迫切性转变成一个愿望、一种需要和一个要行动的企图。除非客户有要马上做家庭保障规划的强烈愿望，否则不会采取行动。当客户真的看到没有保障的严重性时，他就准备购买保险了。

因此，我们可以这样描述挖掘需求：

（1）从很小的缺点开始。

（2）自然而然地、逐渐地将缺点转变为很清晰的问题、困难或不满。

（3）最后变成愿望、需要或要行动的企图。

研究客户需求时，我们可以把需求分为两种类型：隐含需求和明确需求。

隐含需求是指客户对难点、困难、不满的陈述。比如："没有保障好像还真会有些麻烦"，"财富在子女之间分配不均的确可能会有点儿问题"，"法定继承原来这么讨厌啊"。明确需求是指客户对愿望和需求的具体陈述。比如："那我得赶紧把保障的问题解决了"，"我得先把财富分配好以免子女以后争产"，"我得做些安排不能等到法定继承这样的事情发生"。需求的两种类型如图 20.1 所示。

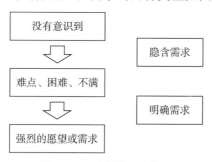

图 20.1　需求的两种类型

在大单销售中，隐含需求只是一个起点，成功的销售人员在挖掘需求过程中所用的各种方法才是最重要的。在大单销售中，销售人员发现的隐含需求的数量无关紧要，但在发现之后做了什么才是最关键的。如果仅仅发现隐含需求就急于提供解决方案或产品，对方马上会有异议，所以我们就必须处理异议，这也就是传统销售方法的无奈，效果往往不佳。因为任何一个决定购买商品的人都会平衡两个相对因素。一个因素是这次购买能够解决问题的紧迫程度，另一个因素是解决问题的成本。购买的价值公式如图 20.2 所示。

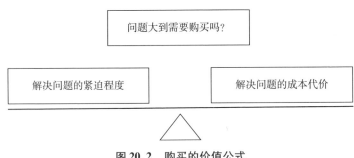

图 20.2 购买的价值公式

在图 20.3 的价值公式中，如果解决问题的紧迫程度超过了解决问题的成本代价，那这就是一个成功的销售案例。解决问题的紧迫程度大于解决问题的成本代价，销售问题就会迎刃而解。隐含需求对小单销售来说是准确的购买信号，客户被说服就有可能购买。与之相对应的是，在大单销售中，销售人员必须将隐含需求加大分量而成为明确需求，当解决问题的紧迫程度这一端的天平重于成本代价一端时，就出现了购买信号，这个时候才可以给客户提供解决方案，也可以说是火候到了。所以在大单销售中，提问的目的是挖掘客户的隐含需求并使之转化为明确需求。促成购买的价值天平如图 20.3 所示，不会购买的价值天平如图 20.4 所示。

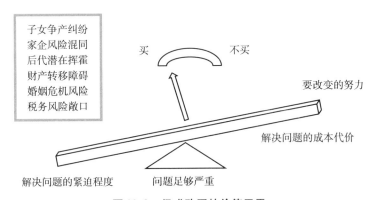

图 20.3 促成购买的价值天平

图 20.4 不会购买的价值天平

问导法提问引导阶段提问模式

背景问题

背景问题是有关客户现状的事实、信息及其背景数据，在大部分销售中都是基本的问题，特别是在销售过程的最初阶段会被更多提及，但是要注意：

1. 背景问题与销售成功没有太多积极的联系。在成功会谈中，销售人员提问的背景问题比在失败的会谈中少。

2. 缺乏经验的销售人员比那些有较多经验的销售人员提问的背景问题要多。

3. 背景问题是各种问题中最基本的一种，容易被滥用。成功的销售人员会提问较少的背景问题，但他们每问一个都会有偏重、有目的，或者说只问有关的背景问题。

4. 如果提问太多的背景问题，客户很快就会不耐烦。

提问太多的背景问题，客户很快就会不耐烦，因为一个繁忙的客户是不会从给业务人员提供详之又详的个人信息中得到满足和喜悦的，尤其是那些专业度较高的高净值客户。但这是不是意味着不能问背景问题呢？不是，没有背景问题同样无法与客户进一步沟通，成功的销售人员不是不提问背景问题，而是不提问没必要的背景问题。

难点问题

难点问题重点围绕难点、困难、不满来问，目的是确定客户的隐含需求，而且难点问题一定是用是或否来回答的封闭式问题，以此让客户来确定一个难点。

相对于背景问题而言，难点问题与成功销售的联系更紧密。然而在大单销售中，难点问题与销售成功的联系并不是很大，没有证据表明增加难点问题的提问次数可以提高大单销售的成功率。但是提问背景问题与难点问题的次数比例可以反映销售人员的经验情况，经验十足的销售人员提问难点问题的比例较高。

由此，客户用肯定的答复确定一个难点问题后，业务人员并不急着问其他的难点问题，而是继续研究已经确定的难点会给客户带来什么负面的影响。但同时，难点问题的出现也并不意味着大单销售的马上达成，这是因为隐含需求并不能在大单销售中预示成功。提问难点问题的目的是发掘隐含需求。所以，如果隐含需求在大单销售中不能预示成功，那么难点问题当然也不能预示成功。销售成功起源于隐含需求，难点问题在其中起不可取代的作用。

暗示问题

暗示问题重在扩大问题并提示问题带来的影响，使客户警觉问题的重要性和紧迫性。暗示问题的主要目的是把潜在客户认为很小的问题放大再放大，一直大到足以让潜在客户购买产品。我们通过一个例子来看成功的业务人员是如何在提出对策之前用暗示问题来提醒解决问题的迫切程度。

情景一：客户确认难点后，业务人员发现隐含需求，不提问暗示问题而直接提供解决方案。

财富顾问：（背景问题）高总，您这么大家业，资产都在您自己的名下吗？

客户：部分不在，老父亲名下有一些，儿女、弟弟、妹妹都有一些。

财富顾问：（背景问题）您对亲人有很全面的照顾啊，看来您是希望现在或者未来所有家人都能平均分享整个家族的财富？

客户：这倒不是，亲人嘛，都要照顾些，但大部分以后还是子女的。

财富顾问：（难点问题）哦，看来您还是希望财富能够血脉相承，但是很多资产在兄弟姐妹的名下，您觉得会不会存在财富外流的问题啊？

客户：有这个问题。但是我说给谁就给谁，不会流到外面的。

财富顾问：（提供解决方案）您说得对，但我们还是要未雨绸缪，我们的产品就能解决财富外流的这个问题，我说给您听听？

客户：这倒不用，我自己有安排。

客户心中的产品的价值天平（不买）如图 20.5 所示。

解决问题的成本代价　　　　　　　　解决问题的紧迫程度

图 20.5　客户心中的产品的价值天平（不买）

情景二：客户确认难点后，业务人员发现隐含需求，不马上提供解决方案而是提问暗示问题。

财富顾问：（背景问题）高总，您这么大家业，资产都在您自己的名下吗？

客户：部分不在，老父亲名下有一些，儿女、弟弟、妹妹都有一些。

财富顾问：（背景问题）您对亲人有很全面的照顾啊，看来您是希望现在或者未来所有家人都能平均分享整个家族的财富？

客户：这倒不是，亲人嘛，都要照顾些，但大部分以后还是子女的。

财富顾问：（难点问题）哦，看来您还是希望财富能够血脉相承，但是很多资产在兄弟姐妹名下，您觉得会不会存在财富外流的问题啊？

客户：有这个问题。但是我说给谁就给谁，不会流到外面的。

财富顾问：（暗示问题）当然，我们都希望最终能够按照您的意愿分配，但是您考虑过有什么情况会让结果事与愿违吗？

客户：有这种情况吗？以后我不在了，我明确说给我的子女，我的子女不就继承了？

财富顾问：（暗示问题）子女的确是继承人，除了子女外，您觉得还会不会有别的继承人？

客户：我太太？我父亲？我弟弟妹妹吗？

财富顾问：（暗示问题）按照我们国家《继承法》规定，涉及继承时，配偶先获得一半，因为是夫妻共同财产，法律上叫"析产"。另外一半才定义为遗产，由配偶、子女、父母平均分配。这样的话，您觉得哪种情况下可能导致您的财产被多个人继承？

客户：哦，也就是给我父亲，给我太太了。我太太有可能给她父亲。

财富顾问：（暗示问题）是的。您想想，给您父亲的财产，最终又会被谁继承呢？

客户：哦，那就是我弟弟妹妹了。

财富顾问：（暗示问题）是的。另外，您现在就有资产在兄弟姐妹名下，从法律上讲就是他们的，如果这么多财产给了子女以外的亲人，您觉得您能接受吗？

客户：当然不接受了，那能怎么办呢？

财富顾问：（需求—获益问题）如果我们能够提供一个解决方案，达到财富血脉相承的心愿和目的，也会适当照顾另外的亲人，您愿意了解一下吗？

客户心中的产品的价值天平（买）如图 20.6 所示。

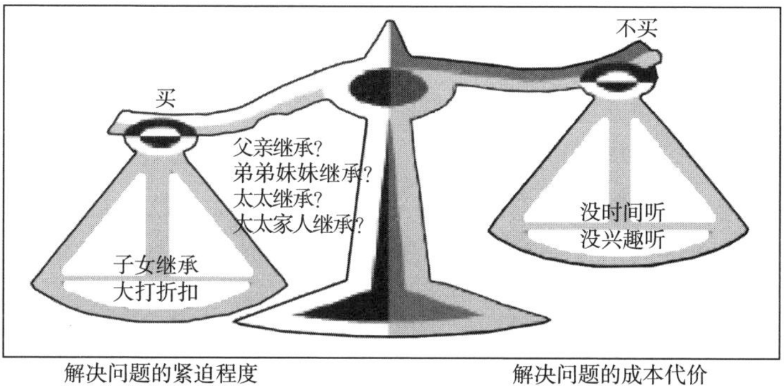

图 20.6　客户心中的产品的价值天平（买）

一个决策者的成功是通过直接、表面的问题看到隐藏在背后的影响和结果。也可以说，决策者要处理的是暗示问题。暗示语是决策者的语言，而高净值人士基本都是决策者，如果我们可以讲他们的语言，当然能更好地影响他们。

需求—获益问题

需求—获益问题重在告诉客户我们能为他提供带来利益的解决方案，鼓励客户进一步了解。需求—获益问题的吸引力是什么？它可以达到以下两个目的：

1. 它不是注重问题而是更注重对策。这样可以营造一种注重提供对策和行动方案的积极氛围，而不只看问题和困难。

2. 它使客户告诉我们他可以得到的利益。例如，"一个平衡好子女间利益分配的财富管理规划，您觉得会给您带来怎样的帮助？"这样的问题也许会得到类似于"这当然避免了后续的争夺财产问题，并且可以让该继承企业的继承企业，该享受财富的享受财富"这样的回答。

在大单销售中，我们试图解决的问题几乎总是由许多因素和原因组成的。因为我们不可能提供一种对策可以解决很复杂问题的所有方面，所以当我们提出可以完美地解决所有问题的方案时，这是很危险的，这样做的结果是邀请客户提出要解决的问题的所有方面或者客户根本就不信。另外，很少有精明的客户会期待解决方案是完美的，更确切地说，他们只想知道是否可以以合理的价格解决问题的最主要方面。

因此，销售人员如何做到即使不能解决问题的所有方面也能使得客户接受自己的对策并认为它是有价值的呢？这就是需求—获益问题大显身手的时候了。如果可以设法让客户告诉我们，哪一个对策对他来说最有帮助，那么我们也许不会再被拒绝。没有人喜欢别人告诉自己什么对自己有好处。如果客户被尊重，那么他们的反应会更积极。使用需求—效益问题，可以让客户解释我们提出的对策可以解决问题的哪一方面。这种方法不仅使我们的建议更容易被接受，而且促进了客户对建议的理解。

在小单销售中，成功依赖于怎样有效地使销售对象信服，但在大单销售中情况不尽相同。随着决策的不断增多，更多的人加入进来，这时销售成功可能并不只是依赖于我们怎样销售，而是取决于家庭成员之间是如何互相讲述的。在小单销售中，通常整个过程只有销售人员与客户。但在大单销售中通常有许多次交流，而交流者可能是丈夫也可能是妻子，总之他们回家还要交流，而我们没有机会参与。显然，许多大单的成交得益于我们不在场时的继续交流。因此，我们如果不仅能让自己面对的客户信服，而且还促使了他们去与相关决策者沟通，成功的概率自然提高了。

在大单销售中，销售的主要部分（甚至绝大部分）可能是我们不在时由我们的内部支持者来完成的。在客户代表我们去做内部销售时，需求—获益问题是有特殊的作用的。销售人员使用需求—获益问题可达到以下几个目的：

（1）客户的注意力集中于解决方案如何起作用，而不像之前的那些例子中只是注重产品。客户不可能对销售人员的产品了解很深以至于可以很令人信服地向其他人进行说明，但客户对自己的问题和需求非常了解。需求—获益问题针对最了解的问题，即客户自己的问题，还有我们提出的解决方案对他们会有怎样的帮助。当客户对其他人谈起我们的产品时，是站在需求的立场上，而不是只说产品本身，这就能很令人信服并且能最大限度地帮助我们。

（2）客户向其他人说明可以得到的利益。如果我们能使客户向我们说明所提供解决方案的价值，这对于他们将来向其他人说明是一个很好的练习。客户积极地描述价值比我们描述相同的内容而其他客户消极地听效果更好。

（3）当客户感觉他们的主意正是解决方案的一部分时，他们就会更加信任我们的产品并且对此充满热情。这是当我们不在现场时，客户为销售人员销售产品时所需的最好心态。

总的来说，需求—获益问题注重解决方案而不是问题本身，这些问题使客户告诉我们他可以得到的利益，所以非常重要。需求—获益问题在大单销售中也是特别有利的销售工具，因为它增加了解决方案被接受的可能性。同样重要的是，在大单销售中，我们可以成功依赖客户进行内部销售。需求—获益问题是训练客户的最好方法，这样，客户可以替我们做出说明而使别人信服。

问导法提问顺序

我们回顾问导法的提问顺序，观察它的用途，最重要的不是把它看作一个僵化的公式，而是把这种模式看作成功的销售人员探索客户需求的大体思路，把它当作一种指导方针。

我们再通过一个案例来展现问导法的全景：

财富顾问：（背景问题）高总，您刚刚提到家族在美国的投资公司由女儿负责，中国人在美国工作已经很不容易了，更何况管理一家公司，她怎么做到的呢？

客户：她很优秀，已经加入美国籍了，很适应那边了。

财富顾问：（背景问题）看来是位女强人啊，在美国很多女性作为全职太太全身心照顾家人都不容易，您女儿要兼顾投资公司和家庭，她一定是事业家庭双丰收吧？

客户：呵呵，有苦自知吧，她把太多精力放在公司了，她和丈夫的感情不是很好，不过也没办法。

财富顾问：（难点问题）做父母的希望子女一切都好，所以常会从关心子女的角度未雨绸缪。如果您女儿的婚姻出现问题，您会担心外人分走您给女儿的钱吗？

客户：这当然喽，这个女婿我原来也不太喜欢。

财富顾问：（暗示问题）那这样的话，您觉得什么财产会有流失的风险呢？

客户：那就不仅是我女儿的钱了，还有她在公司的股权。

财富顾问：（暗示问题）感觉好像您对股权更在意啊？

客户：这当然，股权不能流入外人手里。

财富顾问：（暗示问题）股权流入外人手里会怎么样呢？

客户：那会非常麻烦的，比如签字、做决策，有其他股东不好办的。

财富顾问：（暗示问题）长辈确实无法左右子女的婚姻，我看您真是挺担心的，您有什么应对方法吗？

客户：当然想过，但不知道怎么办，真是挺复杂的。

财富顾问：（需求—获益问题）确实是这样，婚姻结果无人能控制，特别是现在这个年代。但对于像您这样的家庭来讲，婚姻结果又会特别影响您一生努力奋斗所获得的财富。如果我们能预先做些准备，不管子女婚姻结果如何，财富都会留在您所关心的人手里，您有兴趣听一下吗？

客户：你的意思是要预先做安排，离婚时再做不行吗？

财富顾问：（需求—获益问题）真到离婚的时候做什么都被动了，财产谁都会据理力争的，或者更准确点儿讲是据"法"力争的。一用法就撕破脸了，什么都不好办了。懂法不用法，高总，您说是不是高明得多？

客户：有道理，你的意思是我们可以根据离婚的法律规定预先避开不好的后果，以后也不用打官司。

财富顾问：（需求—获益问题）高总，您太厉害了，一点就通。是的，我们可以做很多现在不影响婚姻，甚至帮助婚姻，但将来万一婚姻破裂也不影响财富的安排。我给您介绍介绍？

客户：好啊，说来听听。

总的来说，成功的销售人员应该使用下列提问顺序：

1. 提问背景问题获得一系列背景资料，但并不过多地提问背景问题，只提问我们前面阐述过的与有效信息相关的背景问题。

2. 快速转入难点问题，以求发现问题、困难和不满。通过提问难点问题，发现客户的隐含需求。

3. 在小单销售中，发现隐含需求后提供解决问题的方案可能是很合适的，但在成功的大单销售中，销售人员会乘胜追击，开始提问暗示问题，使隐含需求更大、更迫切而成为明确需求。

一旦客户认同问题已经严重到必须要采取合理的行动时，成功的销售人员就会提问需求—获益问题，以便鼓励客户注重解决方案并且描绘解决方案可以带来的利益。

以上就是问导法的提问顺序。

问导法提问顺序如图 20.7 所示。

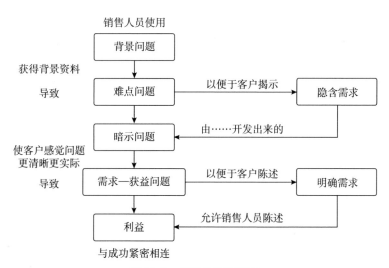

图 20.7　问导法提问顺序

问导法销售会谈其余步骤

问导法着眼于大单销售，而销售有 4 个步骤，问导法把重点放在了第二个步骤。销售步骤如图 20.8 所示。

图 20.8　销售步骤

前面我们着重阐述了最重要的提问引导阶段，下面我们来学习其余 3 个阶段的核心内容。

初步接触

传统销售流程中主要通过以下两种方式开始销售会谈：

1. 与个人生活相关的开场白。比如销售人员看到客户桌子上有家人的照片，就顺势开启家庭话题；看到客户办公室里摆放了茶具，就谈论一下茶道。

2. 利益陈述式开场白。销售人员直接以产品所能带来的利益（实际不是利益，我们认为与客户需求不匹配的是特征和优点而已）开始陈述。比如可以说："我们最新推出的产品就是满足您这样高净值客户的财富保全和传承需求的。"

上述方式在小单销售会谈开启时也许是有效的选择，但是面对大单的潜在客户，这些没有多大帮助，而且往往会让客户觉得这是浪费时间。那什么是开始会谈的最好方式呢？首先要明确会谈初步接触阶段的目标，开场白的目的是什么。

聚焦于目标

简单地说，销售人员所做的一切都是想办法令客户满意，使会谈可以发展至下一个阶段即提问引导阶段，进而让客户认同提问是合理的。为了达到这个目的，我们必须确定：

1. 我是谁。

2. 我为什么会在这儿。

3. 我问他问题是合理的。

最好的开场白应该是让客户同意我们问的问题，这样的开场白可以避免陷入谈论产品和服务细节的尴尬境地。在会谈的初步接触阶段，要确立我们是信息的猎取者，而客户是信息的提供者。

使初步接触阶段收到好的效果

初步接触阶段在大单销售中并不具有举足轻重的作用，但客户通过此阶段可以愉悦地接受提问并使会谈顺利进行。如果销售人员做得很好，那么客户就很可能接受他（她）了。初步接触阶段要收到好的效果，应注意以下 3 点：

1. 迅速切入生意正题。

销售人员要明确不要浪费时间，因为初步接触对销售人员和客户来说都不是最能产生经济价值的阶段。通常的一个错误，特别是没经验的销售人员常犯的一个错误是花费太多的时间说一些无关紧要的话，使谈正题的时间少了，结果在销售人员刚刚提到关键点时不得不被客户打断。如果发现会谈比预定的时间长了，那销售人员就应该问问自己是不是迅速切入了正题。不要认为太快切入正题会冒犯客户，因为客户只会觉得销售人员在无关话题上占用了太多时间，而不会抱怨你切入正题太快。

2. 不要太早说出解决方案。

在销售中最常见的一个错误是会谈中太早提出解决方案和展现实力。前面我们提及过，太早提出解决方案会引出客户的异议并且大大降低了销售成功的可能性。销售人员要反思在会谈前半部分有多少时间在介绍产品、服务和解决方案。如果这些情况时常发生，那么这可能是没能有效处理初步接触阶段的一个迹象。如果在会谈中是客户不停地问问题，而销售人员不过是提供事实和解释，那么销售人员很可能在初步接触阶段未能确立起提问者的地位。销售人员要反问一下自己，会谈开场白是否确立了可以问问题的地位。如果没有达到这个目的，要改变开启销售会谈的方式，以便于客户在得到解决方案之前接受提问。

3. 注重更关键的阶段。

销售人员不要忘记初步接触阶段不是会谈的最重要部分，不需要在担心怎样开场的问题上浪费时间，而应该将更多时间用于准备一些更有效的提问上。

能力证明

能力证明阶段无论在传统的销售流程中还是问导法的销售流程中，都是不可或缺的一个步骤。在提问引导结束后，向客户提供涉及解决方案信息的环节必然到来。但传统的销售流程中，描述产品和服务的两种方法通常是说明特征和优点。产品的特征只是一种中性的事实，过多的描述不一定有说服力。进一步发掘优点，即证实产品的特征可以帮助客户，却是描述产品时一种有说服力的方式。特征对销售只起很小的作用，优点比特征更有作用。

多数销售人员是将产品的优点当成利益陈述给客户的，其实产品有多好与客户是无关的，销售人员都明白合适的才是最好的这个道理。与客户相关的才可称利益，利益是从客户出发的，优点和特征都只是与产品相关，与销售人员相关。所以，单纯的特征和优点陈述也就自然不能打动客户。以下通过保险这类产品举例说明特征、优点和利益的区别。

特征：保险产品涉及多个当事人，包括投保人、被保险人、受益人。

优点：保险产品因涉及多个当事人，尤其有受益人的选择，因此可以实现财产权。在不同当事人之间的转换和安排，能在某种程度上起到债务隔离、财富保全、指定传承等财富管理的有效规划。

利益：客户经营的企业尚处发展期，难免因为资金的安排或身份混同等原因做出一些具有"无限责任"属性的安排，使得家庭也暴露在企业风险敞口内，由此需要一些特殊安排，比如建立家企之间的财富防火墙。一些客户家庭成员较多，涉及多个子女的传承，而各个子女禀赋不同，在客户心中地位也有差异，由此子女有接班家族企业、承接物质财富、独立自主生存等多个生活工作状态，所以，客户需要借助多种财富管理工具对整体传承规划做出安排。

从举例可以看出，聚焦大单成交的客户面谈，销售人员首先要做的是收集客户的有效信息，然后从中得知客户的需求，最后才能提供解决方案。而通过整体销售流程的提问引导得知客户的需求后，我们马上要做的是与客户达成共识，基于需求做出相关安排，即客户对"利益"的真正认可，而非马上进行对"特征"或"优点"的推销式陈述，这样才不会适得其反。简而言之，客户有传承安排的需求，满足这个需求的是"利益"，而此时实现家企风险隔离的这个"优点"则没有太大的意义。产品或服务的特征、优点和利益的区别见表20.1。

表20.1　产品或服务的特征、优点和利益的区别

项目	定义	影响	
		小单销售	大单销售
特征	描述事实、数据等产品特点	轻微正面	轻微负面
优点	表明产品或服务或它们的特征；如何使用或如何帮助客户	正面	轻微正面
利益	表明产品或服务如何满足客户表达出来的明确需求	极其正面	极其正面

有效地证明能力

在大单销售中，销售人员有效地进行能力证明要注意3点：

1. 在销售会谈中，销售人员不要过早地进行能力证明。

在小单销售中，销售人员可先发现问题然后直接说明产品的优点，但这在大单销售中这样做收效甚微。在大单销售中，销售人员发现明确需求非常重要，在提供解决方案之前通过暗示问题和需求—获益问题发现明确需求。过早证明能力在大单销售中是一个常见的错误，这样做会使事情变得更糟，原因是许多客户在没有提供

任何需求信息之前就鼓励销售人员说出解决方案。

2. 慎用优点陈述。

因为大部分销售培训用的都是适用于小单销售的例子，所以势必会鼓励销售人员在销售中做优点陈述。销售人员做这种陈述时所用的术语被他们称为"利益"，这就使这个问题更难懂了。不要让以前的销售培训误导了你。在大单销售中，有利的陈述是可以满足明确需求的那些利益。如果没有发现什么可以满足那些明确需求，那就不要自欺欺人地想已经提供了很多利益。

3. 慎重对待新产品销售。

销售人员在销售新产品时都会较多地介绍产品的特征和优点。对于任何新产品来说，客户要提问的一个问题应该是"它能解决什么问题？"当销售人员明白了它能解决的问题之后，才可以设计大客户问题去挖掘明确需求。

能力证明中的异议防范

技巧熟练的销售人员收到的异议要少一些，因为他们已经学会了异议的防范而不是处理，特征、优点和利益中的每一个都可以使客户有不同的行为反应。大部分客户对特征、优点和利益的可能反应见表20.2。

表20.2　大部分客户对特征、优点和利益的可能反应

提供的项目	大部分客户的可能反应
特征	价格异议
优点	价值异议
利益	支持或证明

小单销售使销售人员形成了频繁使用特征陈述的习惯，特征陈述加强了客户的价格敏感度，因为小单定价较低，所以某种程度上价格会推动销售成功。在大单销售过程中，特征陈述加强了客户的价格敏感度但大单涉及的资金额度很高，就会使客户产生极大的价

格异议。而在销售面谈中，建立起真正需求之前就提供解决方案，即挖掘出的隐含需求还没有转化为明确需求，就使客户觉得这个问题并没有足够的价值使用如此昂贵的方法解决。所以，当销售人员给出一个优点时，客户就提出一个价值异议。

在大单销售中，旧的异议处理策略不如异议防范策略成功。异议防范策略就是销售人员在提出解决方案之前先用暗示问题和需求—获益问题挖掘客户的隐含需求。异议处理和异议防范对比如图20.9所示。

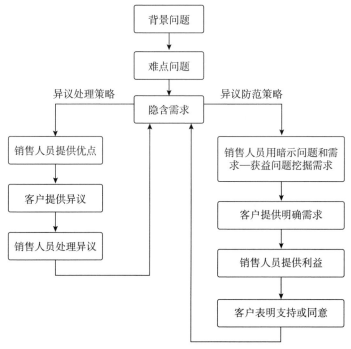

图20.9 异议处理和异议防范对比

晋级承诺

大单销售中的每一次拜访客户都有好结果的秘诀是：销售人员无情地为自己设定目标。不要仅仅满足于如"收集信息"和"建立良好关系"等泛泛的目标，当然，这些的确是很重要的目标，毕竟每一次拜访客户都会提供收集信息和增进关系的机会。问题在于，仅仅有这种类型的目标并不够，它们会导致销售暂时中断而没有进展，它们还有可能使销售人员以达到错误的目标而结束销售。无论拜访目标定得有多好，销售人员仍然要努力去争取客户的晋级承诺，因为没有销售进展，没有客户的晋级承诺，就是销售不成功。晋级承诺可以表现为：

1. 客户同意参加销售人员的一次互动活动。

2. 客户有让销售人员见更高一级决策者的余地。

3. 客户同意进一步深入交流未完的话题。

4. 客户部分接受原来根本不接受的预算。

我们来看获得晋级承诺的 4 个办法：

（1）成功的销售人员会很注重提问引导和能力证明。成功的销售人员把主要的注意力放在提问引导和能力证明阶段，而且会花更多的时间在提问引导阶段，而不成功的销售人员对此阶段总是一带而过。

（2）成功的销售人员会检查关键点是否都已经包括了。大单销售中，产品与客户的需求相对复杂，客户可能会混淆或怀疑，而此时重要的是询问客户是否还有深层次的问题或其他问题需要说明。

（3）成功的销售人员会总结利益点。大单销售中，成功的销售人员在做决策之前，把所有的关键点聚集在一起是一个非常有效的方法，因此要总结关键点，特别是对利益点的总结。

（4）成功的销售人员会提出一个承诺。成功的销售人员会与客户明确下一步推进的具体事宜，但是会保证这个承诺使整体面谈有所进展，并且是客户能力范围以内的。

总之，决策越重要，人们对压力就越有消极的抵制心理，因此，决策越重要，促成技巧的有效性就越差，取而代之的应该是可以使得销售进一步推进的某种晋级承诺。

第21章　问导法——案例篇

主题一：财富传承规划

简要背景信息

1. 男性客户，年龄 50 岁，妻子 51 岁，夫妻感情较好，且均为中国国籍。

2. 两个孩子，儿子 15 岁，女儿 12 岁，均为新西兰国籍，目前在国内上学，以后有送出国深造的打算。

3. 客户名下有多家公司，通过相应的股权安排，均有掌控权，生意涉及多个领域，包括高新科技、房地产和实业投资等。

核心需求分析

1. 个人及家庭财富保全规划——所得税梳理。

面对当前经济下行与通缩，企业结构调整，收入分配制度、财税体制改革等一系列复杂的经济政治环境，高净值客户迫切需要做好财富的保全，避免落入财富缩水的陷阱。而在做财富保全规划和资产配置之前，高净值客户需要先进行资产梳理，将需要保全的资产阳光化，即能够清楚地说明来源，资产有据可查；如果更加谨慎一点儿的话，高净值客户可以尽量用税后资产进行资产保全规划，确保万无一失。

2. 企业资产和个人资产、家庭资产的混同。

很多企业家视企业为自己的第二生命，往往不自觉地将企业看作自己的私人财富，需要的时候，自己的财富也可以成为企业的，却忽视了风险也会因此而牵连个人和家庭。所以在做财富规划时，企业家应先清楚企业、个人及家庭的区别，将个人及家庭的财富从企业剥离，进而保全。

企业家需要提升对个人及家庭资产的保护意识和能力，未雨绸缪，尽早对家庭、个人资产与企业资产进行划分与隔离，把一部分资产单独隔离和管理，稳健运作，成为"隐秘的核心实力"。一旦企业或者家庭财富遭遇风险，该部分资产能够得以保全，不会被冻结、被要求偿债或者被没收，除了能够维持家庭以往的高品质生活，还能成为未来东山再起的资源，是一笔"埋在地下的财富"。

3. 财富传承风险。

对于两个子女而言，未来的传承能否做到公平合理，不引发兄妹纠纷是个未知。企业的传承可能需要集中将股权给一方，确保其对企业的控制权，而给予另一方一定的现金或者其他资产补偿。在股权传承的过程中，可能会涉及公司控制权的争夺，需要回购小股东的股份等，这些都需要企业家为下一代做足够的现金流准备。

资产传承、移转的成本如何降低？是否会面临高额的税务成本？能否确保客户将名下资产按照意愿给想要给的人，这个过程是否会受到人为的干扰呢？下面用案例来解决这些问题。

问导法运用

财富顾问：（背景问题）您这份庞大的家业最终要传给两个孩子吧？

客户：当然啊，总归是给子女。

财富顾问：（难点问题）那怎么分配给两个孩子呢？给谁多给谁少，或者给谁什么不给谁什么，好权衡吗？

客户：这倒不那么简单，不大好平衡，不行就平均分吧。

财富顾问：（暗示问题）嗯，其他形式的资产倒还好说，就是怎么分的问题。关键是您的财富大多以公司股权的形式存在，您觉得股权的分配会对您家族财富的延续有多大影响呢？

客户：这个影响大了，谁接股权就接了整个家。不过两个孩子还小，考虑这个还早。

财富顾问：（暗示问题）如果是普通人，考虑孩子上学找工作就可以了，但您的情况涉及财富的传承，肯定要未雨绸缪，预先规划。尤其股权的传承也就是企业的传承，要想企业持续繁荣，继承人必须得有意愿且具备能力，否则您想想会怎么样呢？

客户：意愿和能力如果有问题肯定搞不好了，这个不用说。

财富顾问：（暗示问题）是啊，如果后面传给子女的企业搞不好，这有多严重呢？

客户：那企业可能就衰败了。

财富顾问：（暗示问题）所以啊，意愿也好能力也好，不是到时简单判断一下就可以的，很多意识要从小培养的，也就是要言传身教。您觉得有没有必要提前考虑？

客户：还真是，其实我也想过这个问题，我儿子的确可以好好打造打造。

财富顾问：（暗示问题）嗯，我们也都清楚，股权肯定是要相对集中传承的，这关系到家族企业的控制权问题。但是没有给股权的女儿也不能亏了她，如果平衡不好，您觉得会有什么问题吗？

客户：兄妹闹不愉快，这不行，而且我很疼女儿的，不能亏了她。

财富顾问：（需求—获益问题）您看我们沟通得这么透彻，说白了还是希望您创造的财富能够价值永存。如果我们有一个解决思路，既能将财富传给子女，又能保证家族企业的持续繁荣，同时还能平衡好子女之间的关系，不至于因为分配而产生问题，您愿意听听吗？

解决方案建议

财富传承首先要避免的就是法定继承，该客户是否有健在的父母、兄弟姐妹等信息不详，有的话，均可造成财富外流的潜在风险。同时，其名下各个公司是否有其他股东不详，如有，由法定继承造成的股权旁落，会给公司带来负面影响，这也是外部股东所不能接受的。

其次，由于子女均是外国国籍，公司股权的传承还涉及外籍人士是否能成为中资公司股东的问题。目前存在个例，从资本来源国的角度出发，可以在不变更公司属性为中外合资的前提下使外籍人士成为公司股东，但具体操作过程中，实际程序仍然存在变数。

总之，为了家族企业的持续繁荣及其控制权，股权可集中传承给儿子。同时，给予女儿其他形式资产以作补偿，避免争产。这就要首选大额保单，以父亲或母亲为被保险人，以女儿为受益人，做大额寿险规划。考虑到儿子国籍身份对股权继承带来的变数，也需要同样操作，以儿子为受益人，做大额寿险规划。

主题二：家族企业风险隔离

简要背景信息

1. 男性客户，年龄 45 岁，妻子在国企上班，有稳定的收入；有一女儿就读国际学校，将来打算出国读书。

2. 客户在一家医疗器械公司任高管，年收入超过 100 万元；另外与朋友在外省共同经营一家同行业公司，客户绝对控股，但公司有贷款并由个人担保；公司起步较好，成长较快，客户每年分红所得超过 100 万元。

3. 客户注意力和资金聚焦于自己公司的生意，由于公司处于成长阶段，每年再投入的资金比较多。

核心需求分析

1. 企业风险隔离规划。

客户企业尚处于初创期，虽发展潜力很大，但不排除未来会有一定的经营风险以及对于现金流的需求。一旦企业发生危机，而企业负债有个人担保，私人资产因未被依法隔离而被穿透，将无条件用于承担所有企业债务和风险。

2. 子女教育规划需求。

客户家庭主要收入来源于客户自己，从已有信息看，现阶段客户家庭的收入和支出十分正常，主要的支出在于孩子的教育，未来孩子如果出国读书，这方面支出将会大幅增加，所以客户需要提前用安全稳妥的方式，为孩子储蓄一笔专款专用的教育金。

3. 家庭风险隔离规划。

客户作为家庭的主要收入创造者，是家庭的顶梁柱，所以一旦客户面临风险，将对家庭造成无可挽回的损失，继而影响未来家庭成员的生活品质以及子女教育的质量。

问导法运用

财富顾问：（背景问题）听说今年国家对医疗器械行业的政策支持依旧强劲，您会加大投资吧？

客户：是的，趁着东风赶紧加速。

财富顾问：（难点问题）我听说目前大部分三甲医院中的国外设备占大比例，医疗器械市场整体呈"高端进不去，低端互相打"的局面，这种竞争难免会使市场变幻莫测，您会担心公司的业务出现波动吗？

客户：业务确实不是很稳定，公司起步不久，也是难免的。

财富顾问：（暗示问题）是啊，那些上市公司的股票都因为业务好坏而波动，何况中小企业呢？如果公司后期真的碰到业务不理想的情况，支出又需要现金流，您觉得您会有哪些应对呢？

客户：我上班收入还可以，就算碰到这种情况，自己的钱往里贴，还是可以撑一撑的。

财富顾问：（暗示问题）是啊，这么有前景的公司是不能让它倒的，这的确是多数小微企业的状态。那您觉得这样会对家庭有什么潜在影响吗？

客户：你是说家里跟着我一起担风险？

财富顾问：（暗示问题）您拼尽全力肯定也是为了提高家里以后的生活品质，相信家里也一定会支持您，这是毋庸置疑的。但您毕竟不是二三十岁的年轻人毫无后顾之忧，有一大家子，以后小孩还要出国，所需费用会比在国内要高很多。在您心目中，家人的生活与教育品质有多重要呢？

客户：那太重要了，创办公司还不是为了家人的生活能过得更好吗？

财富顾问：（暗示问题）办公司有风险，大家都知道，但风险高回报也高，我相信您一定能成功。只是在这一过程中，平衡公司与家庭不容易做到，家里不受影响，您觉得是否至关重要？

客户：当然，我应该将家庭和公司隔离开来，有什么好的办法吗？

财富顾问：（需求—获益问题）是有一些方法的，做好了可攻可守。比如您可以对小孩的教育费用和个人的人生风险做好预先安排，保证将来公司万一出现问题，都不会影响您给家人提供的生活品质，您想具体了解一下吗？

解决方案建议

客户应该在企业经营良好、赢利不错的时候，及时分配利润，并且依法纳税，税后收入作为个人收入转为个人和家庭资产，一定程度上与企业风险隔离。销售人员应建议客户购买终身寿险，作为风险准备金，做好万无一失的风险防范。这样利用杠杆功能，既能保证对家庭的妥善安排，使自己无后顾之忧，又能使自己依然投入公司做好事业。

按照客户对孩子的教育规划，未来会有较大的教育方面的开支，所以客户需要提前用安全稳妥的方式，为孩子储蓄一笔专款专用的教育金。客户可以为孩子购买年金险，提前准备好没有风险的生活金，这样做家庭可以不因企业经营不稳定而面临资金短缺的困境。

以上所有规划，基于客户对于未来赚钱的信心。客户可以将终身寿险的缴费期拉长，建立风险保障高杠杆；也可以将教育金的缴费期缩短，尽早实现生前财产的转移和隔离，这样更能体现保险规划的价值，提高资金的利用效率。

主题三：婚姻风险规划

简要背景信息

1. 富二代女性客户，夫妻感情一般。

2. 客户父母是企业主，企业净资产过亿元。男方是专业人士，已持有美国绿卡，客户也在申请中。

3. 客户有兄弟姐妹，且家族财富主要掌握在父母手中。

4. 客户父母对客户的婚姻感到担忧，担心男方对家族财富有所图。

核心需求分析

1. 家族企业股权结构梳理。

首先，有代际传承的家族企业应该考虑，二代成员是否已持股、持多少股，以及是否进入管理层；其次，家族企业应该考虑股权的安全性，通常会从"股权转让""股权代持""股权质押"等法律角度衡量与考虑。

2. 婚姻资产规划。

由于客户有较大规模的家族企业，而且还有兄弟姐妹，所以婚姻状况关系到较大的经济及家族利益问题。客户父母也意识到未来婚姻变数所带来的对家族财富的潜在风险。

问导法运用

财富顾问：（背景问题）你们家是做企业的，这么有钱？

客户：我父亲的公司做得蛮大的，我老公家就是工薪阶层。

财富顾问：（背景问题）那你们家肯定是你说了算吧？

客户：哪有啊，我结婚时爸爸就送了我一套房子，我老公挺不满意的，感觉我们家给太少了。

财富顾问：（背景问题）我知道您有个哥哥，不过毕竟您是唯一的女儿，您父亲肯定不会亏待您的。

客户：我爸是不会的，但他不是特别放心我老公，怕他看上我们家的钱。

财富顾问：（难点问题）父母都是为子女着想，尤其您还是女孩子，娘家人自然要保护您。如果万一婚姻发生问题，您觉得您父母的担忧有道理吗？

客户：还是有道理的，我也觉得我老公把钱看得太重了，我们最近闹得也不是很愉快。所以，我爸现在不给我大笔家产，我也觉得没什么，钱够花就行了，心里也踏实。

财富顾问：（暗示问题）这倒也是。但有一种情况叫被动资产转移，您听说过吗？

客户：被动资产转移？

财富顾问：（暗示问题）也就是万一有一天您父亲不在了，您自然就会有大笔财产继承，您继承的财产有可能就是夫妻共同财产。如果这种情况发生，您会觉得有什么不妥吗？

客户：好像是有点儿问题，到时我不愿意他分我爸的钱，是不是不行？

财富顾问：（暗示问题）是的，不太好办。看来您对这方面还是有自己的想法的，您父亲可能更不能接受财产外流吧？

客户：我爸这辈子辛苦打拼就是为了我们兄妹俩，他的企业更是他的命根子。他如果想到外人可能拿走他的财产，肯定觉都睡不好了。

财富顾问：（需求—获益问题）我感觉到您父亲在您心目中分量很重，而且您也对未来婚姻中的财产风险有担忧。但最重要的还是您父亲要做相应的安排，可以既不影响您的婚姻和谐又预防可能会出现的财产流失。您觉得我和您父亲见个面，可以吗？

解决方案建议

双方家庭核心财富掌握在上一辈手中，具体如何传承、分配尚未知，但关键仍为父母的意愿。双方父母需要提前考虑未来整体资产传承的规划，尤其应重点考虑股权。此外，未来一旦发生股权争夺或者公司经营出现问题，股权代表的财富控制权会成为关键要素。

同时，为避免婚姻风险带来的财富流失，可以婚内家事协议作为相关约定，但须平衡各方感受。作为简单高效的替代工具，客户可选择年金险或终身寿险。终身寿险由客户父母为自己投保，指定客户作为受益人；年金险由客户父母为客户投保，客户作为被保险人，客户父母作为身故受益人，保证财富在血脉中传承。

主题四：税务风险规划

简要背景信息

1. 男性客户，45 岁，已婚，有 3 个孩子，夫妻感情和睦。

2. 夫妻俩共同经营一家外贸公司，客户在公司占主导地位，但双方均有兄弟姐妹在公司供职，公司目前正在快速上升阶段，赢利状况良好。

3. 客户在中国香港有注册公司，业务发展到欧洲与北美洲，客户意识到可能存在税务风险。

4. 客户有两套房子，价值数千万元，且手中有一定的现金流。

核心需求分析

1. 客户的人身风险与家企混同风险。

客户是家族财富的主要创造者，也是公司最核心价值的创造者。只要客户在，公司就能正常经营，其父母的养老、子女的教育、未来全家的生活品质都有保障。客户家族的部分成员参与公司经营，家族与公司混同，非常复杂，家族产生纠纷又是高概率事件。一旦有家族纠纷，家族企业会受巨大影响，企业价值就有可能大幅降低，由此客户留给家庭的资产则会大大缩水，未来甚至无法给家庭带来持续的收入。

2. 税务风险。

该客户在中国内地经营对外贸易业务，经营主体和经营管理都在内地，税务责任地无疑是内地。同时，客户在香港有注册公司，既然已感到有税务风险，那么客户在欧美的外贸生意的收入款很可能是汇入香港公司的，显然未缴纳在内地应缴纳的税款。在目前CRS 全球账户的背景下，税务问题就很难回避了。

问导法运用

财富顾问：（背景问题）您公司的业务是以境外为主的吗？

客户：是的，老样子。

财富顾问：（难点问题）如果国家加大对境外有注册公司，但实体经营在境内的公司的税务稽查力度，这会对您有影响吗？

客户：当然，我现在有点儿担心。

财富顾问：（暗示问题）我也是跟一位税务专家交流时听他谈起的，说是这一轮外企的监管调整结束后，重点就会针对境外注册的民营企业。如果是这样的话，您觉得还能继续保持经营在境内、收入在境外的状态吗？

客户：现在不知道是什么政策，估计很难保持了。境外收入不知道是否会被查出来。

财富顾问：（暗示问题）查是肯定查得出来的，特别是现在全球主要国家都实行账户信息互通，也就是目前大家都关心的 CRS，您应该也听过相关的讲座吧？

客户：听过，不是太懂，大概是境外的账户上有多少钱，国内相关机构都会知道。

财富顾问：（暗示问题）那您觉得除了补缴税款之外，还有其他的后果吗？

客户：是不是还会被罚款？会罚得很严重吗？

财富顾问：（暗示问题）罚多少要看未缴税金额的多少了，严重的话，还要判刑，我相信您应该不至于。不过，您真要面临这样的局面，对家庭和企业，您觉得会有哪些影响呢？

客户：我和我老婆的家人都在我们企业里做事，以前赚的钱他们也分了不少，如果要补税的话，还要他们一起拿钱。

财富顾问：（暗示问题）这样的话，还真的是挺复杂，您觉得到时与他们商量会有什么问题吗？

客户：不用商量，都是我说了算。当然，要割肉，哪个人会不心疼？确实挺难面对这一大家子的，还真是不能往深了想。

财富顾问：（暗示问题）没有近忧，必有远虑。在这个事情上，您还真不能有鸵鸟心理，当作看不见。您想想你们家确实比较复杂，税的问题不仅是钱的问题，是不是还会影响到家里人的关系？

客户：确实，那有什么办法呢？

财富顾问：（需求—获益问题）办法还是有的。我们可以具体看一下您可能的税务责任状况，同时也看看家人在企业中的角色和持股情况。借此机会，我们争取不仅对税务潜在风险有合理合法的应对，而且也帮助您对企业与家庭的关系处理做些分析以促进企业未来的良性发展。我们一起在这方面多花点儿时间探讨，您觉得有必要吗？

解决方案建议

对高净值人士在 CRS 下个性化建议，总体思路如下：

1. 评估他们自己纳税居民身份的现状（区别国籍和纳税居民）。

2. 梳理他们在其他国家和地区开设的金融账户，明确身份并提前了解未来披露的状况。

3. 在专业人士协助下，他们要检查是否存在税务不合规的风险及问题严重程度并且确定实现合规性的途径与方法。

4. 从长远角度考虑他们与家庭成员纳税居民身份变化，并根据政策变化，检视境内外金融资产配置中长期方案，搭建合理的公司架构并定期调整。

5. 未来做任何资产配置都要考虑税后收益和传承问题，不仅要关注境外怎么收税，还要关注境内以后怎么收税，因为发达国家税收体系很清晰，规划相对是比较简单和直接的。但是中国税法比较模糊，规划风险就比较大，须尽快安排。

结语

前面列举的实务案例，我们重点演示的不是解析与方案，而是问导法的提问思路。销售人员比较习惯的是推销，也就是不断地讲产品与方案的好处，面对客户以说服为主，很少提出问题。这种方式对高净值客户，效果是非常有限的，相反，销售人员养成提问的习惯会得到意想不到的效果，因为客户被引导并主动思考。提问是否到位与是否有一定的专业知识密切相关，这也是一名普通销售人员晋级为财富顾问的标志。同时，前面各个场景的提问中，并没有任何具体产品甚至是金融工具被提及。这说明我们无论是要做大额保单还是希望客户将其资产交给我们管理，首先要离开具体产品，当客户有了明确需求进而寻求解决方案时，我们自然会回到产品，完全不用担心最终会和产品与服务无关，因为任何病症最终都需要对症下药，而"药"就是具体的金融产品。当销售进入第三阶段也就是能力证明阶段时，我们谈产品的时候就到了。